大道之行

农商银行的初心、实践和未来

段治龙 ◎ 著

DA DAO ZHI **HANG**

中国金融出版社

责任编辑：张　铁
责任校对：潘　洁
责任印制：张也男
书名题字：傅建增

## 图书在版编目(CIP)数据

大道之行：农商银行的初心、实践和未来 / 段治龙著. — 北京：中国金融
出版社，2019.4

ISBN 978-7-5220-0055-8

Ⅰ.①大… Ⅱ.①段… Ⅲ.①农村商业银行—概况—中国 Ⅳ.①F832.35

中国版本图书馆CIP数据核字 (2019) 第056653号

大道之行——农商银行的初心、实践和未来
Dadaozhihang: Nongshangyinhang de Chuxin Shijian he Weilai

出版
发行　中国金融出版社

社址　北京市丰台区益泽路2号
市场开发部　(010) 63266347，63805472，63439533 (传真)
网 上 书 店　http://www.chinafph.com
　　　　　　　(010) 63286832，63365686 (传真)
读者服务部　(010) 66070833，62568380
邮编　100071
经销　新华书店
印刷　北京侨友印刷有限公司
尺寸　169毫米×239毫米
印张　21.25
字数　238千
版次　2019年4月第1版
印次　2019年4月第1次印刷
定价　90.00元
ISBN　978-7-5220-0055-8
如出现印装错误本社负责调换　联系电话(010) 63263947

# 好银行必须有好文化

## （代序）

多年前，我曾经提出"好银行"的三个标准：风气正、爱学习、班子强，后来又增补了四条：能用最便捷的服务让客户快乐、实践普惠金融、资源向绿色信贷倾斜、持续提升公司价值，受到许多银行从业人员，特别是银行家的关注。

近期，我收到段治龙先生送来的《大道之行》书稿，认真阅读之余，有三点深刻体会。

第一，农商银行在本土金融服务方面，特别是为最基层最需要的客群服务的阿甘精神，确实令人敬佩。他们不仅锦上添花、更雪中送炭的金融大道，在国家大力推动金融服务实体经济，防控区域性、系统性金融风险的大背景下，尤其需要引起有关方面更加重视。而他们服务的对象，以及自身的实力、目前的诚信大环境，决定了他们的风险会高于其他银行，这是事实。若非如此，说明他们没有尽到责任，抑或所在区域经济当属良好。

第二，我曾经提出，"好银行不仅要为股东创造最大价值、守法合规，还要注重文化建设，将健康的企业文化作为一个潜在的、润物细无声而又强大无比的非正式遵循机制，使银行在服务能力、服务质量提升的同时，也不断提升社会信任度，成为实体资源配置效率提升的关键推动力量"，这本书进一步验证和强化了我的这个观点。

第三，本书案例——包头农商银行的实践，本质上是所有农商银行在从农村信用社向商业银行转变过程中的共同课题。其所遇到的问题、面临的困境以及所做的探索，形式不同，但根源相同。这一方面反映出他们的不易和努力，另一方面也为同行业提供了一个参照范本。

2008年国际金融危机以来，国际金融界特别重视金融从业者和金融机构的价值观、行为和文化建设问题。我国有些较大型的金融机构都已将价值观和文化建设问题提至战略转型和可持续发展层面。大机构大银行人才集中，视野广阔，看重文化建设这不难理解。但意想不到的是，包头农商银行这样的资产规模刚过300多亿元的小银行也如此重视文化建设。其中的原因，凭逻辑推理就可以得出结论，那就是这家银行的"一把手"一定是个明白人。

在中国，任何企业几乎无一例外地受"一把手"影响企业兴衰走向规律的支配。因此，现阶段的银行文化，某种程度上说，就是银行家文化。银行业务说易不易，说难也不难，因为中国在现阶段和今后很长一段时间，金融服务供给缺口仍会长期存在，资金可得性始终是主要矛盾。这些专业术语翻译成老百姓能听得懂的话就是：中国在相当长一段时间内，搞金融总比搞实业赚钱容易，背后的原因是想借钱的人总是相对多些。所以，身处金融行业特别是做银行工作的我们，首先要有一种心理上的满足感，银行的高管们都要在热爱自身职业的前提下，想想怎样在自己的"一亩三分地"上做得更好。

文化建设内涵丰富，我在2017年7月号《银行家》发表过《好银行必须注重文化建设》一文，专门讲过从2008年金融危机后总结经验教训的角度，金融机构文化建设的重点内容及结合中国国情，中国的银行类金融机构在文化建设中应关注哪些问题，已说过的话这里就不再重复了。我想强调一点是，任何企业文化建设的最终落脚点都是为了培养人，为了锤炼队伍。银行是与钱打交道的企业，从某种意义上说也算是高危职业之一。文化建设如果做得成功，就能最大限度地规避银行从业人员的道德风险。我个人认为，对于银行业的领导者来说，为人正直、不谋私利是第一条做人准则，谨慎低调、时刻心存敬畏，应该是每个成熟的银行领导者的处世风格。若干年前我在一次大会演讲时，曾提出金融机构的高管应当始终心存敬畏，畏监管、畏市场、畏政府、畏专家言。这四个敬畏就是要我们每个金融高管都能始终保持清醒头脑，特别是中小银行，生存和发展环境更加不易，我想着重强调一下。

首先是敬畏监管。金融机构的高管通常由两部分人构成：政府任命的官员和市场聘任的职业经理人。金融部门与一般实体经济部门最大的区别就是行业监管的严格性和规范性。因此，每个银行高管都应把合规风控看作是底线和生命线，守住了这条底线才有可能谈发展，谈情怀。

其次是敬畏市场。就是要按照市场经济规律办事，市场规律包罗万象，其中有供求规律、成本收益规律、物质利益规律、竞争优势规律、货币时间价值规律等。中国目前还处于市场经济发育的早期阶段。在这一阶段，行政力量、政府力量、人的因素在许多场合似乎会超越市场的影响力，但中国经济的发展趋势是市场因素在资源配置中起决定性作用。所以，商业营利性机构最终竞争的内容都不外乎是对市场规律的理解和顺应程度。

再次是敬畏政府。这里主要讲的是敬畏地方政府。因为中国的小型银行从股权结构到控制权方面考察，大体分为三类：地方政府控制、大股东控制、内部人控制。地方政府占大股的小型银行，其高管人事任命自然在地方党委的组织部门。问题是另外两类大股东（通常为民企和大中型国企）控制和内部人控制（这类机构通常股权高度分散，例如有些类金融公司在发起之初就规定每个股东占股比例不超过2%）的小型银行，在敬畏地方政府这一点上尤其需要注意。

最后是敬畏专家言。这纯粹是我个人的独创建议。在中国，提起"专家"就会出现让人咬牙切齿的现象，那是因为各行各业假专家冒牌专家常常唾沫横飞出没跋扈。因此，专家就成了一些老百姓说的该用板砖直接往脑袋上拍的"砖家"。其实这些现象也极为正常，因为中国国家太大，从古至今出现过形形色色五花八门的运动，却从未有过一次真真正正、自上而下或自下而上的打假运动。这样，良莠不分就会成为一种社会通病。其实，人才的重要性、专家的重要性，我们从秦朝末年的楚汉之争，从罗贯中的《三国演义》里就早已烂熟于心了。因此，无论是大中型银行，还是数以千计小型银行，重视人才、敬畏专家、礼贤下士、虚心学习也是在激烈的市场竞争中获取相对优势的一个手段。很多年以前，温州出现一个以"××财团"命名的公司，各地的小报纸吹嘘过一通，这家公司还邀请一些名人去温州开了个盛大的研讨会。那次，刘鸿儒老师参加并做了令人印象深刻的发言。我在发言时也说了几句不大中听的话，这些都不是重点。我在那次参会中，印象最深刻的是在用餐时刘鸿儒老师饭桌上说的一席话。他说中国南北方对专家态度差别很大。东北一些省份请他去，陪吃陪喝陪游览照相，但就是没人问他对地方经济发展有哪些建议。到了南方就不一样，不仅是地方官员围着问这问那，就连一些企业家也千方百计地接近，想听听看法和发展建议。可见，在"畏专家言"方面，可能南方人比北方人做得好很多。我们一般印象是北方人重视职务重视官，南方人重视信息重视思路。所以，我们就知道了中国经济发展区域差别上，为什么会有先进的南方和落后的北方一说。

其实，说一千道一万，"四个敬畏"的核心，就是希望我们每个金融机构能在复杂的市场环境中平安健康地成长，既不得大病，也不会猝死。通过不断的锻炼或修炼，增强自身的免疫力和抗外部冲击力。这种自身的免疫力的提升和抗外部冲击力的训练，就是所谓的文化建设。

所以，我推荐大家看看这本充满热情和激情的《大道之行》。这类小银行的大道是什么？我粗略地认为，就是他们持之以恒、坚持不懈地做着普惠金融，以及由此生发出的文化。作者新闻专业出身，从事零售金融业务，故能在书中谈古论今，广征博引，用报告文学式体裁，生动讲述农商银行的前世今生，以及包头农商银行的领头人和团队的实践案例，用朴实间杂华丽的语言折射出一个好银行重视文化建设的方方面面，其提出的农商银行未来方向，也同样值得借鉴。

是为序。

王松奇

《银行家》主编　民生银行首席经济学家
晋城银行首席经济学家　中国社科院研究生院教授、博士生导师

2019年3月31日

# 自 序

　　说起银行这个组织来，它已经有一千年的历史了。11世纪时，欧洲商业日渐兴起。当时，威尼斯和热那亚是沟通欧亚贸易的要冲之地。四面八方的生意人云集于此，流通各国货币。为了鉴别和兑换，出现了钱币商。由于条件简陋，办事处只有一条长凳，商人们称之为Banco，这就是现代银行Bank的来源。但在我国，银行仅有100多年的历史。当时，主要货币是白银或者银票，而外国人在中国开设的公司被称为"洋行"，一"银"一"行"一合并，"银行"一词出现了。

　　发展到今天，我国的银行体系已经非常健全，功能非常完备，不仅支持国民经济运行，也关乎每一个老百姓的幸福指数。在这个体系中，有一类银行，非常有特点。

　　——老而年轻。说其老，因为它的前身是农村信用社，从1951年开始试办，到现在，已经走过了一个甲子。说其年轻，从2001年开始试点，到目前，刚刚过了青春期。

　　——广而寂寥。在我国广袤的大地上，随处可见，不论是城区，还是农村，都有它的身影。但相比于其他银行，它的影响力不是那么大，只是在默默做着自己的事情。

　　——义利兼顾。义利之辨，亘古千年。出生草根，它却有君子之范。既锦上添花，更雪中送炭。虽渺小，却胸怀大志，忧国忧民。

它就是本书要重点探讨的农商银行。自本世纪初第一次"亮相"中国金融舞台以来，平均每年以100家以上的量级在增加。到2018年末，全国农商银行数量达到1397家，占全国银行业金融机构的30.45%，可以说三分天下有其一。其所辖网点数量近5万个，平均每一个乡镇有1.3个农商银行网点。

改变的远远不止这些。截至2017年末，全国农商银行的资产规模持续扩大，总资产规模近25万亿元，占全国银行业金融机构的10.07%；抵御风险能力持续强化，拨备覆盖率为164.31%，高于监管要求14.31%，资本充足率为13.3%，远高于巴塞尔协议8%的标准；盈利能力持续优化，资产利润率为0.9%，高于股份制商业银行、城商行和外资银行，仅次于大型商业银行。对区域经济贡献度持续提升，从过去的支农主力军，发展成为现在的支持区域经济的主力军和纳税大户。

更为重要的是，农商银行的改革预期得到验证，改革的红利惠及农商银行重点服务对象——城乡居民和小微企业。全国农商银行2017年末涉农贷款余额64642亿元，服务农户数量占到各类银行的八成，小微企业贷款余额59889亿元。改制后的农商银行，支农支小的能力提升了，产品丰富了，机制灵活了，效果也更好了。

机制一变天地宽。农村信用社改制成为农商银行，变的是产权制度，不变的是职责定位；变的是发展方式，不变的是发展方向；变的是手段，不变的是内涵；变的是外表，不变的是初心。

行大道，方可图远行。

农商银行的"道"，在于"守"。始终坚守一方，立足当地，服务地方，在金融最薄弱的地方，弥补空白，殚精竭虑。即使城镇化推动人口迁徙，但业务随人走，在金融最基层，他们依然是最活跃的群体。

农商银行的"道"，在于"进"。始终与国同心，紧随党的政策导向，从金融支农主力军，到区域经济金融主力军，再到乡村振兴排头兵，无政策银行之名，却行政策银行之实，不仅没忘"农"的本分，还通过"商"的赋能，实现农商互动，以商促农，不断奋进，渐成气候。

农商银行的"道"，在于"亲"。始终与民同利，在其他银行算成本账、撤机构的时候，它不离不弃，不仅算经济账，还算政治账。当培育起的优质客户离开，也没抱怨，就像我们的父母，看着我们长大成人一样。

农商银行的"道"，在于"义"。始终以义取利，不光想着怎么挣钱，还想着怎么回馈；不仅想着自己发展，还要帮着让客户富起来。但凡打过交道的，都觉得农商银行员工淳朴、热情、勤劳。当经济的浪潮把这种特质"拍在沙滩上"的时候，他们还在传承和弘扬。

农商银行的"道"，在于"小"。始终最接地气，与小、微、散、弱为伍，也没有想着走什么捷径，只是依据客户的实际情况，用汗水和脚步尽最大努力去满足他们的需求。特别是在广大农区，全靠信任，将真金白银给到最需要的人；全凭情怀，矢志不渝地服务最基层的人民。

此所谓大道之"行"，银行的"行"。

在新中国即将迎来70周岁，在改革开放走过四十个年头，在GDP走下神坛的新时代，这种"道"，尤显珍贵，更需弘扬。

有感于此，便萌发了创作的冲动，尤感让社会公众了解农商银行之必要。但画"众生相"，会泛泛，较枯燥，不具体，难具象，于是便选择了一家比较有代表性的农商银行——包头农商银行作为实践案例。

之所以说其有代表性，一则地处中西部，三四线城市，既有发达城市之象形，又有落后地区之实情。二则业态丰富，既有"三农"之根本，也有郊区之变迁，还有城区之新域。三则经营有章法，有特色，决策者有思想，有情怀，执行者有付出，有效果，业务发展，勇于尝试，道义担当，堪称农商新锐。

文风写法采取报告文学式，既可一览全貌，又可深入其中，或是一种不错的选择。全书整体可以概括为三大部分，第一部分的主题是初心，叙述农商银行的前世今生，并由此演绎出农商银行的经营本质；第二部分的主题是实践，以包头农商银行为案例，分别从思想理念、支农支小、各项创新、强化管理、党的建设、社会责任和业务升级等维度，体现新体制带来的新变化；第三部分的主题是未来，提出农商银行发展的方向。

自序到此，意犹未尽，便摘录包头农商银行文史馆的前言作为收尾，让我们一起开启这段悦读之旅。

历史总是让人难以忘怀。

新中国热火朝天的建设中，出现了农村信用社的身影。地处北疆的包头，首个农村信用社在郊区大地上悄然绽放。由此为发端，如雨后春笋，在广袤的田野上生根发芽，开花结果。半个多世纪以来，与共和国一起成长，与自治区一起进步，坚守鹿城大地，服务这方百姓，用默默的付出，扛起了金融支农主力军的大旗。

历史也总给人惊喜。

当时间的脚步迈入本世纪的第二个十年，包头郊区农村信用社由合作制改为股份制，由信用社改革为农商行，并跃升至全市银行业的前列，创造了一段新时代的金融传奇。积极的发展势头，使改革者手握金杖，当各方从四周围拢过来，一盘决胜千里之外的棋局，已然落成，此属头羊之功，亦聚众人之力。

历史更需要铭记。

包头农商银行的昨天，是一座丰富的宝藏，需要好好地传承和挖掘；包头农商银行的今天，正是海阔天高之际，包容万象，整合各方，英雄用武，挥斥方遒。而未来，它会是什么样子呢？我们充满了期待，更满怀祝愿！

请到这里，答案或在其中。

段治龙

定稿于2019年3月31日

# 目 录

<table>
<tr>
<td>

**第一章<br>艰难出道**

</td>
<td>

　　欲知大道，必先读史。要了解农商银行的大道，就要从它的源头说起。"观今宜鉴古，无古不成今"就是这个道理。农商银行的历史源远流长，其发展也不断演化，但为最需要帮助的人伸出援助之手的精神，一脉相承。

</td>
</tr>
<tr>
<td>

**第二章<br>思想之道**

</td>
<td>

　　新生的包头农商银行，就像辍学多年又重返校园的孩子，每一天都是新的，每一天都倍加珍惜，她求知若渴，不知疲倦，积极补上曾经落下的课。但是，过去落下的课太多了，需要全面补上，新的课题，又需要深度思考，不容有失，不仅需要用力、用功，更需要用心。而这一切，都需要有正确的思

</td>
</tr>
</table>

想作指导，也需要因时因势而调节，就好比在大海上行船，既要有一致的目标，一致的方向，一起用力，还需要根据实际情况，把握节奏，改向转舵，协调配合，这更考验领航者的智慧。所幸，包头农商银行的决策者是睿智的，其所思所想，俨然是一通思想大道。

## 第三章
## 道心惟微

《尚书》中有十六个字："人心惟危，道心惟微，惟精惟一，允执厥中"，影响中华文化几千年。而包头农商银行从自身特质对"道心惟微"作出了新的解释。那就是秉持"道"给"微"提供"心"的服务。中国小额信贷联盟理事长杜晓山看了包头农商银行的材料，十分感慨，"一家地处塞外边疆的小银行，却有敢于改天换地、执着向上的精神特质"，并称赞包头农商银行是"践行普惠金融的商业金融范本"。确实，改制后的包头农商银行，不仅贷款特别是涉农贷款总额增加、贷款户数增多、单户额度提升，而且有些举措走在了全国同行业的前列，被称为"范本"，实至名归。

## 第四章
## 倍道而行

沿着支农支小这条路不断前行的同时，包头农商银行加大创新的力度，给发动机装上"涡轮增压"，给燃料加入"助燃剂"，让前行的速度不断加快。创新，是他们奋起直追中的鲜明标签。无论是客户角度的产品，还是管理角度的内部流程，都是基于实际情况的"招数"。这些"招数"不一定高大上，却管用好使。

## 第五章
## 天道酬勤

业务经营持续"加码",各项创新层出不穷。与此同时,包头农商银行在管理维度上也在持续发力。最难管的是人,最难理的是事,在这里都通过一个"勤"字,得到有效化解。人力资源通过吐故纳新得到全面优化,精神却保留了下来。而这些,都是为了提升服务客户水平,但他们确实付出了很多,无论管理层还是一线员工,讲出他们的故事,让人不由得唏嘘和赞叹。

**第六章
志同道合**

"一个好汉三个帮。"如果把陈云翔董事长比作"好汉",那么,他的三个帮手就是党委成员、纪检人员和董事会成员。党委成员帮助他抓好"三重一大"等事项,发挥党委牵头抓总、协调各方的政治核心作用;纪检人员帮助他打造干事创业、风清气正的工作氛围;董事会成员帮助他经营有方,加速发展。"天下事常出于人意料之外,志同道合,便能引其类。"他们志向相同,道路一致,共同努力奔跑,成为并肩前行的"追梦人"。

## 第七章
## 文以载道

美国管理学家法兰西斯有一段名言：你能用钱买到一个人的时间，你能用钱买到劳动，但你不能用钱买到热情，你不能用钱买到主动，你不能用钱买到一个人对事业的奉献，而所有这一切，企业文化可以做到。包头农商银行从揭牌之日起，就开始做着一件看不见但深入人心、摸不着却让人感受真切的事情，这就是推动文化兴行战略落地。短短几年里，包头农商银行的企业形象从"土八路"转变为"正规军"，企业品牌实现向口碑转化，由"自己说好"变成"大家说好"，并且围绕自家银行的文化定位，对内深入培育和践行厚德、忠诚、审慎、高效的核心价值观，对外广泛传递共生共长、共赢共享的合作价值观。在不经意间，经过核心价值观的确立，制度的贯彻、行为的规范和形象的体现，走出了一条教科书式的文化建设之路，不仅得到全行认同，也在同行业中独树一帜。

## 第八章
## 微可足道

国内某知名企业家曾经有一段关于企业社会责任的叙述：一个企业能走多远，取决于这个企业的社会责任感。应该说，这话是有道理的，尤其适合农商银行这类企业。他们立足一方，风雨兼程，与这方百姓水乳交融，休戚相关。改制为农商银行是为了更好发展，而发展是为了更好地回馈社会。虽然回馈不是惊天动地，只是点点滴滴，但汇流成河，聚沙成塔，于微小之中见伟大，于寻常之中见不同。这就是包头农商银行的答案。

# 第九章
# 康庄大道

招商银行前董事长马蔚华曾经说过：不做公司业务，今天没饭吃，不做零售业务，明天没饭吃。这句话被业内奉为圭臬。确实，银行发展有多条路可供选择，但各有利弊，难有圆满之道。包头农商银行在探索的路上，也曾激情飞扬，也曾陷入迷茫。小银行没有社会公信力，需要做大。而做大就要冒大的风险，小银行怎能承受得起。但一味地按部就班，沿袭旧路，就会永远地跟在别人后面，且差距会越来越大。包头农商银行在充分结合自身实际和借鉴他行经验的基础上，选择了一条包头农商银行特色之路。没想到，却是一条康庄大道。

**第十章
任重道远**

农商银行从本世纪初"亮相"中国金融舞台，一路探索，百花齐放。方式是多样的，成果是丰硕的，但质疑甚至批评的声音也是一路相伴，此起彼伏。认真梳理一番，你会发现一个规律，但凡坚守初心，坚持支农支小定位的农商银行，基本没有大的问题；但凡抛弃根本，脱离主业的，大多得不偿失，还会"授人以柄"。这源于农商银行的性质：天然的零售银行。从历史和实践两个维度可以看出，农商银行的未来在乡村和社区，而这，还任重而道远。

# 第一章

## 艰难出道

欲知大道，必先读史。要了解农商银行的大道，就要从它的源头说起。"观今宜鉴古，无古不成今"就是这个道理。农商银行的历史源远流长，其发展也不断演化，但为最需要帮助的人伸出援助之手的精神，一脉相承。

# "实践家"

在我国，所有农商银行的前身都是农村信用合作社。农村信用合作社几经变迁，名称也几经改变。后面写到的信用合作社、农村信用社（农信社）、联合社（联社）等，都是这类农村金融机构的简称，人们习惯上统称为农村信用社。但也有所区别，农村信用合作社联社或者联合社，我们可以"比照"为现代银行的总行，农村信用合作社可以理解为分行，农村信用合作社分社可以理解为支行。不同之处在于，现代银行多为一级法人，而农村信用社为多级法人。这些都是时代的产物。

包头农商银行也不例外，前身是包头郊区农村信用合作社联合社，而这之前，是分散在包头市周边的若干个以乡镇为"主干"的农村信用合作社和以村委、大队为"枝干"的农村信用合作社分社。

追寻农村信用社的起源地，还需要去德国。18世纪中叶，在工业大革命的冲击下，德国的农奴得到解放，但仍处于社会最底层，除了一身劳力以外，一无所有。商人则通过售卖农具肥料，肆意剥削弱势农民。这个情状与旧社会的中国，何其相似。

一个军人出身，27岁就当上市长的年轻人面临着两难的困境，一边是淳朴善良而又势单力薄的农民，一边是唯利是图的商人以及与商人勾结的官员。道义上，他倾向于农民，但考虑自己的处境，他又多了一些顾虑。为此，他陷入了苦苦的思索。

那个年代，受罗伯特·欧文的合作制思想影响，在英格兰纺织工业中心曼彻斯特市郊的小镇罗虚代尔，28名失业的纺织工人创立了世界上第一个成功的合作社——罗虚代尔公平先锋社。他们制定的办社准则，后来被国际合作社联盟定为"罗虚代尔原则"，并归纳为七个方面的内容：入社自由、民主管理、按交易额分配盈余、股本利息应受限制、对政治和宗教中立、现金交易和促进社员教育。另外还又附加四项要求：只对社员交易、社员入社自由、按时价或者市价交易、创立不可分的社有财产。这些都列为了国际上合作社通行的基本原则。

在这里，我们应当重点关注"对政治和宗教保持中立"这一条，因为后来我们的农村信用合作社创立与发展始终没有做到这一条，为后期改革和发展留下了许多待解的难题。

说了这么多，再回到那个小伙子身上。他受合作制思想的启发，以及看到合作制成功的范例，决定模仿城市手工业者组织社团，将农民组织起来，向他们提供廉价产品和优良的种子。在调任另一个城市后，他下定决心要做这件事情。但是，首先面临的问题，就是钱从哪里来。为此，他做了深入的调查研究。政府的钱不能动，商人的钱用不起，也不会让用在这些地方。但是，有些平民除了家用，还有些富余，又没有好的投资渠道。他就做这些人的工作，在正义、利益和他的人格魅力影响下，60个家境比较富裕的人，拿出富余的钱，创立了"佛拉梅斯佛尔德清寒农人救助社"，主要的任务是联合社员反抗商人的高利贷盘剥，专门向农民提供优质肥料。

凡事有一利必有一弊。他让农民获得了好处，必然影响商人的利益，他的政治处境越来越难。但是，他是一名军人，坚毅已经注入了他的血脉。

"我应该坚持下去"，他对自己说。

正是这一坚持，才有了后来的农村信用合作社。因为，他很快发现，农民不仅需要肥料，还需要金钱。于是，在1862年，他在普鲁士组建了农民信用合作社。他说，创办这个信用合作社的目的，意在使社会中的弱势群体——农民免受高利贷剥削，并促进农业生产和防止农业灾荒。可见，这是真正具备合作性质的信用合作社。

这个人名叫雷发巽，每一个从事农商银行事业的人，都应该记住这个全世界农村合作金融的创始人。由于他的坚持、正义和贡献，人们尊称他为"实践家"。后来在1872年，德国莱茵地区第一个农民信用合作社联合社成立。1876年，各地的信用合作社联合社又联合起来，组成信用合作社的中央机构，称为德国农业中央储蓄金库，也被称为由他名字命名的德国雷发巽银行。

德国发行雷发巽纪念邮票

在我国，像雷发巽这样的"实践家"历来很多。他们在各自时代背景下，用情怀做事，用勇气创新，书写了不同的金融篇章。旧时代，化解高利贷盘剥的矛盾，解决最底层人民、最需要群体的最实际的金融问题；新时代，让金融元素撬动不同层次群体的生产效率和生活质量，虽无雷发巽之名，却有雷发巽之实，同样值得铭记。

# "拯救"杨白劳

杨白劳年关难过而为喜儿扎头绳的故事,家喻户晓。这是中国旧社会的真实写照,反映了高利贷剥削下,劳苦大众的艰辛生活。怎样解放劳苦大众,让他们过上幸福的生活?是无数仁人志士的追求方向。

20世纪初叶,雷发巽式的信用合作社传入亚洲国家。1920年,我国的许多省份遭受灾害,尤其是华北各省更加严重,旱灾遍及华北五省317个县,受灾民众近2000万人,死亡50万人。各省义赈团体纷纷成立,影响最大的是当时在北平中外合办的"华洋义赈会"。1922年,由华洋义赈会发起,召开了全国各地义赈会的联席会议。会议做出一项重要决定,效仿德国,以河北省为试验区,推行雷发巽式的信用合作运动。1923年6月,在河北省香河县成立了我国最早的农村信用合作社。

1927年以后,农村信用合作事业进入了国统区和革命根据地同步发展的时期。

国民政府的宪法中规定:"合作事业应受国家之奖励和扶持",并于1934年专门颁布了《合作社法》。在监管体制上,信用社受各级政府的管理监督。从中央到地方各级政府,都设有专门的管理机构。中央政府专设合作司,后改为合作事业管理局,并于1945年设立中央合作金库,负责全国合作组织的资金融通,各地还相应设立分库、支库。到1949年2月底,信用社达到5万多个,社员达到800多万人。

1927年2月，中国共产党在湖北省黄冈县建立了第一个农民协会信用合作社，这是鄂豫皖革命根据地金融活动的开端。它的产生对整个革命根据地金融的创立和发展都具有重要意义和深远影响，也为以后革命根据地建立人民的银行、发行自己的货币准备了必要的条件和开创了道路。随着革命形势的发展和革命根据地的不断扩大，信用社机构遍布全国广大解放区。到1947年，全国解放区已建立信用合作社880多个。

可以看出，此时的农村信用社呈现出两种状态，国统区比较规范，从国家到基层，每一级都设有专门的管理机构。但其本质是维护资本主义和地主阶级的金融管理体系，注定与信用合作的本质背道而驰。而革命根据地则不同，比较分散，但生命力很强，发展迅猛，恰恰应了"全世界无产者联合起来"的精神实质，从金融的维度，实现了劳苦大众的"大联合"。

此为"拯救"杨白劳式的劳苦大众的根本之道。由此，革命根据地的农村信用社如星星之火，渐成燎原之势。

# 仁政之争

新中国的农村信用社在传承革命根据地的传统和经验的基础上，正式诞生始于1951年5月中国人民银行召开的第一次全国农村金融工作会议。当时国家试办农村信用社的主要目的，是要解决在全国土地革命基本完成后，农业发展面临的资金严重短缺的问题。

　　1951年到1957年，新中国农村信用社伴随着生产合作、供销合作的产生发展而产生发展，形成了中国当代经济史上典型的"三大社"。这一时期农村信用社的资本金由农民入股，干部由社员选举，信贷活动为社员生产生活服务，属于政府主导下的合作制性质。1954年中国人民银行针对信用社的名称各地叫法不统一的现象，专门印发《农村信用合作社组织名称按共同纲领规定称为"信用合作社"的通知》，这是信用合作社正式正名，但人们还是习惯于称呼其为农村信用社，简称农信社，看来还是注重"信用"之实需，不注重"合作"之形式，也可能是区别后来成立的城市信用社。1955年，又颁发了《农村信用合作社章程（草案）》，这应该是新中国最早的农村信用社规范性法规。到1956年底，全国各地乡、村普遍建立信用合作社、信用互助组，供销社设立信用部，农信社总数达到10.3万个，入社社员近1亿户，农村基本实现了信用合作化。这一成果，不仅有力地维护了新中国成立初期农村金融市场的稳定，有力地破解了数千年的"高利贷"难题，还为农业生产、农村稳定、农民脱贫发挥了关键的经济撬动作用。这段时期是农村信用社广泛建立机构、数量急剧增加的阶段。农信社今天的局面，基本上都是在这段时期奠定的基础。

　　但在随后的发展中，农村信用社经历了严重的挫折，成为一个性质扭曲的社会机构，为后来的改革带来了重重困难。从1958年开始，"大跃进"、"文化大革命"等运动相继开展，农村信用社先后下放给人民公社、生产大队管理，后来又交给贫下中农管理，基本成为基层社队的金融工具，合作性质遭到严重破坏，农村信用社的事业几乎到了崩溃的边缘。

　　为本书提供实践案例的包头农商银行的材料显示，包头地区最早的农村信用合作社，应当是位于包头近郊的麻池信用社。

　　麻池是一座历史古城，曾隶属于秦汉时期的九原郡，是世界上第一条"高速公路"——秦直道的终点，据说吕布的出生地就是这里，当地人至今还在传说着各种故事。1953年5月，麻池西壕口十几户社员联合成立信用小组，王世孝担任信用小组组长，后任麻池信用社主任。

这就是包头农商银行的"源头"。1954年，包头市郊区14个公社分别建立信用社。之后，经历了和全国其他农村信用社一样的命运。

回首农村信用社的这段时期，从试办、推广到迅速发展，从严重破坏到逐步整顿、逐渐恢复，都伴随着新中国发展的脚步，一起辉煌、一起遇挫、一起重生。有专家研究，我们的农村信用社性质，从设立之初就是行政推动下的、带有运动色彩的合作制，"形似而神不似"。如果对照"罗虚代尔原则"中"对政治和宗教保持中立"的条款，我们的农村信用社始终都不符合这一点。在当时的政治社会背景下，农村信用社的设立就是解决当时面临的众多棘手问题的一种手段，仅此而已。而此后所谓的改革，也不过是农村信用社作为一个农村组织，控制权的简单更替罢了。其合作性，无从谈起；其自主权，名存实亡。但是，农村信用社却像小草一样坚韧不拔，同时期的三大社中，生产合作社退出了历史的舞台，供销合作社全面收缩，农村信用社则一枝独秀，不断发展壮大。

农商银行的源头——农村信用社

北京大学经济学院教授、中国农村金融学会副会长王曙光在《我国农村合作金融体系的百年制度变迁与未来走向》一文中，对这一段历史有更加深刻的阐释。他认为"在执行快速工业化和赶超战略时期，农村合作金融体系的命运必然如此"。"整个农村金融体系，尤其是农村信用合作组织，其核心的使命是为新中国的快速工业化和赶超战略的实施筹措资金，国家最大规模地集中农业剩余，为社会主义工业化和经济赶超服务。""这是一个时代的大战略、总路线，是不以个人意志为转移的历史使命。"

文中，还引用了梁漱溟和毛泽东的那场著名的争论。什么是"大仁政"？"大仁政"就是实现社会主义中国的工业化，就是建立全面的工业体系，就是把中国建成一个工业化国家。什么是"小仁政"？"小仁政"就是照顾农民利益。"大仁政"和"小仁政"有时是统一的，有时是矛盾的。但不能以"小仁政"为由，妨碍"大仁政"的实施。因此，毛泽东从中国工业化的百年大计出发，批评"妇人之仁"的"小仁政"，是有其历史眼光的，应给予历史的看待。而其赋予农村信用合作以工业化的历史使命，使得原本具有合作制属性的农村信用合作体系最终被异化，其官办色彩逐渐浓厚，成为官办银行的附属品，奠定了改革开放四十年农村信用社改革的基调。

此为一种"政治视角"。无所谓对错，角度不同，所需不同。但发展到今天，农信社的工业化"任务"基本结束。重回合作制既无根源之基，也无环境氛围，另辟蹊径，当属正确选择。而农村在工业化阶段的"牺牲"，也应在新时期给予补偿。

# 十字路口

改革开放以后，关于农村信用社的改革也同步推进，但始终徘徊在合作制与官办制的十字路口，没有取得实质性的进展。

1977年国务院发布《关于整顿和加强银行工作的几项规定》，提出农村信用社既是集体金融组织，又是国家银行在农村的基层机构，算是对农村信用社"乱局"的一次整顿和规范。党的十一届三中全会以后，国务院决定恢复中国农业银行，统一管理支农资金，集中办理农村贷款。农村信用社被"划"到中国农业银行，走上了"官办"道路。

1984年8月，国务院批准了中国农业银行《关于改革信用合作社管理体制的报告》，明确界定农村信用社的合作金融组织的性质，在农业银行的领导、监督下，独立自主地开展存贷款业务，实行独立经营、独立核算、自负盈亏。随后，又逐步组建了县联社，对农村信用社进行管理、指导和资金调剂。至此，县级联社、乡一级信用合作社实行两级法人管理，标志着以乡为单位组建的信用合作社向县域经济整体统筹转型。

20世纪90年代后期，随着社会主义市场经济体制的建立和不断完善，农村信用社改革再次提上议程。1996年8月，按照《国务院关于农村金融体制改革的决定》的指导精神，在国务院农村金融体制改革协调小组和中国人民银行的领导下，农村信用社开始与农业银行脱离行政隶属管理的关系，要求农村信用社根据市场经济的原则进行制度安排，按照合作制的原则加以规范，并且由人民银行履行行业管理职能，使其对农村信用社的监管职能和行业管理职能集于一身。

1999年，全国农村信用社工作会议召开，会议提出，要逐步组建地（市）联社，在全国各省建立信用合作协会，承担行业管理和服务职能。这为后来的省级联社管理体制形成奠定了政策基础。随后，黑龙江、陕西、四川等省信用合作协会的成立，在农村信用社省级管理模式上作出了积极探索，也是当下省级联合社改革路径之一的早期雏形。当年12月18日，宁夏回族自治区农村信用合作社联合社正式创立，在农村信用社行业管理体制的探索上又迈出了大大的一步，成为后来大面积实行省级农信社管理体制的先驱。

客观地讲，农业银行代管期间，试图通过多种努力，恢复农村信用社组织上的群众性，管理上的民主性，业务经营上的灵活性。但实际的结果是，组织上的群众性被行政领导所代替，管理上的民主性仅仅成为文件中的一句表述，业务经营上的灵活性更是走向了反面，不仅没有灵活，反而逐渐丧失经营自主权，留下大量风险隐患。人民银行托管后，改革的核心是把农信社逐步办成由农民入股、由社员民主管理、主要为入股社员服务的合作金融组织，并进行合作制规范试点，清理老股金，增扩新股金，建立民主管理机构，规范县级联社。但是，这种管理体制上的只换"婆婆"，不解放"媳妇"的做法，最终没有走出合作制的困局，改革没有取得实质性的进展。但这段时期，农村信用社尽管管理形式变化多次，服务农民的初心始终未改，依然是农村地区最主要的金融机构，依然是农民最信赖、最可依靠、最能用得上的金融伙伴。

包头地区的这些农村信用社也和全国的情况一样，先划归农业银行包头市郊区支行管理，具有双重身份，既是集体所有制的金融组织，也是农业银行的基层机构。之后，又交由人民银行代管。其间，从郊区联社中分出一部分农村信用社合并组建了包头南郊农村信用合作社联合社。至此，包头近郊地区形成了"一个郊区、两家联社"的局面。这一安排，为后来合并成立农商银行的改革留下了隐患。

# 时代的背影

在过去将近半个世纪的岁月里，农村信用社生长于农村，坚守在农村，与农民结下了深厚的鱼水之情。这其中，农村信用社的老前辈们艰苦创业，勤俭持家，默默奉献，用勤劳的双手，托起了绿色的希望。

鲍连忠，人们习惯性地称之为老鲍，在古城湾信用社当了"一辈子"的主任，他就是那个时代农信人的一个缩影。

他是一个有些传奇的人物，曾经连续三次被中国人民银行授予"全国金融系统劳动模范"光荣称号。光荣称号的背后，是他拿着贷款去"追"着乡亲们改变思路，创业干事。是他"逼"着老百姓走向了发家致富的道路，是他"推"着古城湾实现乡镇企业大发展。现在，当地人还在津津乐道当时的情景，把他看作古城湾实现富裕的有功之臣，甚至是首功之臣。根据一些同志的回忆，主管农信社的部门对老鲍一路开绿灯，只要是他放贷款，不设限制。他也是很少到了退休年龄，上级仍然不让退休的信用社干部。在他的带领下，古城湾信用社被人们称为"三无"信用社：无亏损、无经济案件、无呆账贷款。

**农信精神，代代相传**

　　他其实是一个很平凡的人，常年不换的皱巴巴帽子下面是一张晒得黑红的脸庞，旧皮鞋上常常散发着泥土的气息，看上去，就是一个刚从田间地头劳作回来的人。但是，他却给古城湾信用社、郊区联社乃至现在的农商行，留下了宝贵的精神遗产：大事要干，小事一样要干；看人看本事，而不是看衣服；谁说种地的不行，农民里还出伟大领袖呢！

　　现在回望那个时代，有一种朱自清看到自己父亲背影的感觉。极平凡而不简单，很寻常却有深度。向他们致敬，农村信用社的前辈们！

# "南京讲话"

2000年是千禧年，一个新的世纪由此开始。对于农信事业来说，也是一个新的时代的开始。

《中华合作时报·农村金融》首席研究员张永乐在其"永乐深讲"中，以《农信社改革：不应忘却的"政治遗产"》为题，详细介绍了农村信用社新时代到来的背景。

2000年12月8日，基于前期调研，国务院总理朱镕基在南京市主持召开农村信用社改革座谈会。按原计划，这次会议讨论一份即将在江苏省展开的农村信用社改革试点方案。方案的主要内容是：农村信用社改名为"中国农业信贷银行"，按股份制银行办，由中国农业银行控股，农业银行收缩县以下业务，把这些业务都交给农业信贷银行。

在讨论方案之前，为避免与会者产生"农村信用社又被农业银行兼并"的"误会"，以及"农村信用社是否要搞成全国统一大银行"的疑惑，朱镕基同志在讲话中特意强调："现在讲的中国农业信贷银行，都是以县为单位，不成立江苏省中国农业信贷银行，在北京也没有中国农业信贷银行总行。法人就是江苏省某县农业信贷银行。这个农业信贷银行，是由上面的中国农业银行集团公司直接控股的，县级银行本身有董事会，有监事会，同时由董事会任命行长。这一点非常重要，绝不是又搞一套中国农业信贷银行的体系。"

从中央政府角度看，此举显然是吸取以往改革经验，为农信社找个"可靠的婆家"。但在与会的农村信用社基层干部看来，这更像是农业银行将农村信用社无缘无故地"兼并"，于情于理，难以接受。为此，在讨论环节，几位基层干部用数据说话，有力地证实了当地县域农村信用社从"三农"中来、到"三农"中去，实实在在为农服务；而当地的农业银行，在这方面无法与之相比。

对此，朱镕基同志果断提出：休会。利用休会的间隙，与随同前行的相关负责人热烈商讨。休会商讨之后，会议继续。朱镕基同志本着实事求是的原则，果断放弃成立农业信贷银行的设想，并对农村信用社改革提出重要原则。这些原则，成为后来农村信用社改革的重要遵循。

张永乐听亲历者讲，当时决策层有几个重要提法，他将其记录为两个"三点"："基层社三点"、"省联社三点"。

"基层社三点"是，"一级法人"设在县上，为"三农"服务，为当地的县域经济服务；市场化，将来出了问题，国家不兜底；人民银行要发挥更大更有力的监管作用。"省联社三点"是，以后不搞省联社，过渡一下可以；农村信用社绝不搞"全国一统"，中国不缺大银行；也不搞"省一统"，那样，当地农村的钱又被抽走了，又抽到上面去了。

在会议下半场，谈到农信社的宗旨时，朱镕基同志语重心长。他高声强调："农村信用社无论如何要贴近农民，为农民服务。我想从这一点来讲，江苏省农村信用社改革试点没有变。要端正服务的态度，明确服务的对象，改变信贷的结构，向农民倾斜，不是去装门面，不是为'县太爷'服务。"

在张永乐看来，农民，是一个与时俱进的概念，例如，农民进城就成了市民。但是，只要他在我们"辖内"，对其服务就义不容辞。无论城区行还是农区行，都要注意，这句话里，有四个很容易被忽略的字："无论如何"。这四个字，看似平常，实则力抵千钧。

为什么"无论如何"要贴近农民？朱镕基同志在讲话最后，有一大段真情流露，可为呼应，同样值得深思：

"在今年的中央经济工作会议上，我两次讲话。特别是后来的总结讲话，我讲农业的篇幅是占得最多的；而且我提出来，明年的首要任务，放在突出位置的是农业。即使在江苏省，也不要轻视农业的问题，它照样是国民经济的基础，千万别轻视。我在上海市工作时就非常重视农业，那里的农业比重比你们的还小。这一点是要明确的，中国革命的基本问题是农民问题，国民经济的基础是农业，我们从来没有改变这个命题。无论经济怎么发展，农村盖了多少房子，外向型经济搞了多少，都没有改变这个现实。我还讲过保持社会稳定，关键是保持农村稳定。所以，无论如何要把农业、农村工作放在首位，刚才几位同志也特别强调了这一点。我担心的就是农民没有人管。要求农民调整种植结构，就要增加他们的收入，但是不给予金融支持，他们富不起来。从全国情况看，不管是农业银行也好，还是农村信用社也好，都是把信贷重点放在乡镇企业上，放在工业上，没有把农民的疾苦、农业种植结构调整放在突出位置。对怎么让农民富起来，这方面的支持事实上是很弱的。"

朱镕基同志的讲话，总是那么直击要害，总是那么接地气，总是那么满怀情怀，更主要的是，总是那么实事求是。在这次会议以后，特别是确定的"立足县域""贴近农民"等原则，成为新世纪农村信用社改革的基本原则。

随后，江苏省实行了以县为单位统一法人，在张家港、常熟、江阴相继成立全国首批3家农村商业银行，人们习惯称之为农商银行，在县（市）联社入股的基础上，组建江苏省农村信用社联合社。江苏试点改革，有三点突破，一是农商银行正式走上中国的金融舞台，二是省级联社以县级联社入股方式成立，三是农村信用社商业化、市场化改革方向确立。

2003年6月27日，国务院印发《深化农村信用社改革试点方案》，这是本世纪以来农村信用社改革的基本大纲，其基本要义主要有两个，一是产权制度多种多样，可以是股份制、合作制、县统一法人多种形式；二是管理由省级政府负责。以此为标志，农村信用社开启新的改革和发展大幕。随后，在人民银行和银监会各项激励和约束政策的引导下，各省级人民政府加大对农村信用社改革和发展的支持力度，农村信用社改革取得突破性进展。

其中，一些标志性事件值得铭记。

先行试点的张家港农村商业银行已经在2001年11月28日正式挂牌成立，这是国内首家农商银行。以此为发端，乘着改革政策的东风，农商银行因其体制机制等方面的优势，大多县级联社创造条件向着这个改革方向努力。尤其是2010年后，银监会在组建农商银行方面的政策引导，加快了农商银行这个体系的健全。到2017年末，农商银行的机构数量超过统一法人农村信用社，成为农村金融体系中的主力阵容。到2019年1月，已有8个省份全部完成县级联社改制成为农商银行的历史任务。一些县级联社出于市场竞争、地域协同、规模效应等因素，合并组建地市级或者更高级的银行法人机构，取得了比较好的探索成果。2010年12月，重庆农商银行成功在香港H股主板上市，这标志着历经半个多世纪的洗礼，农村金融机构受到资本市场的青睐。随后，无锡农商银行等陆续在国内A股上市，一些县域农商银行也在新三板市场上市。农商银行在完成2003年改革任务的基础上，正在摸索新的发展道路。

2003年12月，贵州省农村信用社联合社挂牌成立，这是深化农信社改革试点以来成立的第一家省级联社，2007年8月，海南省农村信用社联合社正式成立，这是全国最后一家挂牌开业的省级联社，标志着从

2003年开始的全国深化农信社改革（西藏地区除外），通过不到4年的时间，基本完成管理模式改革的任务。2005年8月，上海农商银行正式成立，成为全国首家省级农商银行。2008年6月，重庆农村商业银行挂牌，成为全国首个由省级农村信用社改制而成的省级农村商业银行。2008年12月，宁夏黄河农村商业银行挂牌开业，成为全国合作金融系统首家省级金融控股公司。截至目前，国内直辖市农信社已经全部统一为省级农商银行。其间，多个省份还根据各自资源禀赋等实际情况，积极探索联合银行、金融控股等多种新的管理模式。

2004年5月，贵州花溪农村合作银行成立，这是深化农村信用社改革试点启动之后成立的第一家农村合作银行。到2016年末，全国农村合作银行仅有40家，相比于千家以上的农商银行体量，农村合作银行因其改革不彻底，存在诸多遗留问题，国家积极倡导向农商银行继续全面改革。

新一轮改革成效非常显著，资本充足率、不良贷款率、资产总额、所有者权益等指标全面优化，2004年开始全行业扭亏为盈。

2010年11月，银监会印发《关于加快推进农村合作金融机构股权改造的指导意见》（银监发〔2010〕92号），当中明确提出在2015年底前取消资格股，今后不再组建农村合作银行，符合农村商业银行准入条件的农村信用社联社和农村合作银行，应直接改制为农村商业银行；暂不符合条件的，要尽快将资格股全部转换为投资股，并改制组建为股份制的农村信用社。次年又进一步明确，从2011年开始，要通过5年左右的时间，努力实现股份制改造全面完成。这是针对农村信用社单体改革更加细化、更加核心的工作部署。

这一步改革布局，成果相当丰富。通过改革，农村信用社的治理模式已经发生了根本性变化，长期存在的内部人控制问题得到了有效解决，机构自身已经形成了深入推进深层次体制机制改革的内生动力。与此同时，支农服务能力显著提升，支农主力军地位进一步巩固，发放的涉农贷款占全国各银行业金融机构的三分之一以上，发放的农户贷款占全国的78%，肩负了全国98.4%和67.7%的金融服务空白乡镇的机构覆盖和服务覆盖任务，全面承担种粮直补、农资综合补贴等面向广大农户的国家政策补助资金的发放工作，是我国农村地区机构网点分布最广、支农服务功能发挥最充分的银行业金融机构，受到了各方的肯定。

2018年12月召开的中央经济工作会议提出，"推动农商银行业务逐步回归本源"。农商银行历史性地受到中央决策层高级别会议的重视，也预示着一个属于农商银行的时代大幕徐徐开启。

# "暴发户"的幸福生活

2003年到2013年，被称为银行业发展的"黄金十年"。中国民生银行的邵平老前辈，将这段时期大致划分为三个阶段：

第一个阶段是2003年到2007年，属于银行业同质化大发展时期。这期间，各家商业银行的规模和盈利实现了快速发展和提升。五大行每年的规模同比增速基本在10%到25%的区间内浮动，最低也超过了7%。股份制银行的水平绝大多数超过了这个水平，有的银行在有的年份甚至达到40%。但是，这种发展是一种畸形的发展，是一种粗放式的发展，靠的就是疯狂地揽存款，大量地放贷款，几乎全部商业银行的净利息收入占比都在90%以上。说实话，没有多少"技术含量"。

第二个阶段是2008年到2010年，属于银行业表内信贷"大跃进"时期；受4万亿投资计划的刺激，各家银行的表内贷款维持着超高速增长，2009年和2010年两年，银行业新增近30万亿元贷款，个别季度最高增速达到34.4%，这种现象恐怕在今后再难看到。这一时期，房地产和地方政府融资平台贷款急剧膨胀，为后来政府的调控和银行的风险处置留下了许多难题。

第三个阶段是2011年到2013年，属于银行业表外业务"大跃进"时期。2013年末，银行业金融机构表外业务余额48.65万亿元，相当于表内总资产的36.4%。理财业务和同业业务规模扩张速度远比4万亿时期表内信贷扩张的速度要快。但这还是一种不正常的增长，是一次"表内"向"表外"的大迁徙，支撑点还是房地产和政府融资平台，银行借助表外甚至表表外业务通道给房地产和地方政府融资平台提供了大量的资金支持，属于"换汤不换药"。

纵观这十年银行业的繁荣，一有GDP高速增长经济红利的客观基础，二有"土地财政"发展路径下房地产长期繁荣的市场空间，三有利率管制、利差锁定的政策红利，四有高储蓄和间接融资金融体系提供的结构支撑。当然，也有商业银行自身改革的努力。尽管发展的方式比较粗放，技术含量不高，但是，各家商业银行，特别是农商银行的"第一桶金"已经挖到了，起飞的基础已经具备。

这一期间，按照内蒙古自治区和包头市两级政府的安排，包头近郊地区"两郊"合并组建包头农商银行。但由于各种原因，搁置八年，没有实质性的进展，错过了黄金发展期。

农村信用社知道外面的世界很精彩，不过日子挺好过，地方独立法人金融机构的优势在于自主权很大。在这样的大形势下，随便在哪儿"揩"点油、搭个政策的顺风车，大家的日子就优哉游哉，即便每年存款平均增加也就三五亿元，但足可以保持高工资、高福利，就像拆迁户一样，躺着就把钱挣了，真的成了"暴发户"。

遗憾的是，"暴发户"没有把钱存起来，哪怕当个"守财奴"；更没有把钱用在学习上，提高些自身的再生能力，谋求更大的发展，而是及时行乐，员工的收入一度达到当地最高水平，没有之一。当然，以当时的实际情况看，也不可能有这样的眼界和动力。"暴发户"来得快，去得也快，很快就变成了温水里的青蛙，而且是井底之蛙。

农村信用社长期服务于农村地区，农民的优点得到了传承，同时也"沾染"上了一些缺点，眼界狭隘就是其中之一。以当时的情况，出现这种现象十分正常，非有超常气魄之人，难以改观。

# 青苗法的启示

对于老百姓的金融问题，特别受高利贷盘剥的问题，以及由此导致的大量灾民难民等问题，在中国历史上并不罕见。而意识到这一问题，并积极进行变革的人物大有人在。在北宋时期，以"天命不足畏、祖宗不足法、人言不足恤"的精神推进改革的"拗相公"王安石，在其变法中，有一法——青苗法就是针对这一问题进行的探索。

青苗法的大体思路是，政府直接给老百姓发放贷款或者粮食，按照大概二分取利，姑且称之为行政性经营。现在来看，二分已是很高的利息，但是与当时的民间高利贷相比，已经少了很多，大幅减少了老百姓的融资成本。总体来看，青苗法的改革初衷是好的，就是革除老百姓受高利贷盘剥的弊端，同时让国家也有收益，达到"民不益赋而天下用饶"的两全其美目的。但是，结果却并不好，良好的愿望被政府的各级官员变为牟利的工具，其主要原因就是政府直接参与了本应由市场做的事。用现在经济学理论的语言表述，就是政府用有形之手代替了市场的无形之手。

"拗相公"也"拗"不过客观规律

农村信用社在过去长达半个世纪的发展过程中，始终都是在政府这只有形之手的控制之下，其创立源于政府行政推动，其发展受政策左右，其主要负责人一直实行名为选举实为任命的方式，其股东入股并非自愿，大多是为了贷款而不情愿入的资格股，其管理并非真正意义上的民主管理，实质上是典型的内部人控制。农村信用社的市场主体地位从未切实有效发挥，又与国际合作社联盟的基本原则不符，处于左右摇摆、定性不清的状态。

而纵观2003年以来的农信社改革，一个鲜明的特色是，直面历史，尊重实际。此番改革澄清并认可了农村信用社不是合作制的历史和现实，确立了股份制改革方向，破除了以合作制名义长期运行造成的体制机制障碍，打破了长期以来农村金融即是合作金融的惯性思维，走出了一条解放思想、实事求是的改革道路。正如原银监会副主席蒋定之所说，"实践证明，以行政力量推动的合作没有生命力，长期官办化而偏离合作宗旨的农村信用社也不能再回到合作制的轨道上，股份制应该是深化农村信用社产权改革的主导方向"，"对农信社实行股份制改造，既是市场本身的选择，也是多年来改革探索的结果"。

包头农商银行的前身——包头郊区农村信用联社，在这一轮新的改革实践中遇上了前文中提到的"超常气魄之人"——陈云翔。不仅没有让机遇"溜走"，还带来了意外的收获。2012年8月10日，成功地召开股份有限公司创立大会，全面取消资格股，全面转为投资股。必须客观地说，此前的历次改革中，主要的推动力还是来源于监管层，其次才是自身的意愿和取向。这次不同，新的领头人主动作为，充分发挥农村信用社改革"主体、主力、主角"的定位和作用，带动高层管理者唤起这种觉醒。他们敏锐地意识到一个新的经营和管理模式时代的到来。为此，他们在股份制改造的过程中，精心设计和安排股权结构。但是，员工的响应明显不足。由此，出现了外部股份"要找人"、托关系才能入股，而员工的股份却连20%的上限都占不满的现象。

不管怎么说，股份制的确立，为农商银行的成立打下了很好的基础，正在一步一步走出思维束缚和行政的藩篱。核心变了，下一步需要做的，就是一块"牌子"的更换。2013年12月27日，银监会批准筹建包头农商银行，随后，包头农商银行顺利揭牌，就像一个剖腹产的婴儿，经过辛苦的孕育，克服种种不良反应，最后在手术刀的帮助下，总算来到了这个人世间。

　　包头农商银行的艰难出道，以及后来的发展，是行政化推动和市场化力量共同作用的结果，是整个国家政治和经济发展变迁的缩影，也体现了中国特色的企业生存和发展之道。青苗法的启示在于经营的市场化，不能官办化。而纵观包头农商银行的前世今生，以及银行作为金融的核心和关联千家万户的特质，又绕不开政治的作用。这既是一对矛盾体，又是两个"加持力"，关键还在于你如何看待和作为。

# 加冕礼

　　当历史的指针定格在2014年5月9日上午10时30分，时间老人一如既往地不停行走。但对于包头农商银行的几百号员工，时间在这里停顿了下来，并且永远铭记于心。

　　这一刻，包头农商银行正式揭牌，内蒙古自治区农村信用社联合社、包头市委、人大、政府、政协及有关单位的领导悉数出席，各有关媒体争相报道。当原包头银监分局局长于岚将新的金融许可证递交到陈云翔董事长的手中时，现场停不下来的掌声，代表了每一个农商行人激动而又无法言表的复杂心情。

苦苦的求索，甜甜的果实

　　是的，这一刻，来得太晚。包头农商银行的组建，是在搁置了八年之后，终于得以实现的。2006年，按照国务院深化农信社改革的总体方案，尝试在经济发达的地区选择条件成熟的农信社，改革为农商银行。据说，当时全内蒙古自治区只给了一个农商银行指标，自治区政府决定将这个指标放在包头。包头作为国家的重要工业基地和自治区的经济强市，具有得天独厚的优势；包头郊区、南郊农村信用合作社联合社原本就是"一家人"，两家机构整体经营良好，条件具备；合并组建包头农商银行，绝对是一个英明的决定。但事与愿违，因为种种原因，没能成行。对比后来发展起来的其他地区的农商银行，许多人为没能抓住这个千载难逢的发展机遇而至今扼腕叹息。

　　是的，这一刻，来得太难。包头农商银行的组建，可谓一波三折。在各方努力无果的情况下，新的"接盘手"陈云翔董事长本着实事求是的精神，与各方进行推心置腹的交流，并带领全体员工率先完成相关准备工作，取得农商银行这个来之不易的"牌子"。可谓一波三折，天道酬勤。

是的，这一刻，来得太突然。从2013年8月10日股份制改革完成，到农商银行揭牌，不到一年半的时间；从2013年12月27日获得银监会批准筹建，仅仅过去不到半年。在这段时间里，发生了太多的故事，大家也付出了太多，而幸福也是从天而降，来得让人措手不及。农信社半个世纪的发展史，从人民公社、生产大队，到农业银行、人民银行，再到银监部门、省级联社，不断地变换管理体制。这一刻，农信社转制为农商银行，更像是举行一场成人的加冕礼。不在其中，难解其中味。银行，对于苦苦挣扎于名不副实的合作制中的每一个农信社，曾经是多么可望而不可即。

当红酒缓缓注入冰雕，影拓出"包头农商银行"六个大字，也映射出每一个人的心里话。陈云翔董事长在致辞中表态，一定要把包头农商银行发展成为"咱包头人自家的银行"，向着一流地方银行远景目标奋进。短短的几个字，却承载着无限的梦想和分量。哈屯高勒支行的员工刘慧在文章中写道，"在揭牌庆典上，当听到包头农村商业银行股份有限公司正式揭牌成立的时候，我热血沸腾，一种激动和自豪的情绪油然而生。此刻，我的眼中充满了激动的泪水，脸上长久保持着发自内心的灿烂微笑，双手使劲地鼓掌。此时，好希望时间过得慢一些，让我多享受一刻，因为此刻的感觉是那样的美好和幸福。"正在柜台上办理业务的沙河支行肖志敏，遇到满脸疑惑的老大娘，高兴地说道，"今天，我们升级啦！我们还是农村信用社，是更加高级的农村信用社，现在叫'农商银行'，请您放120个心办业务。"室内室外荡漾出爽朗的笑声。

包头农商银行的成立，是在向一段沉闷的历史挥手告别，更是在向一段崭新历程的庄严宣誓。路漫漫其修远兮，吾将上下而求索。前面的路，每一步都是新的，需要苦苦地求索。不，是甜蜜的求索，就像蹒跚学步的孩子，可能会走得摇摇晃晃，也可能会摔个"马趴"，但每一步都是在成长，都是在进步，都是在向着前方努力前行。

# 第二章

# 思想之道

新生的包头农商银行，就像辍学多年又重返校园的孩子，每一天都是新的，每一天都倍加珍惜，她求知若渴，不知疲倦，积极补上曾经落下的课。但是，过去落下的课太多了，需要全面补上，新的课题，又需要深度思考，不容有失，不仅需要用力，用功，更需要用心。而这一切，都需要有正确的思想作指导，也需要因时因势而调节，就好比在大海上行船，既要有一致的目标，一致的方向，一起用力，还需要根据实际情况，把握节奏，改向转舵，协调配合，这更考验领航者的智慧。所幸，包头农商银行的决策者是睿智的，其所思所想，俨然是一通思想大道。

# 天降大任

在从农村信用社向农村商业银行转型的过程中，包头农商银行的"股份制改造阶段"，时间不长，却做了不少事情，突破了不少藩篱。

农村信用社的历次改革之所以成效不明显，原因就在于始终没有触及产权制度这一改革的核心。其从诞生之日起，就存在产权制度"先天不足"的问题。当时是社员入股，符合"罗虚代尔原则"。但是，行政化力量的作用也非常明显，否则，也不可能雨后春笋般地生长起来，遍及全国大地。因此，农村信用社"归谁所有"，一直没有彻底解决。当时的定义是集体制，股份是以资格股为主，股东入股的主要诉求是贷款，而不是发挥法人治理作用，因此，"内部人控制"现象十分突出。

刚刚"接棒"的、当时还被称为理事长的陈云翔，面临的局面可谓错综复杂。"内部人控制"是个"温床"，谁愿意拿自己开刀呢？改革就是利益的重新组合，谁又愿意去干"得罪人"的事情呢？他陷入了迷茫和徘徊之中。而伴随他思想上"难受"的，是他的身体也出现了"难受"。

睡眠质量越来越不好，憋气造成呼吸暂停频繁，严重影响次日的工作，颈部、咽喉部很不舒服。一开始以为是工作强度的原因，后来越来越感觉不对。到医院一查，把医生也吓了一跳，甲状腺病变已经相当严重，坚持到现在才来就诊，这需要多大的毅力啊！陈理事长还要回去布置好工作再看病，大夫就一句话"要命就立刻住院治疗"。

农商银行的"实践家"——包头农商银行董事长陈云翔

　　2012年的阳春三月，万象更新，万物生发。而陈云翔却在病床上度过了人生最难熬的岁月。工作千头万绪，身体却由不得自己。着急，更使病情时好时坏。带着还没有保养好的病体，他重新回到工作当中。从股份制改革入手，从最难的地方"啃骨头"。决心一下，就马不停蹄、夜以继日地工作。清理股权、引入新股东等一系列工作规范而有序地推进。一直到当年8月10日，包头郊区农村信用联社股份有限公司挂牌，他才进行复查。整个2012年，他的生命主题就是两个词：工作和看病。对于一个将工作视为生命的实干家，他的那份孤寂，谁又能体会呢？

2013年的大年夜，一家人的团圆饭。陈云翔董事长语重心长地和孩子说"爸爸要做一个银行家"。此刻，他已经下定决心，组建包头农商银行。可是，一个"银行"牌子，对于农村信用社来说，是多么的遥不可及；那么高的准入指标，对于习惯了按部就班节奏的信用社员工来讲，又多少有些天方夜谭；而"包头农商银行"是上级批准给两个联社的银行牌照，独自去争取的难度可想而知。更让他没有想到的是，孩子随后也生病了。这让他的2013年比2012年更加紧张和忙碌，揪心而"压力山大"。一头是工作，一头是孩子，陈云翔董事长至今回想起那两年多的时间，都不堪回首、心有余悸。

索性，命运总是眷顾善良的人。他，挺了过来！

古人云："故天将降大任于斯人也，必先苦其心志，劳其筋骨，饿其体肤，空乏其身，行拂乱其所为，所以动心忍性，曾益其所不能。"或许，每一个大作为的人，都需要有这样的"痛苦"经历，不经历风雨，怎么能见彩虹！

# "八百工程"

改制之后，包头农商银行上下都面临着一个共同的话题：我们该向哪里去？在没有航标的河流上，包头农商银行这艘船将驶向何方？大家都没有答案。

2014年7月25日，经过两个多月的内部调研、外部考察，以及相关资料的准备，包头农商银行召开了打造一流地方商业银行誓师大会。总行班子成员、中层干部、客户经理参加会议。这个群体可以说是包头农商银行的中坚力量，未来的发展，他们将担负起重大使命。

**包头农商银行打造一流地方商业银行誓师大会**

当《包头农商银行打造一流商业银行战略实施方案》宣读完后，许多人都面面相觑，心里打鼓。这哪是战略目标，简直就是痴心妄想，方案中的每一项任务，都是不可能完成的任务。

实施方案共分为五个部分。第一部分是当前面临的形势，从发展机遇、挑战和不足两个角度进行了阐述。第二部分是指导思想、基本原则和组织领导。第三部分是实施目标，按照总体战略目标、市场定位目标、具体发展目标三个方向进行阐述。第四部分是工作内容，紧紧围绕打造理念一流、管理一流、队伍一流、服务一流、业绩一流、声誉一流的地方商业银行目标，逐条展开阐述。第五部分是实现路径，从"人才兴行"、"科技兴行"、"文化兴行"、传承传统、开拓市场、金融创新、金融生态七个方面展开阐述，着重阐明了实现战略目标的切入点和着力点，为打造一流地方商业银行提供了具体步骤及实施路径选择。实施方案还附带了责任分工表，明确了落实战略目标和相关安排的责任领导、责任部门，为实现战略目标提供了责任体系和组织保障。

对于这些表述性的语言，大家似乎还能接受，最难理解的是，2014年底就要实现资产过百亿元的目标。熟悉实际情况的人都知道，包头农商银行为了能够拿到这块银行牌照，在过去的一两年内，已经付出了几乎所有的所有，甚至是"透支"了未来。还有就是，大家已经习惯了过去的维持、适度提高的节奏，每年上半年主要是夯实上年年末冲高指标的"水分"，下半年才开始加力。即使如此，每年增长也不会超过10%，三五亿元。

现在，一下子就要从66亿元的资产增加到资产过100亿元，不仅如此，今后还要逐年实现"八百工程"：资产过百亿、存款过百亿；资产过200亿、贷款余额过百亿；资产过300亿、个人存款过百亿；各项存款过200亿和服务客户过百万，实现"七个翻番"目标：存款、贷款、收入、利润、分红比例、税收贡献、市场占有率七个目标翻番，并确保资产利润率、资本利润率、资本充足率、不良贷款率、拨备覆盖率等主要监管指标达到全自治区地方银行业领先水平。

怎么可能？

在这里，请不要嘲笑包头农商银行干部员工的短视，更不要怀疑大家的态度。理想很丰满，现实很骨感。长期在此工作的人，甚至几代人都以此为家，爱行、忧行和兴行的美好夙愿每个人都有，只是这些目标，真的有些不接地气。也许和沿海城市，哪怕是一个早些年发展起来的县级农商行相比，这些目标都不算什么，可是跟包头农商银行自身面临的实际和糟糕的基础相比，真的是一个大大的问号！

后来的实践，证明陈云翔董事长的设想不虚，计划有方，而在其中的思虑与付出，恐怕他人难以深切体会，也非本书可以道尽说明。

作为包头农商银行的领头人，陈云翔显然对这些疑问有着充分的准备。从监事长到理事长，再到董事长，从准备单独拿下包头农商银行牌照，到顺利实现目标，他和大家朝夕相处，一起奋斗，结下了深深的情谊，他知道大家的难处。

但是，再难，也要再加把劲，因为包头农商银行已经错过了好多机遇，过去错过不会影响发展，而现在再错过，可能生存都是一个问题。他曾经在不同场合多次反复提到，如果包头农商银行在我们手上没有一个大的发展，我们就是历史的罪人。或许，就源于此因。

看着这一张张熟悉的面孔，都是从农信社到农商行一路走过来的，每一个人都很淳朴，都很实在。无论社会潮流如何发展，对于陈云翔董事长而言，他认可、赞许和支持这种性格特色。他的父辈就是农信社时期的老会计，他又辗转不同地区的农信社工作，他知道，不论在哪里、在何时，淳朴和实在都是农信人永远的"标签"，也不应该丢掉这样的良好品质。于是，他娓娓道来，和大家做心与心的交流。

回顾包头农商银行的发展历程，众所周知，我们曾错失了至少两次以上的重要战略机遇。尽管每一次错失的具体内容不同，但归根结底就是市场化改革是否彻底的问题。当前，包头农商银行的改革发展正处于我国经济增长速度的换挡期、结构调整的阵痛期、前期刺激政策的消化期三期叠加的重要历史时期，同时还处于全国利率市场化改革的前夜和包头市日趋激烈的市场竞争环境之中。我们又一次站在了机遇与挑战并存的重要历史关头。应该说，我们目前所处的外部环境是包头农商银行发展几十年来改革风险最大、不确定性最大、发展前景极难预测、发展形势很不乐观的一种局面。

尽管包头农商银行有着多年的人缘、地缘及情缘优势，但是，这些优势是在长期垄断和专业化运营中形成的，而不是以组织变革和金融创新为支撑。因此，一旦垄断政策被打破，比如，在利率市场化全面推行，银行业兼并重组"闸门"彻底放开等情况下，就会迅速丧失竞争优势，失去继续存在下去的理由。从自身看，市场定位还不够明确、市场战略针对性不强、产品开发能力严重不足、服务手段极其有限、服务特色不够鲜明、品牌影响微乎其微，目前人员素质结构与打造一流地方商业银行的发展要求尚有一定差距，决定了在包头市银行业中的竞争能力和发展水平。因此，无论从所处的大环境看，还是从自身实际看，都必须以背水一战的决心和壮士断腕的勇气，加大改革力度，打破陈规陋习，加快发展步伐，尽快形成包头农商银行的核心竞争力和品牌影响力，借此在激烈的市场竞争中获得一席之地。

包头农商银行的成功转型，不仅仅是门楣牌照的简单更换，根本在于是否能够运用科学合理的组织形式与运行机制，将拥有的各种资源要素有效整合起来，形成包头农商银行的核心竞争能力和创新发展能力。打造一流地方商业银行的目标，并不可怕，也不遥远，关键是能不能认清自己，找准和弥补自己的短板。

他举起自己的双手，一个一个指头的数下去。组织效能作用发挥不充分、市场定位不够精准、人才队伍建设机制不够完善、员工职业素养亟待提高、技术支撑保障能力不足、产品开发能力较弱、绩效考核体系亟须优化、内部管理水平亟待提高、核心竞争力尚未形成、作风建设工作任务艰巨。

十个问题，个个点到要害，发人深省。没有客套话，全是大实话，把自己剖析得体无完肤。就像医生看病一样，指出了病因，他接着开出了对症的药，共九副：构建完善的公司治理体系、打造高效的干部员工队伍、形成更加准确的市场定位、不断增强产品开发能力、稳步提高科技支撑能力、建立高弹性的薪酬分配体系、着力提高内部管理水平与风险管控能力、打造特色鲜明的核心竞争力、持续狠抓作风建设工作。

九项措施，条条是"道"，拨开了萦绕在大家脑海中的困扰。

这次会议，是包头农商银行发展史上非常重要的一次会议。尽管会议的组织形式还很传统，但瑕不掩瑜，这次会议确立的思路、布局对后来的发展产生了深远的影响。它就像一个标尺，时刻鞭策和丈量着包头农商银行前进的步伐。

# 狭路相逢勇者胜

在新生的包头农商银行还在制定战略蓝图的时候，市场已经激战成一片，他们自觉不自觉地已然裹挟其间，不容分说。但这支从农村走出来的队伍，机动灵活是最大的本领，就像《亮剑》里李云龙的队伍一样，敢于狭路相逢勇者胜。

战场就在包头。包头是蒙古语"包克图"的谐音，意为"有鹿的地方"，故包头被称为"鹿城"。这里背靠大青山，俯瞰黄河九道湾，从来都是兵家必争之地，清末因贸易和金融而建镇、设市，形成中国历史上三次人口大迁徙之一的"走西口"。新中国建设中，因支援包钢，全国各地建设者云集于此。被经济学家李稻葵称为中国真正意义上的第一个"深圳"。当代中国经济舞台上，包头的战略地位日益凸显，也有一席之地。国家"一五"时期156项重点建设项目中，有5项在内蒙古，全部位于包头，由此奠定了工业中心的地位，而其因为是全球轻稀土产业中心，被誉为草原明珠、稀土之都。同时，围绕在包钢、一机、二机、包铝、核工业等支柱产业周围，是众多的上下游中小企业，可以说是"大企业顶天立地、小企业铺天盖地"。在这样的环境下，嗅觉灵敏的商业银行早就闻到了商机的味道。

李稻葵教授称包头是我国第一个"深圳"，大有寓意

在西汉时期，司马迁在《史记·淮阴侯列传》中记载："秦失其鹿，天下共逐之"。而现在，鹿城包头因为政策的鼓励和地方经济的稳健强大，吸引全国有条件扩张的银行纷纷到此分得一杯羹。到包头农商

银行成立时，已经有将近30家银行。老百姓不懂得金融业务，只是感觉现在的银行多得让人眼花缭乱。坊间顺口溜曰"大食堂、洗发廊、圪里圪崂尽银行"，算是一种真实反映。业界人士对此叫苦不迭，竞争的激烈程度在国内这样的三四线城市并不多见。包商银行凭着起步早、立足时间长、机制灵活等优势，俨然成为公认的"老大"。四大银行在包头的机构凭借规模优势，达到三分天下有其一。可怜的二十多家金融机构只能在剩余的市场份额中挣扎，勉强度日。

线下的竞争白热化，厚积薄发的互联网金融更是在这一时期横空出世，风起云涌。支付宝、余额宝等各类"宝宝"层出不穷，P2P、众筹、手机理财、第三方支付平台等各种方式让人眼花缭乱，凭借先进的技术和人们移动支付习惯的养成，传统金融业受到强烈的冲击，纷纷转型。这真是应了马云的那句话：如果银行不改变，我们就改变银行。对于包头农商银行来说，问题是别人改变一有技术主权，二有本钱，而自己技术无主权，再加上本钱没多少，只能是做一些力所能及的努力。

更可怕的事情还在后面，利率市场化千呼万唤始出来。这对于习惯了赚取存贷利差的中小银行来说，可以说是致命的打击。随着投资的多元化，老百姓高储蓄的习惯正在改变，银行争取存款的成本全面提升，同时，贷款利率的放开，也让各类融资主体有了更多的选择。在这种大背景下，一些有实力的银行开始综合发力，从融资、投资、票据、银行卡等全方位进行"打包"综合营销，算大账。而对于包头农商银行来说，"综合"的能力还不具备，还延续着"拼价格、拼关系、拼费用"的粗放模式。但现实的情况是，一些合作多年的客户，开始"搞价"，利率低了做不成，利率高了没人做，真是两难的选择。而多少年血的教训也证明，和你谈价钱的客户，往往是好的客户；不计融资成本的客户，大多是差的客户。

更让人懊恼的是，还有一些歧视性的政策取向。一些政府财政资金、社会基金和大企业的资金，限制存入农信社、农商行，因为对你不了解，甚至是对你的信用度不认可。一些涉农的财政补贴、税收优惠，也因为农信社变成了农商行，不再考虑了。

还有一些政策鼓励各大银行深入农区，希望通过农区金融市场的竞争，提高老百姓金融需求的满足度。农信社、农商行扎根农村多少年，信贷员对于谁家的门从哪开，祖辈几代人关系如何，有多少家当，适合做什么，可以说是如数家珍。增加几个金融机构就能解决农村金融的问题？笔者认为这是本末倒置的做法，是片面的，零散的，不是根本性的。真正制约农村老百姓发家致富的，一是资产不能变现和金融要素不能有效发挥作用，二是有些老百姓自身金融素质不高，而不是简单的贷不上款这么简单。现实的情况是，在一些政策许可和鼓励下，一些把网点设在闹市区、繁华地段的银行，到农区去营销，去竞争，去分得一杯羹，它们不设网点，不走村入户，只是对接村委会干部、致富大户，相对优质的客户被它们拉走了，剩下的大多数则不管不顾。这根本就不是良性竞争，不是为了满足老百姓的金融需求。也有些银行为了完成"政策任务"，不顾及农民负债能力，不深度了解农民特点，重复贷款，导致本来小康生活的农民，因无法掌控暴增的"财富"而"因贷返贫"，让人扼腕叹息，又无可奈何。

做银行难，做农商银行更难，做包头农商银行难上加难。就是在这样的背景下，包头农商银行出发了，上路了。

# 《论农商行的十大关系》

誓师大会后，包头农商银行上下一如既往地扎下去，干！这就是农商行的优良传统：讨论的时候可以言无不尽，可一旦形成决议，但凡认准的道，就干下去。在2014年末，包头农商银行顺利完成第一个百亿元目标，总资产占全市农信系统的40%以上。农商银行的体制优势，用数据证明了它的正确性和先进性。

2015年开年，陈云翔董事长在内部报纸上发表了署名文章《论农商行的十大关系》，进一步理清了包头农商银行发展的思路。

包头农商银行揭牌以来，行党委研究制定和逐步落实了一些新的举措，特别是在战略确立、人才引入等方面做了大量工作，对现代商业银行机制作了积极的尝试。但是，不可否认的是，一些战略性的、根本性的问题还没有彻底理清和解决。总体来看，目前有十个关系，也就是十个方面的问题亟待解决。不理顺这些根本性的关系，不解决这些深层次的问题，只是"小打小闹"，修修补补，就不可能实现真正意义上的转型。只有梳理好这些关系，解决好这些问题，才能正面回答行内行外的一切困惑，也才能够充分调动行内行外一切有利因素，为破解难题、实现长远发展注入优良的基因，筑牢扎实的根基。

## 一、新的机制和旧的传统

我们从历史中走来，历史的血脉已经注入我们的身体当中，终身难改。我行从郊区联社改制而来，过去好的、不好的思维和习惯都会自然而然地沿袭过来。同时，我行刚刚迈入商业银行序列，这种体制是把"双刃剑"，用得好，发展无限，用不好，祸患无穷。我们需要认真考虑的，是如何继承过去优良的传统，摒弃不当的做法，如何充分认识和发挥商业银行的核心优势，并避免其他商业银行走过的"弯路"，实现推陈出新，继往开来。

那么，过去农信社体制的优势有哪些呢？概括起来说，主要是三点，一是近，在服务地域上，将网点建设在乡镇，在业务经营上，走村入户，形成了良好的地缘和人缘；二是快，信贷审批流程较短，充分显示出"小法人"的优势；三是实，贷款流程简便，贷款产品比较实用。在此基础上，还逐步形成了厚道朴实的传统。给客户感觉是，与我们打交道比较实在，比较好沟通。客观地讲，过去几年农信社经营状况整体较好，既有国家大的经济环境的因素，也有金融市场特别是农村金融市场竞争不足导致"卖方市场"因素。但是，不可否认的是，以上所列优势也是具备一定比较优势的。我们一定要好好地传承下去。

农信社过去的劣势，或者说最大的问题，是把企业办成了政府。思维上，官僚思想严重，总觉得客户有求于我，且安于现状，不思进取。行为上，得过且过，应付差事，有的甚至乱作为。在我看来，这些问题不是我们自身造成的，而是大环境的原因。我们的人，本质上不笨也不坏，但还是产生了这样那样的问题，是体制使然。

改成农商行了，也不是就一步到位了，就万事大吉了，反而是任务更加艰巨、责任更加重大了。因为过去农信社可以靠国家信用的"庇护"和政策的支持，隔几年帮助消化点不良贷款，出台政策帮助减轻点负担。现在，国家不会再管了，至少是不会像过去那样"养着"了，我们只能靠自己的"真本事"吃饭，有本事吃得开、吃得饱、吃得香，没本事只能靠接济，甚至没人管你，自生自灭。这就是市场法则，优胜劣汰，残酷无情。

那么，路在何方？路在脚下。我们的未来就抓在农商行的每一个人手里，特别是领导班子要承担主要责任。我们现在急需做的，就是怎样把自己安身立命的农商行事业这块"蛋糕"做大。只有这块"蛋糕"做大了，大家才都有机会分享。

作为一家金融机构，服务是首要的职责。客户自愿选择我们而不是他行，服务体验是第一考虑的。眼下看，我们设立了专门的客户维护中心，做了一些基础性工作，但是离真正意义上的客户服务还有很大的差距，或者说还没有形成真正的服务特色。遍览包头同业，在这方面比我们做得好的，大有人在，但也大多是普遍性、一般性的服务，比如提供VIP通道、给一些优惠政策。我们所追求的服务目标，要围绕"自家银行"这个主题来做，让客户到我行办理业务有一种回家的感觉，能感受到爱的氛围。要实现这种效果，总的来说，要"两手抓"。一手抓员工素质提升和价值认同。要把培训员工作为部门和支行负责人的主要职责，与其晋级、评先和薪酬收入相挂钩。同时要在全行范围内开展"自家文化"宣贯活动，在全行推行亲情服务模式。另一手抓客户发掘、维护和拓展，编制全市重点客户分布图，并作出整体规划，由支行及客户经理逐一对接和落实，配套进行金融产品研发，探索"金融秘书"服务模式，将"做业务"向"做客户"的战略有效"落地"。

对外靠服务，对内靠激励。我们争取农商行改革的主要目的之一，就是商业银行机制。商业银行的机制是什么？核心就是激励，主要是三项：一是干部能上能下，二是员工能进能出，三是收入能增能减。

先说干部能上能下。当前干部队伍的主流是好的，但也有一些同志不成熟、不适合。这几年为了加快发展和锻炼队伍，我们推行了扁平化管理，将一些分理处升格为支行，聘用了一些干部。从实际情况看，喜忧参半。一些同志到了新的岗位，心怀感恩之心，积极学习，加强管理，努力完成任务，进步很大，比以前的老同志还干得好。对于这些同志，我们要给更大的平台，压更重的担子，好好培养，重点发展。而有些同志洋洋自得，自以为是，只认准揽储一条，以为完成存款任务就是一名好的干部；更有甚者，不仅完不成任务，抓不好管理，连自己的职责是什么、支行的一些基本数据都搞不清楚，整天稀里哗啦，不知道忙些什么。这就是不成熟的表现，不成熟就换，绝无二话。也有一些同志，自己不干还说长道短，不仅给其他同志作不了好的榜样，还污染了一方环境。这就是不适合的表现。这两种现象都不允许长期存在。我们将严格按照商业银行优胜劣汰的机制，坚决淘汰，绝不姑息。

再说员工能进能出。以前，大家觉得进了农商行，就捧上了"铁饭碗"。现在，这种观念要改变了，"铁饭碗"可能变成"瓷饭碗"，也可能变成"金饭碗"，关键在于自身表现。对于新员工，每一两年签一次的劳动合同，可能随时终止。对于老员工，虽然不一定采取这种方式，但在待遇上会千差万别。特别是那些从干部岗位上下来，转到员工岗位的同志，要多从自己身上找原因，少发牢骚，多干实事。不要把行里的关爱当作理所应当，更不能给这个安身立命的地方"脸上"抹黑。商业银行的用人原则就是这样，不养闲人，不养懒人，算细账到每个人。

最后是收入能增能减。商业银行的核心机制之一，是绩效考核，绩效考核的真谛是奖优罚劣、奖罚分明、科学评判贡献度。当前，我们正在加快推进更为科学合理的绩效考评体系，以及配套的相关制度，最终要让每一个人的收入与自己的贡献度尽可能地"对等"起来，既让大家心服口服，也要最大限度地调动工作积极性。

## 二、长远发展和当前利益

2006年以来，借助地方经济发展"占地"红利，我们实现了一波"大涨"行情。但是，受当时体制的局限，没有多少原始积累，也没有购置多少"家当"，当时员工利益得到了最大化满足，但长远性的考虑却明显不足。现在，农商行成立了，新的体制要求我们在这方面的考虑作出些新的转变，按照着眼长远、兼顾当前的原则来进行收益分配。

首先说说员工的收入，已经属于本地区比较高的了，不仅工资高，各项补贴也不少，这两年又把房子的问题也解决了，不仅普通市民比不上，连一些干部和同业也非常羡慕。从人才引进的吸引力，就可以管窥一二。下一步，员工的收入支出总体保持不变，但要按照商业银行的机制，根据对单位的贡献度，适当地、合理地拉大分配差距，让多劳者多得、能者多得、合规者多得。

再谈一下股金分配。股东是农商行法律意义上的主人，追求利润最大化是企业的目标，也是股东们的期盼。但是，由于股本金设置比例提高过快，由改制前的0.87亿元，扩充到4.8亿元，增长4.5倍，近几年分红比例不是很高，而且又全部扩充了资本金，这一过程及结果也得到了股东们的支持与理解，让我们深受感动。所以，我们更应该看得远一些，通过扎实的工作，努力夯实发展基础，谋划好更长远的获益，更好地回报股东。

人无远虑必有近忧。考虑到长远的发展，我们还需要在盈利模式上作出一些调整。当前，大家对利率市场化、监管趋严化、竞争白热化的现实和存款保险出台、人民币业务向外资银行开放、民营银行批筹等新生事物，基本上统一了认识，但在延续传统盈利模式，还是另辟蹊径的问题上，还是有些放不下。去年我行的资金营运收入近亿元，占总收入的七分之一左右。实践证明，通过开展同业、票据等业务，也可以做到获益颇丰，且风险相对更小。从发展的眼光来看，也有必要拿出更多的资金，在资金营运方面多做些尝试。因为单纯依靠利差盈利的模式，在可以预见的将来越来越难以为继，与其将来临危应对，不如提前练兵，早做准备，舍一时之利，图长远之计。

去年，我们在网点布局和改造上做了不少工作，也投入了不少的财力、物力和人力，品牌形象基本确立，但是实际作用发挥得不是很理想。由此，也导致一些同志对我行在城区布局网点和购置固定资产有些看法。这些看法可以理解，任何事物的发展都需要时间来证明。但是，如果我们从郊区联社改制为农商行，仅仅是为了换一块"牌子"，那么，这些行为确实是多此一举；如果是希望将我行发展得更大更好更强，这一步是必须要走的。

## 三、大和精

去年年中我们确定了总行三年发展战略，提出"八百工程""七个翻番"的目标，好多人觉得是说大话，也感觉"压力山大"。这很正常，相比于过去，这些目标简直是痴人说梦。但我们应该把视野放宽一些，以一些新开业的股份制银行为例，网点二三个，人数不足百，来了没多长时间，存款规模就和我们这个网点40多个、600来号人经营，守土60多年的"本地户"规模差不多了，这个目标大吗？看看去年全市银行业的存款规模，将近2500亿元，我们的占比仅仅为3.5%，我行冠以"包头"二字，这匹配吗？再对比一下身边的包商银行，同处一座城，同样从信用社起家，人家的本地存款达到584亿元，是我们的6.7倍，我们又有什么理由不见贤思齐呢？因此说，这不是好高骛远，而是奋起直追，不是要"跳班"，而是在"补课"。

也有些同志给我提建议，说当前的形势下，与其把精力放在存款上，不如用在清收不良上，一边增存一边形成不良，得不偿失。这个话是有道理的，但是只说对了一半，应该改为既要抓增存，也要抓清收和化解不良，两手抓，两手都要硬。存款无论在任何时候都是一家银行的信誉保证和经营基础，特别是在当前，更应当牵住这个"牛鼻子"不放，唯有如此，才能继续过去的盈利模式，才能给资金营运提供条件，才能增强与有关方面对话的资格，才能增加客户的信心，才能加强同业合作的基础，才能给股东和员工一个交代。当然，我们的增存不是为了掩盖不良贷款问题，不是为了指标的好看，更不是为了领导的"政绩"，而是为了使农商行走得更远、更快、更好。下一步，我们主要考虑的，不是抓不抓存款的问题，而是如何抓的问题，特别是如何科学分解和考核存款任务，以及如何在巩固现在"人海"战术的基础上，从总行层面搭建业务平台、创新增存机制的问题。

做大规模是基础，精细管理是手段。经营银行做大与做精并不矛盾，且互为条件。我们将今年确定为贷款秩序整顿年、内部管理优化年，就是要在农商行运作一段时间之后，在资产突破百亿元的基础上，进一步摸清底数，夯实基础，就像老百姓盖房子打地基一样，加一层土，轧一遍石，稳扎稳打，层层加高。去年我们按照三年战略目标实施方案，完成了制度规范工作，为精细化管理提供了制度基础。今年我们要逐项对照，严格落实。在扁平化管理上，要实行分类管理、分别对待，根据支行分类确定负责人及员工的待遇。在信贷管理上，推行客户经理制，加大权利和责任比重，全面承担放款质量、增加存款等任务。在清非工作上，落实贷款赔偿制度，在核定不良贷款容忍度和结息率的基础上，按照"谁发放、谁收回、谁负责"的原则进行考核，以责任大小，按比例划分赔偿责任。在流程优化上，努力完成信贷、临柜等业务流程再造。在管理体制改革上，探索建立分工明确、有效衔接的组织架构，形成机关服务基层、基层服务客户的组织链条。

## 四、农和商

改制为农商行，市场定位必然要随之而变，这是毋庸置疑的。服务"三农"是我们的职责所在，拓展城区则是未来发展方向，我们有句广告语："农积本源、商铸未来"，说的就是这个道理。我行目前已经在城郊及农区完成了布局，且打下了较为扎实的基础；这几年又将总部迁到了青山区，在昆区、高新区的核心区域逐步布局，把业务范围拓展到了城五区，初步完成了在城区重点地段设点的机构布局。

目前，摆在我们面前的问题是，如何迎接城区业务的挑战。除了通过引进人才、合作开展业务等方式外，还需要从思想上作出新的转变，从经营上拿出新的东西。为此，我们应将以商补农、以农促商、农商互动确立为今后发展的一项基本"行策"。

在农区，要坚持整顿、巩固、提升的方针。这些年，在沙尔沁等经济发展相对较好的地区，一些银行开始陆续渗透。对此，我们要积极应对，关键是要不断提升自我。好的地方，大家都能看上，甲不来乙来，挡是挡不住的。最根本的办法，还是要不断提升自己的服务能力。监管部门放宽农村地区金融机构准入门槛，根本的想法也是要通过竞争，来提升农村地区的金融服务水平。这方面我们自己做好了，既不怕别人来竞争，也完成了应该履行的使命。

在城区，横亘在我们前进路上的最大障碍，是信息科技的不便捷，使我们不大好"施展拳脚"。对此，我们一方面要最大化利用现有系统和平台，另一方面还要主动寻求突破，建立自己的特色方式。这方面的工作，我们正在进行，并且已经取得了一些进展。但是，时不待我，还是要立足当前的实际，以勤能补拙的思维，推动各项工作尽快打开局面。为此，我们要继续发扬老农信人背包下乡、走村入户的优良传统，把我行人多、点多、负担重的劣势转变为优势，登门入户，入社区，扫商铺，进企业，攻大户，把农商行的品牌、业务、产品和服务面对面地推广给客户。经营层要积极主动地承担起包片支行各项业务拓展的关联责任，指导支行多揽存款、放好贷款、推广产品、提升服务，一部分薪酬要与此挂钩。对于基层做不了、做不好的，比如重点客户的公关、中间业务的拓展，总行要全盘布局，合理分工，行领导及有关职能部门要主动对接，在对公存款、中间业务等方面寻求新的突破。

## 五、做实本地和对外拓展

人民银行统计报告显示，去年我市银行存款规模2494亿元，百亿元银行有5家，可称之为第一方阵。我行目前已经具备了比较好的发展基础，具备向更高层次冲刺的基本条件。今年，要确保进入存款百亿元"俱乐部"，力争跻身全市银行业的第一方阵。

为了实现这一目标，做实本地是基础，我们也正在努力去做。同时，还要考虑在外四区设立分支机构，还要尝试在其他地区设立村镇银行和微贷服务中心，逐步将业务范围和品牌影响力拓展到全区范围。这些"走出去"战略，短期看是探索，长远看，将成为常态。

## 六、机关和基层

机关和支行是农商行体系两个最主要的组织"支柱"，犹如人之手足，彼此协调，协同配合，才能实现心中所想。

总体来看，机关和基层能够在各自职责内各尽本分，努力履职，也形成了一些好的沟通做法，比如，机关部室轮流讲课。但也还存在一些问题，最突出的表现是三个方面，一是机关和基层沟通不充分，对接不精准，经常出现脱节、推诿等现象；二是机关部门之间配合不到位，没有最大化地发挥整体效应；三是基层支行之间存在不当竞争问题，一定程度上出现"自挖墙脚"的现象。产生这些现象的原因是多方面的，主因在于机关主动指导基层没有形成惯例，部室职能职责不清，相关机制没有完全建立，人的素质有待提升。农商行事业要想做得更大更好，这些问题必须有效解决，且随着我行的"盘子"越来越多，这些问题的解决，显得越来越急迫。

今后，我行在这方面要重点做这么几项工作。一是加强干部之间的上下交流，增进彼此理解，促使双方能够站在对方角度考虑问题。二是行领导和有关部室主要负责人要把下基层作为一项基本职责来对待和履行，把三分之二的时间用在基层，解决基层实际困难，随时掌握基层实际经营状况。三是在全员中公开选拔管理人员，并有计划地安排机关人员到基层工作，使基层成为干部锻炼的摇篮，机关成为员工素质提升的平台。四是充分发挥机关部门特别是办公室的综合协调和督察督办职责，将上级来文、会议议定、基层诉求等事宜列入日常管理事项，逐项记录、跟踪督办、办完反馈，特别是要将总行领导的指导精神、安排事项对接到机构、到人、到结果，彻底解决领导的想法和安排，因执行环节不到位而导致的"说了不算、定了不办"的问题。

## 七、引入人才和激活人才

事业成败关键在人。近年来，我行在人力资源方面做了许多工作，特别是大力度引入人才工作，在全区农信系统也算得上是"大手笔"，为今后发展奠定了人才基础。

但是，问题也随之而来，最突出的是，有效融合的问题。对此，我们一方面要加强教育和引导，老员工要把新人当作自家人，以"来了就是我们的人"的开明态度和包容胸怀，接纳他们、帮助他们。新人要尽快熟悉情况，虚心学习，体现价值，发挥应有作用，用实际表现和工作成果取信于人。

另一方面，也是最关键的，还是要加快发展，搭建更多的发展平台，比如，分支机构的设立、分支行架构的搭建、党总支的设置，让新老员工都能看到发展希望，又比如，准备推行的员工职业发展"双通道机制"，只要干得好，在什么岗位上都能拿高工资。1月3日我们组织了推荐后备干部考试，大家利用放假时间，用一整天的时间完成考试、评分等工作。会后有人在微信群里聊天，说董事长在新年讲话中说，去年很辛苦，今年更辛苦，群里的回应是，辛苦并快乐着。对此，我非常感动，相信有这种同心同德、同行同向的良好风气，就没有干不好的事情。

## 八、激情和实干

经验表明，实干和激情是事业成功的两个制胜法宝。现在，我们要做大农商行事业，既要传承重实干的传统，也要借鉴兄弟单位有激情的长处，只有这样，才能行得稳、跑得快。

前几年，有一部收视率非常高的电视剧——《亮剑》，主人公李云龙务实灵活、能打胜仗的战法就好比我们现在的"业务经营"，而体现出的敢于亮剑的精神气概恰恰是我们所缺少的企业文化。现在，我们对企业文化的认识有了很大的进步，但大多数人还是认为这是务虚的，我们这种经营性单位，搞这些活动没有多大实际意义，即使搞，也就是点缀一下就行了。说实话，过去我也是这样认为的。但当我行的发展由"量变"到"质变"，需要在市场上直面竞争对手时，仅仅靠物质刺激，是远远不够的，需要有那么一股子精气神，需要大家把农商行事业当成自己的事业，需要大家心往一处想，劲往一处使，需要每个人自觉自愿地发挥作用。

我们的员工其实是不缺乏激情的，缺乏的是引导和激发。去年揭牌的时候，从接待到新闻发布会的组织，再到晚会的举办，每一个环节都能够看到大家饱满的热情。元旦的时候，机关组织了一个比较简朴的晚会，大家百忙之中排练的小节目，都充满了创意、充满了激情。法国雕塑家罗素曾经说过，对于我们的眼睛，不是缺少美，而是缺少发现。那么，对于农商行员工，也不是缺少激情，缺少文化，而是缺少激扬和发掘。

今年及今后一段时间，要针对企业文化建设，做一些重点工作。首先要进一步梳理和提炼企业文化相关理念。这些理念只有上下都认可了，才能够引起共鸣，变为自觉行动。现在我们提出的"厚德、忠诚、审慎、高效"这四个词八个字，犹如国之四维、鼎之四足，彼此关联，相互映衬。厚德是我行最基本的精神取向，是对每个人、每件事的基本要求。古人讲，为政以德，譬如北辰，居其所而众星共之。有了这个基础，农商行"大厦"才能够立得住、站得稳。忠诚强调的是团队精神。聚沙成塔、聚水成涓，只有把每个人的力量有效整合，才能形成1+1＞2的效果。审慎是银行的基本经营宗旨。我行从农信社改制而来，基础薄弱，赢得起，输不起，每走一步都要如临深渊、如履薄冰，这是对事业的负责，也是对个人的负责。高效是我们追求的目标。发展是硬道理，只有通过高效率的工作，才能赢得高效益。前两点主要针对"人"，后两点主要针对"事"，人和事都做好了，我们的事业又何愁没有未来？在此基础上，我们计划打造以"自家文化"为主题的企业文化特色，让广大员工视行如家，让客户享受家人般的服务，让引入人才和原有人员融为一家，真正办成包头人自家的银行。在合适的时候，还计划引入专业机构在企业文化"落地"方面做一些专业辅导，让全员理解、认同并切实践行核心价值观及相关理念，实现全行上下目标一致、思想一致，行动一致。

## 九、党的建设和业务经营

企业党建工作历来都是一道难解的课题，多少央企、民企寄希望寻求突破，但都没有取得实实在在的效果。究其原因，还是没有做好"结合"这篇大文章。习近平总书记在党的群众路线教育实践活动总结大会上提出了从严治党八项要求，明确指出一手抓党建、一手抓发展要成为新常态。近些年全区农信系统规范了党组织体系，这方面的工作和要求也越来越多，越来越严，去年的综合考核，光这方面的分值就有20多分，是所有考核项目中最多的。我们经常讲，党委是政治核心，支部是战斗堡垒、党员是先锋模范。这些定位和作用又该如何彰显？最根本地，还需要将党的建设与业务经营结合起来，这样才能互相促进，相得益彰。就党建抓党建，容易使党建工作浮在空中，落不到地上；就业务抓业务，"光拉车不看路"，光讲物质刺激，不追求精神激励，难免使业务经营陷入盲区，发展乏力。

有鉴于此，我在去年书记抓党建专项述职报告中提出了"七点契合"的设想，也即把党建工作与业务经营一起谋划、一起部署、一起考核，将党委"三重一大"决策与董事会业务战略决策有机统一，将政治学习与业务学习相结合，将纪检监察与监事会监督、风险防控相对接，将发展党员、干部选用、评先评优与业务办理情况、任务完成情况相挂钩，将创建学习型党组织等党内活动纳入企业文化建设当中，将宣传工作与品牌推广合并开展，涵盖了党建工作的组织、宣传、纪检、党内生活等基本内容。今后要按照这个想法，从组织机构上合并、从工作职责上兼容、从人员使用上综合考量，将党建工作的精神激励作用作为业务经营的一个根本手段，将业务经营作为落实党建工作的基本载体，实现党建工作和业务经营你中有我、我中有你，融为一体。

## 十、行业管理和法人治理

2003年启动的新一轮深化农信社改革，以及银监会关于加快推进农村合作金融机构股权改造的指导意见，也就是我们常说的92号文实施以来，我行主要解决了三大问题：一是产权模式，将过去半个多世纪沿用的合作制改造为股份制，从法律意义上建立了适应社会主义市场经济的、独立的市场主体地位，解决了"产权是谁的"的问题。二是组织形式，在县级联社的基础上，经由股份制联社，改制为农村商业银行，初步解决了"怎么经营"的问题。三是管理体制，由监管部门托管改由自治区联社履行"管理、指导、协调、服务"职能，一定程度上解决了"谁来管"的问题。换句话说，现在的农商行体制就是"小法人+大平台"。

自治区联社组建以来，全区农信社在技术支持、业务规范、体制改革、品牌树立等方面做了大量工作，成绩来之不易，也有目共睹。而自治区联社领导下的农商行、农合行、信用社克服单打独斗、没有"主心骨"等问题，这几年发展的速度是比较快的，有的地方甚至超过了一些商业银行。因此，要权衡好行业管理和法人治理的关系。按照中央和国务院的改革精神，不管采取哪种改革方式，一个基本原则是保持农信社在县域范围内的独立地位。股份制改造后的包头农商银行，至少在法律意义上已经成为独立的法人，任何改革都需要征得股东的同意，在中央全面推进依法治国战略和建立社会主义市场经济体系的大背景下，这一点更具现实意义。我们应当充分利用好自治区联社"大平台"和我行"小法人"的独特优势，既要在自治区联社的领导下规范发展，又要针对包头地区的实际，采取灵活措施，努力开创一片新天地。

以上谈了十个方面的关系，涉及管理体制、经营机制、发展方式等方面的重大问题，这些问题有的矛盾比较尖锐，有的只是孰重孰轻的问题，但都是需要彻底想清楚的问题。有问题不可怕，怕的是看不见问题，忽视问题，不解决问题。今年是三年战略目标实现的承上启下之年，也是农商行各项工作格局的定型元年，我们需要正确解决这些根本性问题，合理化解这些突出性矛盾，这样才能充分调动一切积极因素，把包头农商银行打造成为一流地方商业银行！

此文总结了历史，分析了实际情况，明确了今后发展的方向。包头农商银行的决策者们没有盲从所谓的现代银行管理模型，也没有沿袭过去的老路，而是要发挥农商银行新的体制机制优势，农商互动，依据自身情况选择新的发展道路。

# 梦想就在前方

如果说《论农商行的十大关系》是谋篇之作，于纷繁复杂中彻底理清了萦绕在人们脑海中的困扰，那么，在包头农商银行一岁生日的时候，陈云翔董事长亲自撰写的内部报刊发刊词《未来：从现在出发》，则是一种向未来进军的壮志豪情的抒发。因为同样很精彩，所以原汁原味地摘录如下：

时间过得真快，不知不觉中，包头农商银行已经迎来了一岁生日。

无疑，这个时刻是美好的。当大家满怀喜悦地点燃蜡烛和品尝蛋糕的时候，我的脑海里，却像过电影画面一样，过往不断地从眼前掠过。那些背包下乡、走村入户的老前辈们留下的已经泛黄的农信社记忆；那些晨曦中上路、夕阳下回家的员工们忙忙碌碌的农商行景象；那些与我们信用相伴、合作共赢的客户们不离不弃的真诚笑脸；那些支持我们一步一步走到今天、一点一点不断壮大的各级领导、社会各界、新老股东始终信任的坚定目光。这些，是我们今天荣光的积淀。这些，让我的眼里充满泪水。

我和我们该拿什么来回报？摆在眼前的这本《农金前沿》杂志，是我们决心的一个缩影。

这里面，有我们对形势的判断，有我们对学习的渴望，有我们对工作的梳理，有我们对转型之路的摸索，有我们员工真性情的表达，有我们和各个方面合作的展示。我们不期望它有多么专业，但要体现我们对工作有多么专注；我们不期望它能够达到多么高的水准，但要展现出我们对事业的追求有多么精准；我们不期望它能够对业务经营直接发挥多大作用，但要引领大家朝着一个共同的目标不断前行。

天下大事必作于细。就让这份杂志来见证我们的努力，见证我们的不易，见证我们的奇迹。我们已经准备好了，从现在开始，向着未来出发！

可以看出，现在的包头农商银行已经自信满满。摆在他们面前的不再是困难，而是一个又一个等待他们去创造的传奇！是的，只要愿意努力，什么时候出发都不晚！

2015年末，包头农商银行再传捷报，第二个百亿元目标——存款过百亿元顺利实现，包头农商银行成功超越交通银行，位列全市银行业第六位，仅次于包商银行和四大银行在包头的机构。这再一次创造了历史，农商行超越了国有大行中的一位，从第三阵营跃升到第二阵营，这在过去想都不敢想啊！全行上下沉浸在喜庆的氛围当中，连一向"端庄"的领导们也按捺不住激动的心情，在年末的联欢会上，利用不到两天的时间，排练出自编自演的诗朗诵《梦想就在前方》，或许表达出了他们的心声。

当时间的脚步驻足这一刻，我的心里感慨万千，时间过得真快呀！一年一年又一年。

没错，想想2014年5月9日，仿佛就在昨天，一年半的光阴，我们农商行发生了巨变。

我看到的，是一组组财务数据的优异表现，经济在下行，但我们依然走在发展的最前沿。

我看到的，是客户们一张张满意的笑脸，患难见真情，再难我们也不会改变曾经的诺言。

我看到的，是遍布鹿城的一道道美丽风景线，那一个个装饰一新的网点，旧貌换了新颜。

我看到的，是一个个员工辛勤工作的画面，委屈了自己，成就了他人，员工才是农商行的天。

包头农商银行，从此破茧成蝶，精彩呈现！

此刻，我感觉活力无限，过去的沧桑巨变，让我把责任扛在双肩，更激励着我和大家一起，百尺竿头，再续新篇。

此刻，我感觉激情无限，过往的美好华年，让我品尝了醇美甘甜，更激发着我和大家一起，再接再厉，再上台阶。

此刻，我信心无限，各类业务的推出和积淀，企业文化的推广和彰显，让我知道，我们应该成为创新发展的领头雁。

此刻，我创意无限，金融市场业务活力无边，人才引进规模空前，内部管理绝对稳健，让我知道，我们正在迈向转型之巅。

此刻，我温情无限，客户经理走遍了田间地头，忽略了对家的挂念，让我知道，我们应该永远把客户放在心间。

此刻，我感恩无限，临柜员工坐在三尺柜台里面，难能领略外面的世界，让我知道，我们应该永远把服务挺在胸前。

此刻，我们意志弥坚，哪怕山高水长，路途艰险，定要开创出属于农商行的美好明天。

我希望，过些年，当我牵着爱人的手，看到"资产突破千亿元"的标语映入我的眼帘，我会光荣地说："这里有我的无悔奉献"。

我渴望，过些年，当我与儿女生活在城市的另一边，在电视机前看到农商行新的机构在异地开业庆典，我会自豪地对儿女说："他们超过了父亲的当年"。

我想着，过些年，当我匆匆地穿梭于城市之间，营销着自主设计的金融产品和各类卡片，我可以对客户说："我们实现了自主研发的全新转变"。

我盼着，过些年，信贷人员不用在风里雨里来回穿越，所有业务只需要一键识别，我会大声地说："我们要的就是这种体验"。

我念着，过些年，苍老的我微笑地站在营业大厅里面，引领着朋友们体验互联网金融带来的全新感觉，我可以对他们说："来农商行办理业务就是体面"。

我也想，过些年，临柜人员不用再没日没夜，电子化、智能化推动我们全然蜕变，我会对所有人讲："不要再用老眼光对我们指指点点"。

不要说这是好高骛远，有一种梦想叫做理想信念！

也不要说这是痴人说梦，心若在，梦想就不会遥远！

厚德载物，半个多世纪的历程，为农商行梦想的实现，积淀了厚重的历史渊源。

忠诚尽责，每个人的志存高远，让农商行梦想的实现，流淌着不竭的力量源泉。

审慎经营，始终把风险放在前面，使农商行梦想的实现，可以有力传接。

高效运转，每一个人都动起来，农商行的梦想与每一个人紧密关联。

这里的天，是晴朗的天，这里就是未来的农商行。

这里只有激昂，没有忧伤；这里只有追求，没有迷茫。

这里只有奋进，没有彷徨；这里只有胜利，没有逃亡。

这里飞出的歌，声声高亢；这里洒下的汗，滴滴滚烫。

这里踩出的路，步步铿锵；这里走出的人，个个坚强。

这就是我们崭新的农商行人，这就是我们共同的梦想。

梦想就在不远处的前方！

到此，关于包头农商银行的前进方向，人们不再彷徨，不仅认识一致，而且众志成城，犹如一幅新的奋斗画卷，正徐徐展开。而纵观包头农商银行后来发展，其实就有诗一般的感觉，有时深沉，有时激昂，有时平缓，有时激烈，波澜壮阔，抑扬顿挫，在业务发展的同时，文化之魂已然成型。而这，更加重要。

# 新的抉择

2016年2月18日，是农历正月十一。在当地，有"正月十五没过，年就没过完"的说法和习俗。包头农商银行全员上下却聚在一起，召开年度工作会议。而在这之前一个月的时间里，包头农商银行进行了三级组织架构改革、年终决算、迎新春客户答谢系列活动等许多工作。一切都在提速，一切都在加速，全体员工越来越感受到，现在和过去不一样了。

会上，陈云翔董事长作了主题为《乘势而上，全面转型，努力实现更好质量更高层次的发展》的讲话。这是继誓师大会后再一次吹响包头农商银行改革和发展的集结号。所不同的是，此时的包头农商银行比成立之初成熟了许多，自信了许多。一个主要的标志，就是敢于自亮家丑，直面困难。

彼时，银行业普遍不景气，是一个不争的事实。银行越来越不好经营，也是一个共同的话题。

一方面是自身存在的问题不容忽视。整体"盘子"做大了，各项工作都在积极地进步，但存在的问题也同样突出。一是不良贷款问题没有从根本上予以解决。2015年开展了"信贷秩序整顿年"活动和阶段性地开展了不良贷款"风暴行动"，成效是明显的，摸清了底数，明确了责任，取得了一些成效，但与预期差距很大，而且前清后升、边清边升的局面仍然存在。二是收入结构仍然单一。在各项收入中，利差收益依然是"大头"，大概占四分之三，虽然这一比例在下降，但这一问题没有显著性改观。三是产品和技术没有比较优势。在与其他银行的竞争中，始终是"跟着"别人走，处于"下风"的位置。四是内部管理还存在许多短板。包括上下沟通不充分，激励作用发挥不明显，奖罚机制不健全、执行不到位、后评估机制未建立等"顽疾""老病"还没有"去根"，还在持续地影响着农商行的"健康"。五是思想观念需要匡正。发展理念还比较保守，比较传统，与时代和客户的需求有一定的距离。大部分员工的主动营销意识不强，消极被动、等靠思想严重，敢闯敢干劲头不足。员工的思想政治工作不到位，在引导全员树立正确的价值观、正视面临的困难、增强忧患意识，以及适应新常态、找准自身职业坐标、发挥主观能动性等方面，还有待进一步提高。

另一方面是外部环境不容乐观。从全国来看，整体经济形势还没有出现明显的好转。继2014年一年股市持续动荡后，2015年依然徘徊在3000点上下，且做空中国的国际舆论不断。由此也可以反映出我国的经济在"换挡升级"的过程中，遇到了严重的困难，搞不好就可能出现经济危机，即使是搞好了，传导到包头这样的三四线城市，至少也需要两到三年的时间。这个区间恰恰又是农商行发展"要劲儿"的时候，说农商行是"生不逢时"，并不过分。

从包头看，经济与上年的冬天一样寒冷。在生产领域，支柱产业钢铁卖的是"白菜价"，好多央企、国企"停产""放假""降薪"，导致上下游相关产业大面积倒闭、破产。在消费领域，大型的商场门可罗雀，大多数门店的生意惨淡经营，大家共同的感受是，钱"毛"了，却又不好挣。包头有30家银行，分的却是2000多亿元的存款，平均每家80亿元左右，只能是勉强度日，有的甚至是花着存款人的钱在过日子，区域性金融风险实际上已经开始集聚。

再看银行业内，互联网金融的来势异常凶猛，一大批背景实力雄厚、互联网技术领先的民营银行获准开业，宜信等P2P网贷平台做得风生水起，阿里、京东等电商巨头的农村金融布局已经完成，特别是阿里推出的以"千县万村"计划为主体的农村战略以及邮储银行新的战略布局一旦实现，完全有可能将全国的农村信用社排挤出农村市场。这绝不是危言耸听，看看电商对实体店的冲击，就可以预判出大致的梗概。反观农信社，还在沿袭着过去的思维和做法，负重前行，步履蹒跚，仅有的一些创新也迟迟滞后于市场的变化，包头农商银行的情况虽然要好一些，但真的要应对这种挑战，也没有绝对的把握。

从以上内外部两个维度分析，可以看出，包头农商银行面临的困境超越以往任何时候，可以说是到了"最危险的时候"。

在这种局面下，陈云翔说，作为农商行的主要负责人，他常常感到危机四伏，真的是手里捏着一把汗，可以说夜不能寐，如履薄冰。他还讲到，我们班子也经常开会研究，农商行的未来到底在哪里？

答案是打铁还需自身硬，无论环境有多么不容乐观，命运就掌握在自己的手里。只要自身能做得更好，就不惧怕任何风雨和挑战。

全面转型，自我革命，这就是包头农商银行痛定思痛、毅然决然的选择。什么是全面转型？陈云翔有一段精彩的论述："就是自己革自己的命，就是换脑筋，换套路，换打法，就像我们党初创时期一样，敢于破坏一个旧世界，打造一个新世界。必须是全面的，小打小闹不行，枝枝节节不行。必须是革命，改良不行，修正不行。必须痛下决心，必须刮骨疗伤，不能浮皮潦草，务必不留死角。否则，很有可能半途而废，'转'还不如不'转'。"

包头农商银行年度工作会议

# "跳出银行做银行"

2017年是个特殊年份，这一年要迎来包头农商银行的三周岁生日。当地人有"三岁看大七岁看老"的说法，因此，意义显得尤为重要。

包头农商银行的决策者们当然明白这个意义，他们给出的答案是，打造共享银行。而这一答案的命题来自新的战略规划：再用一个五年左右的时间，将包头农商银行打造成为体量千亿元的上市银行。

凡益之道，与时偕行。共享经济方兴未艾。评判一个企业的实力，不仅仅是看资产有多少，更应该关注它的资源整合能力有多强，有多大。他们的想法是"跳出银行做银行"，把包头农商银行打造成为一个整合各方面资源的平台，给大家提供一个共同创造价值的平台。

这一规划，不可谓不超前，不可谓无魄力。但他们的底气何来？

或许，是源于他们对于新形势的判断。随着我国经济逐步企稳回升，特别是供给侧结构性改革会带来诸多发展利好。在他们看来，供给侧结构性改革的主要任务是"三去一降一补"，最终的取向，是在过去主要依靠投资驱动的基础上，提升消费端的发展贡献度。靠投资驱动，对于包头农商银行，切入的机会不多，实力跟不上。即使是搭个"顺风车"，也只会导致粗放式发展模式，积淀的风险远远大于实际收益。而消费领域蕴藏的机会众多，涉及的行业、产业、企业林林总总，用句时髦的话说，就是"总有一款适合你"。重点支持的对象是"三农"和小微企业领域，这些恰恰正是包头农商银行这类小银行能做和能做好的领域。换句话说，这正是包头农商银行的"菜"。彼时的银行业竞争，好比历史上的"战国时代"。稳，对于大银行有利；乱，对于小银行有利。因为只有乱，小银行才可能有出头机会，起码，机会是有了，至少比过去没有要强。他们要效法战国时代的秦国，来一次思想、业务、体制和文化上的"商鞅变法"。古人讲，"时来天地皆同力"。包头农商银行"遇上"了绝好的战略机遇期。

或许，是源于这些年发展积淀的一种自信。一个又一个战略目标的提前完成，圆满收官，让他们认识到，其领导下的这支队伍是能打仗、打胜仗的队伍。还有一层把握，来自于新引进的战略投资者。在引入战略投资者的时候，不是"病急乱投医"，也不是只关注眼前利益，而是着眼于长远的发展，着眼于资本以外资源的考量。现在看来，这一步走得是对的。这些股东都是国内非常好的企业，不仅资本雄厚，更主要的是，公司治理意识到位、互联网技术超前、产业链完整。这让他们底气十足。

或许，还在于他们对未来的运筹帷幄。从2017年开始，包头农商银行着力打造全资产管理银行。在做好传统存贷款业务的同时，更加全面地发掘资产、负债两端的要素潜力，提升全要素贡献率，走一条全要素发展之路。主要的路径，是从零售金融、公司金融和金融市场这三大业务板块发力。

首先要简单说一下这三项业务，零售金融是银行为个人和小微企业服务的，公司金融是为中大型企业服务的，而金融市场业务是做金融同业间交易的。

零售金融就是银行的"零售"，好比我们在市场上买菜、购物，都是零售，不是批发，就是银行为老百姓和小企业服务的业务。在这方面，坚守和深耕"三农"阵地的同时，积极试水新兴业务领域，向着招商银行、富国银行的模式转变。

在公司金融方面，专门成立公司金融事业总部，实行完全事业部制，面向全国筛选优秀企业。信贷的投向是瞄准国家倡导、政府支持的民生工程、绿色项目，特别是涉农类的龙头企业，在服务实体经济上有所作为，把有限的资金投到大有希望的地方。

在金融市场方面，在过去积淀的基础上，按照"一年打基础、两年上台阶、三年发展成做市商"的节奏，在提升自身贡献的同时，领跑全区农信系统。

同步推动"三驾马车"，对于一些成熟的银行来讲，都不敢奢望。而包头农商银行不仅提了出来，还全面落了地。之后的实践，完全符合预期。公司金融业务、金融市场业务很快得到大的发展。零售金融因其小额、分散，虽慢，却稳步前行。

# 区域性产融结合中心排头兵

转型的探索，犹如"涡轮增压"，包头农商银行呈现出"苟日新、日日新、又日新"的变化，受到当地政府和社会各界的更加关注和重视。2017年新春，连续两场大雪降临鹿城大地，这在包头已经是多年未见的景象。2月中旬，全市"两会"顺利召开。当时还是包头市政协委员，现在已是内蒙古自治区政协委员的陈云翔董事长心情不错，信心满满，欣然接受了《包头日报》的专访，并以《争做建成区域性产融结合中心的排头兵》整版刊发。

2016年，我市制定了《包头市第十三个五年发展规划》，确定了将我市建成区域性新型产融结合中心的规划。今年是"规划"实施的起步之年，金融机构特别是本土银行应该充当什么角色，做哪些工作，十分重要。为此，我们专访了包头农商银行董事长陈云翔。

**记者：** 您是怎样看待我市这一规划的？

**陈云翔：** 概括说就是两个字：精准。当前，国家全力推动供给侧结构性改革，要求银行要服务好实体经济。这一规划很好地贯彻了中央的导向。我市是传统的工业大市，可以说大企业顶天立地，小企业铺天盖地，老企业改天换地，新企业惊天动地。同时，我市这些年积极引入各类银行机构，目前法人类银行机构已经超过30家。"产"和"融"两端的基础条件都非常优越，最需要做到的，就是如何有效结合。建成区域性新型产融结合中心，实现了将金融产业与实体经济的更好结合，一方面可以提升金融效率，避免区域性金融风险；另一方面可以通过金融杠杆作用，撬动产业发展和经济建设的"质"和"量"的同步跃升。

**记者：** 那么，如何将这一好事办好、实事办实，您有什么好的建议。

**陈云翔：** 主要有三点。一要打响金融重镇的城市品牌。老包头人常说，"先有复盛公，后有包头城"，反映出包头的城市兴起，源于金融业。复盛公不仅是一个商号，还是个当时的"金融巨头"。现在，从表内外合计来看，全市总资金投放额大于存款余额，逐步显现出"金融洼地"效应，成为资金净流入地区；金融业成为拉动税收增长的主引擎，占全部税收的12.3%，成为税收贡献第一行业；直接融资总额居全自治区第一位，资本市场多项指标也拿到了全自治区第一。这些成果表明，时代在变迁，传统在延续。包头作为金融重镇的定位，无论是历史上，还是在当下，从来没有改变。需要加强的，是在对外宣传方面。要改变人们对于包头的固有印象，不是仅仅有草原，也不只是稀土和重工业，还有发达的金融业。只有打响金融重镇这张城市名片，才能更好地招商引资，吸引更多的项目落地。前段时间，张院忠书记走访市政府的时候，指出要"唱草原晨曲，挺钢铁脊梁，振包头雄风"。我建议再加上一条：建金融重镇。

二要搭建产融结合的综合政策支撑体系。这些年，市政府在这方面下了很大力气，主要成果表现为，信贷投放逐年增加，直接融资比例上升，金融工具娴熟运用，融资平台有序建立，金融体系日渐健全。这些硬性的、标志性的成果，无可置疑。但是，还需要专门出台包含财政、税收、工商等方面优惠政策的一揽子"红利"政策体系，也就是说，要在"软实力"方面进一步加强。这些政策，首先要高效，产融结合，时间就是效益，建议设置有关条线的绿色通道。其次要具体，破除部门及各类规定之间的协调障碍，建议梳理出更加细化的办事流程。还要让利，不能只看眼前的利益，要把眼光放得长远一些，求百世财，得长远利。

三要营造"诚信包头"的金融环境。近年来，我市积极搭建金融机构沟通联系平台，建设了信用平台和安全生产领域、环保领域、失信被执行人和重大税收违法案件当事人等方面失信联合惩戒机制，健全了非法集资应急制度体系和综治考评体制机制，设立了债权人协调委员会，等等。这些举措，在建设诚信社会、维护金融稳定方面，发挥了积极的作用。但是，从各家银行经营实际来看，不良贷款的问题，几乎成了每一家银行发展的最大障碍。清收不良贷款，除了动用公安经侦部门的力量，几乎到了束手无策的境地。诚然，这里面有大环境的原因。但是，如果我市不能够拿出雷霆手腕，树立诚信城市的良好形象，打击失信行为，招商引资会很困难，没有银行敢放手支持实体经济，有项目难贷款也会一如往常，产融结合必然大受影响。因此，我建议，市政府设立一个专门机构，相关的委办局和社会团体也要设立相关部门，形成联动机制。特别是公安、法院都要建立一个专门的金融案件机构，专司打击和处理金融违法案件职责。以此为抓手，寻求"诚信包头"建设的突破口，解决"长痛"的问题。

**记者**：包头农商银行是我市的首家农商银行，第二家商业银行，请您介绍一下这几年的发展情况。

**陈云翔**：包头农商银行既是银行业的一棵"老树"，又是一枝"新芽"。说是"老树"，是因为包头农商银行的前身是郊区农村信用社，已经立足包头这方热土服务了66年，可以说，是与共和国一起成长的银行。说是"新芽"，是因为包头农商银行从2014年5月9日正式改制和更名，不到三年的时间，创造了一段包头新的金融传奇，实现了从信用社到农商行、从微银行向小银行的"三级跳"。主要表现在五个方面。一是综合实力大幅增强，每年都在以30％以上的速度发展，资产总额三年翻了一番还多，体量在全市银行业的位次前移到第六位，仅次于包商银行和四大银行在包头的机构。二是业务范围全面扩张，在过去主要服务的东河、九原、石拐三个区的基础上，进一步拓展了昆区、青山和开发区，在达茂、白云、土右等旗县区，通过股权控制、分支机构设立等方式，已经完成了前期战略设想，战略范围和业务辐射面在全市范围内基本实现了全覆盖。三是市场竞争力、影响力显著增强，"乐赢"系列理财产品、"丰盈"系列储蓄产品、"麻利贷"系列贷款产品和贵金属、保管箱等业务，受到了老百姓的广泛欢迎，基本形成了比较健全、比较有竞争优势的产品体系。在金融市场方面，我们进行了大量的积极的探索，正在以"黑马"的形式，出现在全国同行业的视野当中。四是良性运作的经营模式基本确立。在传统业务领域，"一大一小"发展策略得到有效落实，免费银行、快捷银行、智慧银行、精品银行的具体举措得到市场的广泛认可。这些成果，彰显出我行立足包头与着眼全国并驾齐驱，传统业务与新兴业务同步发展，发力规模扩张与注重发展质效的经营特色，反映出我行正在通过弯道超车的方式，实现后来者居上的良好发展态势。五是发展基础全部夯实。这两年多的时间，我们完成了股权优化、新的战略投资者引入等工作，法人治理的基础不仅得到全面夯实，而且为下一步的更大发展创造了条件。市场定位及组织架构经过几次矫正，农村包围城市、逐个区域占领市场的战略意图正在得到一步步地实现。总行大楼、重大基础设施、大型科技系统建设等大的财务支出已经基本完成，总的成本基本固定，今后只要是挣下的，直接体现的就是利润和税收。人力资源通过内部退养、人才引进等方式，从年龄结构、知识储备、从业阅历、专业特长等方面得到优化组合，在岗员工已经形成了以"70后"为主导、以"80后"为主体、以"90后"为梯队的局面，且多是本科以上学历，覆盖各个条线，我们现在想做些什么，随时有人能够顶上去，这更将为长远的发展提供强大后劲。

记者：真为你们取得的成绩高兴。您认为，作为本土银行冉冉升起的一颗明星，应该在建成区域性新型产融结合中心方面，发挥哪些积极作用？

陈云翔：我们这方面的意愿非常强烈，基础能力也已经具备。目前，我市平均每家银行的存款规模为80亿～100亿元。这种体量，仅仅能够达到一个维持现状的水平。要想实现真正意义上的产融结合，多数银行能力不足是一个最大的掣肘因素。在这种局面下，政府与其"撒胡椒面"式地支持各家银行，不如盯住一家银行重点打造，聚力塑造第二个类似包商银行的本土银行。在这些银行中，我认为，应当重点按照麦肯锡公司对包头市的金融规划，选定包头农商银行。

有些人会怀疑我们的实力能不能承担起这一重大任务。我想从几个方面分析一下。一是包头农商银行的成长性非常好，按照业内的理论，这个体量的银行，正好处于快速上升的通道；二是包头农商银行的基础积淀已经完成，这两年多的时间里，把大量的资金用在了网点布局、控股其他机构、引进人才等重点项目上，可以这样说，包头农商银行现在完全具备从量变到质变的基础条件。三是包头农商银行的综合能量不容置疑，专门设立了金融市场总部，从全国招聘了业界顶级的金融人才，专做项目融资等业务，目前项目运作良好，收益也符合预期。也就是说，看待包头农商银行，不能只看有多大资产，多少存款，还要看它能运作多少资金，有多大能量。政府引来的项目，能支持的，义无反顾；支持不了的，也可以通过整合同业资源予以满足。四是包头农商银行有着其他银行不可比拟的优势，就是独立法人、本土银行。包头农商银行的愿景是"做包头人自家的银行"，包头农商银行的发展定位就在包头，就是把这一方水土、一方百姓服务好。如果政府的支持力度再大一些，比如财政资金的倾斜、农牧民社（医）保卡的承接，以及其他一些政策的倾斜扶持，包头农商银行完全可以成为我市富民强市的坚强金融后盾。五是包头农商银行兼具支农和助商的经营传统，近年来又积极推动"一大一小"发展战略，可以兼顾经济和民生两块事业。"大"主要是将千万元以上的贷款，重点投向政策引导、政府支持、关系民生的项目和工程贷款上。"小"主要是践行普惠金融理念，投放100万元以下的支农支牧、个体工商户、小微企业贷款，并在额度、利率等方面作出了全面的优化，有效解决金融服务群众"最后一公里"的问题。这样的市场定位，既可以解决政府项目建设的需求，也可以帮助政府完成民生事业的建设。总的一句话就是，我们愿意，也有能力在建成区域性新型产融结合中心的路上，发挥更大的作用。

**记者**：对于未来发展，您有哪些期许？

**陈云翔**：建设区域性新型产融结合中心是一个大课题，需要悉心研修，刻苦钻研，更需要拿出一些实际举措，强力推动。

对于包头农商银行，最主要的事情，是要加快发展，做强自身。下一步，我们主要的发展思路是共享成果，主要的发展取向是力争上市，主要的发力点是零售业务、公司金融和金融市场三大板块。我们作为一家三四线城市的中小型银行，按部就班、循序渐进地发展，永远只能跟在别人的后面，亦步亦趋。如果再有个风吹草动，随时都有淘汰出局的可能。因此，我们必须超常规谋篇布局，必须思想上先人一步，视野上宽人一筹，布局上高人一招，紧跟市委、市政府的战略部署来谋划发展，与时俱进，把我行打造成为一个整合各方面资源的平台，给政府、股东、员工、社会各界提供一个共同创造价值的平台。这样才可能走出一条不同寻常的路，才可能登上一个新的高峰。一句话，发展靠大家，成果共分享！

包头农商银行找准自己的定位，提前着想，提前布局，提前行动。干的是银行的事情，操的却是全市发展的"心"，这既是本土银行的"特色"，也有利于自身的长远发展。相信，包头农商银行在这条道路上会越走越远，期盼的结果也一定会提前实现。

# 未来三问

2018年的工作会议，至今让人想来，激情澎湃。每名员工都披上了红围脖，现场氛围喜气洋洋。所有的会议环节按照现代银行的模式进行，一改过去领导台上坐、员工台下听的传统方式。会议之后还组织了员工自编自演的春节联欢晚会，大家用艺术的形式，展现一年来的工作收获与付出，而风行水上的主题，也让大家对美好的明天，充满希望。

更让人记忆深刻的是，陈云翔董事长讲话中的"未来三问"。

一问这是一个什么样的时代。

他首先引用了英国文学家狄更斯在《双城记》开头的一段话：这是最好的时代，这是最坏的时代。比喻我们生活在一个矛盾的世界之中。

全员签名版书法作品，是对陈云翔董事长的真心认可

这确实是一个最好的时代。

党的十八大以来，中央一系列的务实举措，让国内政治呈现出海晏河清的盛世景象，经济避免了周期波动，呈现出新的常态；在国际上，"一带一路"、人类命运共同体等理念和做法越来越被大多数国家所欢迎，大国地位日益彰显。

党的十九大以后，我国的经济虽然增速有所减缓，但是，"中国经济发展长期向好的基本面没有变，经济韧性好、潜力足、回旋余地大的基本特征没有变，持续增长的良好支撑基础和条件没有变，经济结构调整优化的前景态势没有变"。习近平总书记的这"四个没有变"判断，深刻揭示了中国经济发展的基本态势和未来趋势，充分表明中国有信心、有能力保持经济中高速增长。

2020年，我国要全面建成小康社会，这是几代共产党人梦寐以求的理想，也是面向全国人民的庄严承诺，务必完成，不容有失。"好风凭借力，送我上青云"。包头农商银行失去了银行业的"黄金十年"，却赶上了"小康三年"，这是时代赋予包头农商银行的一份意外而不菲的礼物。

未来中国经济的最大特征，是由高速度增长转为高质量增长。这也与包头农商银行经过三年多的快速扩张后亟须做精做细的发展阶段相一致。国家在转型，包头农商银行也在转型，完全可以同频共振。古人讲，风行水上，焕然成章。风助水势，水助风力，相互给力，必然呈现磅礴之势。

民生领域，中央给出了社会主要矛盾的判断。由1981年十一届六中全会提出的"人民日益增长的物质文化需要同落后的社会生产之间的矛盾"，转变为十九大确定的"人民日益增长的美好生活需要和不平衡不充分的发展之间的矛盾"。这意味着，从生产力角度，要在地区间作出平衡和充实。包头这样的边疆少数民族地区，就是主要支持的对象。从生产关系角度，要逐步实现"均贫富"，由"少数人先富起来"逐步向实现共同富裕转变。经营银行，一要关注大的环境，二要关注服务对象的变化。这两端，都将产生根本性的变化，这种变化，是好事，是发展的有利信号。

还有一个更加有利而直接的信号，就是乡村振兴计划。这对于以农为本的农商银行来说，更是一个天赐良机。可以预见，下一步国家在"三农"领域的资金转移、财政配套等方面会出台更多利好的消息。

在金融领域，中央前所未有地重视金融工作。金融不只是经济的核心，而且提升到国家安全的战略层面，列为国家重要的核心竞争力。明确的三个主要任务是服务实体经济，防控金融风险，深化金融改革。用习近平总书记的话讲，就是"金融活，经济活；金融稳，经济稳；金融强，经济强"。各个层面透露出的信号，归结起来，就是一个"稳"字。焦点在于服务实体经济，提高直接融资比重，守住不发生系统性风险底线。银行是金融的主动脉。在这种背景下，我们需要清楚地明白，自己该干什么，不该干什么，否则，就会犯错误，走弯路。

对于正"要劲儿"包头农商银行来说，这确实也是最坏的时代。

宏观经济不容乐观。经济走出L形尚需时日，同时面临"中等收入陷阱"考验。在经济增长速度换挡期、结构调整阵痛期、前期政策消化期、新的政策探索期"四期叠加"的背景下，银行面对的实际状况是，企业振兴乏力，客户违约概率骤增，僵尸企业退出引发连锁不良反应，这些成为经营发展的主要障碍。

竞争对象不止银行。金融领域最突出的问题，归纳起来，就是四个字：过度金融。过去，银行竞争的对象仅仅是银行同业。现在，竞争对象还增加了各类科技公司，以及数不清的、无处不在的各类无牌照但从事金融业务的机构。从传统的存贷款、理财业务，到支付结算，再到各类表外业务，银行的业务除了账户管理之外，几乎没有不受冲击的。

金融生态日益严峻。在利差锁定的年代，银行靠"吃利差"可以发展得很好。在利率市场化放开的前期，包头农商银行就敏锐地意识到，抓紧调整营收结构，下大力气、花大价钱组建和推动金融市场业务，刚有些起色，就遭遇"三违反""三套利""四不当""十乱象"等"监管风暴"。雪上加霜的是，这些年，刚刚做大一些，又遭遇MPA政策。就好比开车，银行在轰油门，监管机构在踩刹车。这种大环境对一些大行虽有影响，但并不致命。而对于包头农商银行而言，影响确实是非常大的。做大不行，做多不行，好似"带着镣铐舞蹈"。

最后的结论是，包头农商银行身处在一个长远看好、当下难过，大环境有利，小环境不利的矛盾时代。前途是光明的，道路是曲折的。既要从战略层面作出远景规划，又要在当下拿出应对举措。

二问我们该作出怎样的抉择。

包头农商银行经过不懈的努力，取得了历史性的变化，突出的标志有：经营业绩不断创造新的高度，资产、存款、贷款等主要指标持续保持30%左右的增速，综合实力已经位居全市第三位。服务范围覆盖到了全市，从地域角度看，"包头农商银行"做到了名副其实。其他各项管理，诸如人力资源储备等方面，基本齐备。同时，由包头农商银行为主发起单位、联合13家涉农金融机构成立的包头农村金融研究院正式运行，标志着包头农商银行在全市的农村金融系统的"统领者"的地位正式确立。可以说，正处在历史上最好的发展时期。虽然在内部管理、科技引领等方面还存在不少问题，与其他银行还存在很大的距离，但是，比以往任何时候更接近自身的美好愿景：一流地方商业银行。

如果把过去的工作比作是飞机起飞前的蓄势，那么，当时的包头农商银行就到了起势的阶段。把握好了，一飞冲天，翱翔宇宙；把握不好，可能起飞不了，甚至会有严重后果。因此，要比以往任何时候更有忧患感、紧迫感和责任心。

在这种背景下，包头农商银行决定从过去做大优先、兼顾做细，做强优先、兼顾做好，规模优先、兼顾效益的战略方向，转变为做细优先、兼顾做大，做好优先、兼顾做强，效益优先、兼顾规模。

三问如何作为。

在以上战略调整的引领下，决策者们决定在"内功"上进一步强化，更加注重管理能力建设。

从2018年开始，我国正式步入中国特色社会主义新时代。新时代的最大政治特点，就是再次重申和明确党的领导地位。政治紧密关联着每一个人、每一个企业的命运，这是我国显著区别于其他国家的一个标志。要想办好农商行的事情，必须旗帜鲜明地跟党走。从2015年开始，包头农商银行积极打造"红色银行"，就是在总结历史经验的基础上，提前预判了这种政治形势。过去每年工作会议上的讲话，都是将党的建设放到最后一部分来讲，作为各项工作的兜底保障来看待。2018年提到了前面，放到了统领各项工作的地位，也是一种政治表态。

做好党的建设，首先是要管方向。新的发展方向就是再用三年多的时间，争取上市，发展成为金融控股集团。新的转型方向，就是从过去做大优先、兼顾做细，做强优先、兼顾做好的战略方向，转变为做细优先、兼顾做大，做好优先、兼顾做强。概括成一句话，就是稳中求进，进中求快。其次是管思想。主要抓三部分人的思想：一是党员的思想。让党员这少部分人的所思所想、所作所为，成为影响全行正能量提升的关键。二是青年员工的思想。在岗员工中，每10个人中，有将近7个人是"80后""90后"后，每4个人中，有1个是"90后"，引进人才和新进员工将近占到全员的一半。在这种新老人员交替，内外人员合作的过程中，思想引领至关重要，共青团组织要发挥更大作用，发挥青年价值。新员工要抓紧学本领，长本事。三是全员的思想。工会不仅要作"娘家人"，关爱员工，更要当好"政治老师"，关注员工的重大关切，照顾员工的重点诉求，引导员工的价值取向，在全行范围内营造积极向上的工作氛围。再次是管干部。一方面要将"80后"的员工陆续地提拔起来，成为干部队伍的主流，另一方面，要推动机关部门干部和支行干部之间的上下交流，加快打造能力复合、沟通到位的干部队伍。同时，要进一步强化干部队伍执行力的打造，廉政意识的强化，更要将"效率、效率，还是效率"的理念深入到各级干部的精神血液里，要将每名干部的状态从尽心尽力提升为全力以赴，推动全行各项工作不仅做得了，还要做得快、做得好。最后是管大事。要把党的领导核心、政治核心明确写进公司章程，从法律层面予以确认。过去重在强调政治核心，主要的职责是保证颜色不变，主义不变。今后的主要职责不仅要保证政治上正确，还要从牵头抓总的角度，抓重大决策、重要项目和大额资金使用。党委提前决策，作为董事会决策的前置程序，实现党委决策的政治要求和董事会决策的法律程序有机统一、顺利衔接。通过这些举措，努力打造全市乃至全自治区非公企业党建标杆示范单位。

兵法上讲，兵马未动，粮草先行。一个反应迅速、执行高效、配合默契的流程，是现代银行的核心竞争力之一。一个良好的流程，就是应对和解决日常问题的最好方案。包头农商银行决心以流程银行建设为主抓手，全面加强内部管理，建设精品银行，为业务拓展和长远发展提供坚实保障。

首先是搭建"大运营体系"。几年来，通过品牌推广、产品推出、营销推进，在客户"引流"方面取得了积极的进展，但是，在客户"截留"方面却出现了问题，而且问题很严重。好多客户因为包头农商银行品牌挺响亮，亲和力强，走进了网点。但是，服务体验感不佳，使用产品之后，也觉得不太理想，感觉做得不如说得好。这是非常可怕的一件事情。如果做得好，宣传得不好，时间长了，口口相传，虽然慢一些，但终究效果也不会差。如果宣传得好，做不到，就比不宣传还糟糕。因此，下决心解决内部问题，抓管理。运营支撑是内部管理的核心。前端关乎客户体验，后边关联各个部门，可以说是牵一发而动全身。计划将所有业务类的、影响流程效率、关乎客户体验的职能，全部重新整合到一个部门，搭建授权、清算、事后监督、客户服务、安全保卫等职能于一体的大运营部门，形成前中后台联动、一二级支行联动的"双联动"、高效率的运营模式。其次，是加强条线管理及一二级支行管理。配套前中后台的模式，全面强化服务意识和举措，形成后台服务前台、机关服务基层的服务模式。切实提升总行四种服务能力，一是条线服务能力，二是运营保障能力，三是人力资源优化和绩效考核能力，四是党建、群团组织作用的发挥。同时，充实一级支行营销管理能力，强化二级支行营销能力。对于二级支行，实行业绩突出特殊奖励办法，从行政级别、待遇、外出学习培训等方面给予与一级支行相同甚至更高的回报。

可以看出，现在的包头农商银行愈加成熟，业务走上正轨，完成基本积淀，更多地强调从党的建设、支撑运营等深层次改变。由外而内，发展倒逼管理；由内而外，管理助力发展；包头农商银行内外发力，焕发出勃勃生机。

# 价值银行

2019年的工作会议，包头农商银行以视频会议形式召开，会议形式新颖，且好事不断。

全行总资产达到315亿元，存款接近200亿元，个人存款突破100亿元，各项收入将近13亿元，特别是中间业务收入即将达到9000万元。与此同时，包头农商银行被全国市场利率定价自律机制秘书处从以往的观察成员升级为自律机制基础成员，成为包头市第三家全国市场利率定价自律机制基础成员，成为内蒙古自治区第二家在中证登开立账户的银行机构，荣获包头市委市政府"全市脱贫攻坚帮扶单位考评结果优秀"奖励，荣获内蒙古自治区联社"五位一体"综合考评先进单位称号、"支持小微企业先进集体"、"增存工作先进集体"等多项荣誉，荣获"全市工商联系统宣传思想工作先进单位"、"包头市非公有制经济纳税先进企业"、包头市A级纳税人等荣誉，16家支行通过人民银行国家标准认证审查，女商支行荣获自治区总工会"五一巾帼标兵岗"荣誉称号。

过去积淀的问题，大都得到全面彻底的解决，仅剩的两个问题，也有所突破。关于科技支撑的问题，已经联合某金融科技公司开启项目，有望半年内彻底解决。关于执行力的问题，通过引入某咨询公司，采取"人盯人""事盯事""手把手"的方式，取得初期效果。

在这个时候，包头农商银行的决策者们提出了下一步的总目标：从规模银行转向价值银行，从高速增长转向高质量增长。

过去"冲"规模，一是规模基础赢弱，二是政策导向允许。发展至此的包头农商银行规模已经走到了全市银行的前面，政策导向也不允许，没有必要再去"冲"规模。没有必要"冲"，不代表不要规模。规模永远是一家银行社会公信力的关键要素，也是获得收益的基础条件。要的是规模稳健提升、符合规律的提升，是大家跳起来可以"探得住"的规模，是符合人民银行、监管部门政策要求的规模。同理，高速增长不是不要，而是要有质量的速度，要有速度的质量。既要抓增长、抓收入，同时也要控风险、降成本。要双管齐下，两手抓，两手都要硬。

今后的六大努力方向，是做强零售、做实对公、做精金融市场、做好输出、精益运营、专业风控。

做强零售，是要加强对零售条线的资源匹配力度，提升零售的贡献度。既要抓面也要抓点。零售是个大概念，也是个大范围，不可能"通吃"，一定要做那些能做得了、做得好的领域。既要抓面，扩大普惠金融的"面"，做大客群基础；又要抓点，聚焦专业领域的"点"，提升有效客群的贡献度。抓面，要利用人缘地缘情缘优势，以网点为依托，以金融服务站为辐射，以流动服务车为机动链接，深入社区、深入村庄，持久不断地开展外拓营销活动，扩大业务覆盖面和"朋友圈"。同时，借助各类渠道，有质量、有效率地"上量"。抓点，要有的放矢，在超市场景尝试的基础上，抓紧作出效果，打响零售特色。在财富中心积淀的基础上，把私人银行做起来，作为零售创造价值的关键抓手。同时，寻找新的领域，做好布局，抓紧推动。

新时期做零售，没有科技支撑是不可能有效果的。全力推动既定的"天罗地网计划"，在做好线下工作的同时，提升线上办理业务、开展营销和获取利益的能力。网络金融要加速发力，利用互联网思维，发挥大数据风控能力，基于包头客群实际，推动普惠金融，形成地方特色的直销银行模式。同时，切实增强整合各方的能力，特别是利用好股东的商户资源，加强当地商户资源的拓展，打造国内B端领先银行。做B端，有三个好处，一是可以立马见效，快速回笼资金。二是可以辐射C端客户，几何倍数地扩大零售客群。三是商户整合，可以形成生活生态圈，实现资源共享。认准的道路，就要坚定地走下去，并且走向胜利。

做实对公，就是要有所为有所不为，真正做到服务实体经济。客户属于符合国家政策导向的行业，是那些有发展前景、贡献率大的企业。不是眉毛胡子一把抓，见利就上。求的是百年财，做的是百年老店，不能为了一时利益，不顾长远风险。

做精金融市场，是要根据严监管的要求，规范金融市场业务，回归金融市场的本来功能，打消投机取利、短期获利的取向，既要发挥作用，还要全面真实、控制风险。

做好输出，就是要联合合作机构，将包头农商银行的先进经验和做法，向同行业作为项目整体输出。此时，老包头金融街等文化阵地被列为全市金融研学基地，包头农村金融研究院走上正轨，培训基地已成规模，各类培训师储备到位，做这项业务，既能实现中收，还可以扩大影响，可谓一举多得。

精益运营，是在实施"大运营"架构的基础上，提升运营的支撑能力。一个银行的服务能力强不强，一多半取决于运营的效率高不高、流程顺不顺、管理好不好。精益运营就是要体现运营的科学性、顺畅性，下大力气解决运营中存在的实际问题，为前台部门和机构提供坚强的保障。

专业风控，是要体现出风控的专业性、独立性。风控不是要掣肘业务，而是要帮助做好业务，既保护单位利益，也保护个人。同时，风控部门要加强自身能力提升和有关机制建设，本着促进业务的方向做风控，帮助业务部门和机构想办法，而不是一杆子打死。只有油门和刹车有效衔接，车才能开得快，开得稳，才能行稳致远。

今后还要重点解决的五大问题是，量化分析能力、科技系统能力、营销拓展能力、考核管理能力、人才团队能力。

量化分析能力就是要注重数据的作用，逐步从定性为主向定量为主转变，减少人为干预，多用数据说话。科技系统能力主要是提升科技对业务的支撑能力，重点是加强面向客户的科技研发，让科技为业务发展插上腾飞的翅膀。营销拓展能力主要体现在与客户打交道的方面，不只是员工，各级干部也要增强这方面的能力。考核管理能力关系每一名员工的切身利益，也关系到干事创业氛围能不能形成，可以说牵一发而动全身，务必要体现公平，兼顾效率。人才团队能力要让有关部门和机构立足自身实际，做好流程优化和时间规划，让每一个人都动起来，让每一个人都体现价值。

这些思想，我们姑且称为"265"思路。这将成为包头农商银行未来发展的主要导向。其中，直销银行被称为解决"后天吃饭"的决策。可以看出，此时的包头农商银行已经在零售金融、公司金融、金融市场、项目输出，以及直销银行五大板块具备或者即将具备产出能力，不仅用公司金融、金融市场稳妥地解决了"今天吃饭"的问题，还用零售金融、项目输出解决了"明天吃饭"的问题，更用直销银行预备好解决"后天吃饭"的问题。其中，许多思想、做法与麦肯锡公司给国内银行转型提出的路径十分契合。可以看出，包头农商银行真是"实践出真知"。

一路走来，包头农商银行始终将思想放在前面，用思想引领业务，想好了，再出手，基本形成了从原始零售到零售、公司、金融市场业务并驾齐驱，再到新零售为体的发展轨迹，让零售金融顺利升级，更好地践行普惠金融，让"不忘初心"的承诺，在新时期焕发出新的光彩。

# 第三章

# 道心惟微

　　《尚书》中有十六个字："人心惟危，道心惟微，惟精惟一，允执厥中"，影响中华文化几千年。而包头农商银行从自身特质对"道心惟微"作出了新的解释。那就是秉持"道"给"微"提供"心"的服务。中国小额信贷联盟理事长杜晓山看了包头农商银行的材料，十分感慨，"一家地处塞外边疆的小银行，却有敢于改天换地、执着向上的精神特质"，并称赞包头农商银行是"践行普惠金融的商业金融范本"。确实，改制后的包头农商银行，不仅贷款特别是涉农贷款总额增加、贷款户数增多、单户额度提升，而且有些举措走在了全国同行业的前列，被称为"范本"，实至名归。

# 普惠金融之重

　　普惠金融是近年来非常流行的一个金融词语，大概的意思是，能全方位地为社会所有阶层提供有效的服务。事实上，对于那些有资产、有能量、有资源的个人和企业，从来都不缺少金融服务，而是服务过剩。一些农民、创业人员、小微企业等群体，才是真正的融资弱势群体。2006年诺贝尔和平奖获得者尤努斯有这样一个观点：信贷权也是一种人权。笔者非常认同这一观点。没有平等获得金融服务机会的权利，就不可能有效参与经济发展，就不可能推动实现共同富裕，也不利于和谐社会的建设。笔者亲历了多个不同区域，见证了信贷权获得对老百姓致富能力的影响，这不仅是一种人权，也是一种幸福权利。

　　但是，中国的金融体系和配套机制，让国家的普惠金融倡导，在实操当中难以落地。2019年开年，国务院总理李克强走访了三个国有大行的普惠金融事业部，要求和鼓励这些机构提升服务效能。在这之前，人民银行推出降准政策，释放规模精准扶持民营经济。在具体实践中，银行与客户的关系，好比是婚姻关系，门当户对更加牢靠，而王子和灰姑娘的故事，大多是童话故事。

　　以包头农商银行为例，半个多世纪守望这方热土，近距离服务这里的百姓，对这里的一草一木了如指掌，且饱含情感。降准对其影响微乎其微，却始终是普惠金融的真正担当者。

这让我忽然想起自己的父母，当我们兄妹看着亲情剧感动得一塌糊涂，当我们给父母买件新衣服、说着"我爱你们"的时候，好像很少帮助他们去扫扫地、做做饭、谈谈心，我们心里有着善念，也会做出一些象征性的举动，但是没有躬身替他们做一些每天都需要做的平凡事，没有认真听听他们的心里话。浙江金华张永康抱着母亲在江边看景、唠嗑的举动，感动全国人，称其为"大孝子"，而张永康的回答却很简单：小时候，她就是这样抱我的。

是的，包头农商银行难道不就是银行业的"张永康"吗？他们的信贷员每天走村入户，了解东家今年大棚的产量，帮助解决西家玉米滞销问题，六十多年如一日。这里面，一定有利益的诉求，但我更相信，他们也是在用真心和脚步，回馈曾经"抱他"的母亲。

梁强是沙尔沁支行的一名农户信贷员。黝黑的脸，矮矮的个子，一身银行标准工作服穿在他的身上，走在村里显得格外的不合群。但他好像对此没有感觉，他心里想的就是大巴拉盖村村民王建军想扩大种植规模的事情。他要到王建军家再和他筹划筹划，这个想法到底可行不。要是可行，得抓紧给他放款，不要误了好事。几天后，拿到贷款资金的王建军顺利地进行了耕地扩建计划，并且近两年在助农贷款的扶持下形成了种、产、销的产业链。现在的王建军拥有葡萄园3亩、玉米15亩、蔬菜大棚1栋，同时在城区经营着一个蔬菜销售点，虽然规模不大，但他相信，生活会越过越好。

这里截取的，只是包头农商银行每日工作中的普普通通的一个画面。笔者从不主张，用个案代替普遍规律的做法，但我相信上面的故事，会在包头农商银行服务辖区天天上演，因为事实告诉了我们答案。

包头农商银行源自于农村信用社，更名只是为了更好地适应市场经济环境，"根据地"永远都在"三农"。农商行是这样想的，也是这样做的。改制两年多的时间里，支农力度不是减弱了，而是增强了。从算大账的角度看，基本上新增贷款全部投放于"三农"领域，形成了倒虹吸式的模式，将城区吸引的资金源源不断地注入广袤的大地。

不仅如此，多年扎根农村的包头农商银行，深知化解"三农"问题，授之以鱼不如授之以渔的道理。虽然国家政策好了，农民没了税负，每年还有各项补贴。但是相比于金融支持，杠杆作用明显偏弱。"给鱼吃"不解决根本问题，必须教会他们如何"养鱼"。为此，他们在信贷支持上，进一步完善了许多措施。

在农户单户贷款额度上，由过去的三五万元授信，普遍提高到了10万到20万元，个别有实力的，还给予了更多的授信。在农户贷款条件上，对农户小额信用贷款、农户联保贷款做了进一步的优化，由过去"三有"（有房、有地、有户）农户才能拿到贷款，改为只要其中"一有"就可以获得贷款，不断扩大农户贷款的覆盖面。在农户贷款利率上，加大涉农贷款利率优惠幅度。尤其是2016年以来，对建档立卡的贫困户按照人民银行的有关要求，以基础利率的水平投放支农再贷款，并且提高了涉农贷款的不良容忍度。到目前，辖内贫困户全部建档，并坚持定期走访，贫困户全部摘掉了"贫困"帽子，仅有少部分人享受扶贫政策。

当越来越多的城市客户群体适应了电子渠道办理业务的金融服务方式的时候，农村客户大多还没有这种意识和渠道来"享受"这种服务。包头农商银行长期推动实现自助服务"村村通"，实现农民居家金融服务需求全部满足。他们还购置两台流动金融服务车，建立了定期流动服务的机制，组织开展大型集贸市场、休闲广场、居民社区的流动金融服务，现场办理现金、非现金等金融业务。每周都有两三个机构深入农区、市场进行流动宣传和提供金融服务，提升农村金融服务的便利度。

同时，积极推广使用电子金融服务，大力推介电子渠道业务，让手机银行、网上银行、短信银行进入千家万户。还不断创新服务方式，实施一揽子金融服务，将农村商户交易流量与授信相结合，提高了新型农民客户的服务水平。到目前为止，在实现了服务辖区5个乡镇、3个办事处所辖88个行政村的农村基础金融服务全覆盖的基础上，引领农户紧跟时代发展的步伐。

**普惠金融需要一点一滴地做起**

此外，结合农区老百姓金融风险意识差、轻信电子媒体广告的特点，每年定期开展金融知识万里行等活动，以当地老百姓喜爱的"二人台"演出等寓教于乐的方式，给老百姓普及防诈骗等方面的知识。

这就是包头农商银行在支农助农方面所做的工作，不知道符合不符合普惠金融的标准，能感知到的是，他们在这一方热土上如此热心和倾情投入。

在2018年召开的包头市"践行普惠金融、服务实体经济推进会"上，包头农商银行被选树为典型代表。当地媒体将包头农商银行的普惠金融理念概括为"普之于众，惠及于心"。

"普"主要解决覆盖面的问题，体现为普遍、普及两个方面。普遍，就是将服务送到家门口。共设营业网点54家，小微专营机构15家，各类自助设备200多处，服务的区域内，有镇必有网点，有行政村必有金融服务站，市区5公里半径范围内均能触及包头农商银行的服务，基本实现金融服务"全覆盖"。普及，就是努力实现金融服务均等化。包头农商银行服务的客户，既有农牧户，也有市民户，既服务农区牧区，也服务郊区城区，既有各类合作社、农牧业企业，也有其他类型小微企业，客户类型比较多样，服务业态也比较丰富，相当于"赤脚医生"，扎根最基层，什么人都看，什么病都治，做得不一定多好，但一定很热心、很勤快、很辛苦。

"惠"主要解决体验感的问题，体现在宽惠、实惠、简惠三个方面。宽惠，就是针对客户贷款难的问题，放宽准入条件。贷款难主要难在准入、担保和周转三个环节。准入方面，农牧民贷款由过去的"三有"改为"一有"即可办贷；针对市民百姓，推出了"市民贷"，"两有两无"（有包头户口，有包头住房，无不良嗜好，无不良征信）即可办贷。这几乎是银行放贷的"底线"产品。担保方面，全面推行"我备菜单你点餐"的贷款产品和担保方式套餐组合，实现"总有一款适合你"。周转方面，贷款到期，有意愿继续合作的，提前预做手续，减少"过桥"费用；对于经营出现暂时困难的小微企业，没有采取"断贷""抽贷"的方式，而是抱团取暖，以时间换取空间。还在顶层设计中确立了一个基本原则，只要是零售贷款，放款不受限制。实惠，就是针对客户贷款贵的问题，降低融资成本。贷款利息总体按照"基准利率+经营成本+微利"的模式来确定，不完全按照收益匹配风险的传统规则定价。对于农户贷款、小微企业贷款和正常结息还本的贷款，还给予更加优惠的利率。简惠，就是针对贷款慢的问题，简化办贷流程。客户贷款的主要痛点是什么？包头农商银行调研的结果，不是利率高，而是"效率"低。包头农商银行是独立法人机构，最大的优势就是决策链条短，体制机制活。为此，全力打造快捷银行，让客户能够在尽可能短的时间内拿到贷款，基本可以做到最快在1小时内完成，最慢也不超过一周。

记者是社会的良心。他们所言不虚，都是包头农商银行真实的事情，在解决"普惠金融之重"这个命题上，包头农商银行是下了大功夫的，完全可以得高分。

# 支农新路

我国地大物博，长期以来都是以小农经济为主体。这种局面将随着"四个全面"战略的实施得到彻底改变。2015年，包头成为国家新型城镇化综合试点市，2016年，包头市城镇化率达到82.65%。在这种大的背景下，包头农商银行逐步将过去优先支持农户、兼顾农业企业的信贷支持策略调整为重点支持农业龙头企业、农村惠民工程和农户致富带头人，助推农业结构升级，加快农民增收致富步伐。

包头市祥利丰农业开发有限公司成立于2008年12月29日，主要从事农业科技开发，农副产品种植、农副产品收购及深加工等项目。该公司的创始人第一次与包头农商银行打交道时贷款1万元，现在公司贷款高达1000万元，累计贷款26000万元，从个体户逐步发展成为包头市知名的农业龙头企业，从原来的资产不足30万元，到现在的固定资产将近3000万元，从家庭作业发展成为现有员工52人的规模企业。该公司建设的农副产品综合交易市场，也成为本地区新的经济增长点，带动农民调整种植结构，参与农业产业化经营，日子一天比一天好。

到目前为止，包头农商银行新型农牧业主体贷款余额与农户贷款余额基本相当。当地一些农牧业的龙头企业，如小尾羊、大圣鹿业已经和包头农商银行打交道多年，彼此价值观相同，一起推动地区农牧业转型升级。

除了自身努力，包头农商银行还积极利用自身优势，吸引各类社会资源，参与到"三农"事业中来。

2016年9月29日，由包头市财政局牵头，内蒙古财信农业信贷担保有限公司与包头农商银行共同参与的"助农贷"业务签约仪式在包头市财政局顺利举行，包头农商银行成为全市首家开展此项业务的银行。

签约仪式上，包头市财政局局长刘素梅对包头农商银行率先启动此项业务给予充分肯定。她讲到，农村金融虽然经过了多年的发展，但实际上仍然存在农牧民融资难、融资贵的问题，本次签约的目的就是通过

助农贷只是包头农商银行支持农业产业化的一个缩影

政府引导、银行与担保公司共同合作，通过财政资金撬动银行信用，把更多的金融"活水"引向实体经济。尤其对于包头地区来说，农业更应该侧重于产业化，追求"做高、做精、做强、做优"，要有更多的资金支持，这样才能将农业产业化向着更高水平推进。内蒙古财信农业信贷担保有限公司包头分公司总经理张成美在发言中指出，内蒙古财信农业信贷担保有限公司属于政策性担保机构，承担着政府的引导职能，不以盈利为目的，希望通过政府扶持，银行与担保公司共担风险，惠及更多的农牧业企业和农牧民。

刘素梅局长是位睿智、务实的女性，她确实看到了问题的实质，包括破解"三农"问题的核心、金融机构支农的担忧等。她与包头农商银行董事长陈云翔想到了一起。对于此项业务，一些金融机构考虑成本等因素，还是有顾虑的。陈云翔董事长的态度是，只要是有利于农民的事情，包头农商银行就应该积极推动，而且要当仁不让、率先垂范。

助农贷是包头农商银行整合各类资源、助推"三农"问题解决的一个新的尝试。这方面的路，包头农商银行在不断地探索，有些效果不佳，有些成效初显，但这个方向不会错，会一直走下去。

# 同舟共济

前两年，有篇文章——《农信社：被忽视的"第六大行"》很火。文中关于"如果去广大的三四线城市调研，大部分小微企业提起贷款都会提到他们"的表述，在包头，"他们"更多的就是指包头农商银行。

细数包头地区的一些知名或者不知名的小微企业，大多数都与包头农商银行有过或多或少、或早或晚的接触。吃的方面，小尾羊是与包头农商银行一路结伴成长起来的；穿的方面，劝业城是在包头农商银行的支持下不断做大做强的；住的方面，北梁棚改全国知名，背后有包头农商银行的默默支持；行的方面，各类车商是包头农商银行的重点合作对象。

包头农商银行是如何做到让这些企业愿意与其打交道、长交往的呢？主要还是包头农商银行的"点穴术"高明，点的每一处都是小微企业融资痛点。用一位小企业负责人的话说，我需要，他们能"给"。

第一招，点的是融资慢的问题。包头农商银行在几个主要的区域分别设立微贷中心，集中受理微贷业务，贷款流程按照流水线作业方式，一条龙运作，像工厂标准化制造产品一样，进行批量处理，初步形成"信贷工厂"模式。对于这些贷款的审批，坚持每周审贷例会制度，保证贷款最快1天、最长一周到位。

第二招，点的是融资贵的问题。包头农商银行充分发挥利率的杠杆和激励作用，制定了灵活的利率定价机制，根据风险程度，采取一户一定价的方法，平均贷款利率低于同行业最高利率5个百分点、趋同或略低于同行业平均水平。同时，全面降减各项附着在办贷链条上的杂费，努力降低小微企业的融资负担。

第三招，点的是融资难的问题。包头农商银行推行贷款方式"套餐"组合，推出了多种担保方式，积极发放协会、商会贷，众筹成立会内担保资金池，放大倍数支持贷款，设计了商圈贷、现金流贷、专业合作社贷、黄金客户贷等多种贷款品种，采取了按月、按季结息等多种还款方式，根据生产周期等特点确定贷款期限，切实解决了贷款难问题。

第四招，点手续繁杂的问题。包头农商银行坚持化繁就简、能少则少的原则，设立了贷款资料清单制，客户只需按照清单准备资料即可，给贷款手续全面"瘦身"，除法律要求的合同要素外，其他不必要的事项全部取消，最大限度地简化贷款手续。

第五招，点服务半径的问题。相对于其他行偏重钢材、煤炭等行业的做法，包头农商银行将支持范围扩大到餐饮、批发、仓储、交通运输、制造等多个行业，既扩大了市场覆盖面，又降低了信贷风险集中度，基本做到了法无禁止不设限、法有限制不碰触。

第六招，点服务体验的问题。包头农商银行建立了主动营销工作机制，成立了四个微贷营销中心，将机构前移到各个区的小微企业集中区域，并配套制定了相应的激励办法和抽查督促措施。在房管局专设办事机构，将公证处设置在业务线条当中，努力做到能为客户办的事情全办。专门设立了客户维护中心，随时了解客户诉求，及时统筹有关部门解决客户的各类问题。

第七招，点客户经理惧贷心理问题。包头农商银行严控贷款额度，将支持的重点放在500万元以下的小微企业，这部分贷款户数占比达90%，余额占比达70%。全面推广"审批官"制度，将风险审批前移，让客户经理将主要精力放在营销和服务上，解决后顾之忧。同时，设立不良容忍度，加强作风整治，让客户经理既能放下包袱，敢于担当，又不敢胡作非为。

从2014年开始，包头农商银行的小微企业贷款都紧随国家倡导方向，持续完成监管指标，连获自治区联社、包头市政府授予的"支持小微企业先进集体"的荣誉称号，或是最好的证明。

# 患难见真情

2018年，德州创新的无还本续贷，因解决了小微企业需要通过民间借贷拆借高息资金偿还银行贷款的问题，被《新闻联播》作为正面案例予以报道。其实，包头农商银行远在这之前就在探讨和践行这种方式，一则源于2014年银监会《关于完善和创新小微企业贷款服务提高小微企业金融服务水平的通知》，有政策依据；二则源于小微企业"短贷长投"的实际，有实际情况作为支撑。

受经济结构政策的影响，包头一些大企业停工限产，有些项目半途而废，殃及诸多上下游小微企业，加之一些银行的抽贷、断贷，使一些本身不错的小微企业遭遇"灭顶之灾"。在包头农商银行合作的企业名单里，这种现象没有出现。

包头农商银行的决策者们达成了一个共同的认识，大难来临，不能见难不救，这样做的后果，只会失信于人，伤及自身，只要这些企业的负责人人品靠得住，还是要想办法支持他们走出困境。为此，专门出台了一项信贷政策，只要企业以负责人或者实际控制人夫妻双方来担保，包头农商银行就给这些企业续贷，解除他们对抽贷、断贷的后顾之忧。配合这一政策，还推行了两条具体措施：一是全面取消评估、抵押登记等收费项目，产生的成本由农商行承担，降低这些企业的融资成本；二是提前预约企业，准备规定资料，调整信贷流程，实行限时转办，保证企业资金融通。

　　在这种诚意和实招的感染下，包头农商银行的大部分不良贷款企业积极配合，基本没有出现"跑路"等现象。还有一些企业调整经营思路，走出了困境，这些企业都成了包头农商银行的忠诚客户。

　　小微企业有困难是正常的，没有困难反而是不正常的。小微企业平均存活时间不过三年的实际，决定了它的不良率天然会高，而其羸弱的初期基础，则更需要"扶上马、送一程"。因此，农商银行不应该考虑做不做这件事情，而应该考虑怎样做好。基于此，包头农商银行的决策者们达成一个共识，小微企业风险源头主要是两类人，一是小微企业的实际控制人，二是银行的客户经理。在他们看来，要重点关注的是小微企业的负责人，只要他是有情怀、有能力、有恒心做好企业的人，就应

领导长时间驻足，是鞭策，更是期许

该持续支持他。对于银行的客户经理，重点是关注其道德风险，只要不是恶意放贷，不负责任，就应当大力支持他们的判断，即使出现一些问题，也要给予一定的容忍度。

患难见真情，银行不仅要做"锦上添花"的事情，更应该做"雪中送炭"的事情，包头农商银行是这样想的，也是这样做的。

# 免费银行

针对客户融资贵的问题，包头农商银行向全体贷款客户公开承诺，全面取消公证、评估、验证等收费项目。不收客户一分钱，并不意味着不花这些钱，而是这些钱由包头农商银行来"解决"。由包头农商银行代表广大客户出面，与公证部门进行谈判，将公证环节的费用能省则省。评估环节由外部评估转化为内部评估，既节省了客户应当承担的评估费用，又为评估环节风险增加了一道"防火墙"。

此举虽简，却是大道。

但这也给包头农商银行带来了方方面面的压力。包头农商银行不按套路出牌，触及了一些人的传统思维，伤及了一些机构和个人的既得利益。

包头农商银行的态度是，只要客户认可，其他无所谓。

在实际调研中，包头农商银行发现一个现象，对于小微企业，效率"快"比利率低更敏感。于是，包头农商银行围绕"快"字做文章。在贷款方面，优化信贷流程，建立微贷工厂，实行申请、接受、调查、审核、审批、放款、检查一条龙、流水线作业，免除客户劳顿之苦。

在营业网点，客户只需将身份证在包头农商银行自行研发的"免填单系统"上一刷，就可以将叫号、填单等复杂工序省下来，只需在柜台签个字就可以完成业务办理。同时，大量地布设自助柜员机，逐步引导客户自助办理业务的习惯。在农区，广泛布设金融助农服务点，让老百姓足不出村就能办理各项金融业务；在城区，与合作机构广泛开设金融便利店，让老百姓在社区消费之余就可以顺便完成金融业务办理，而且可以享受消费打折优惠。

为了提高办贷效率，一些支行进一步优化贷款机制。比如钢铁大街支行根据自身条件，探索出了更加快捷的办贷流程。他们的口号就是"只需一小时"。好多同行非常诧异，认为不可能。但是，他们真的做到了。做到了，是源于他们的额外付出。比如审贷会的会议桌就放在客户区，随时申办，随时上会。有的时候，中午的小饭桌，也充当起了临时审贷会的场所。

现在，有些客户形成了这样的印象，在包头，两个银行最厉害，一是包商，二是包农商。以这么小的体量，却赢得这么高的评价，陈云翔董事长说是让他汗颜，但群众的眼睛是雪亮的，说明包头农商银行的思维和做法比较接地气，越来越被老百姓所认可。

其实，评价农商银行，规模和盈利能力等指标是必要的，但更关键的，应该是他们服务客户数量、产品价格、客户评价等指标。这不仅需要农商银行自身努力，更需要监管部门转变思路，不能"一把尺子量到底"，而要区别对待，分类引导。

# 最高荣誉

在国家大力推进"大众创业、万众创新"的大背景下，有一大批创业型、创新型的小微企业应运而生。"在它们的发展路上，必须要翻过两座大山，一是税收，二是信贷，我们应该有所作为。"这是包头农商银行行长高峻岭在一次会议上的讲话原话。

2018年7月，热度超过往年。而比天气更热的，是由包头团市委牵头多个部门组织开展的"创青春"青年创新创业大赛。来自全市各个领域的年轻人，怀揣梦想，拿出创意和绝活，一决高下。与往届不同，这届的主赞助商换成了包头农商银行。更不同往届的是，包头农商银行基于创业人员实际，提供了"创客贷"信贷产品。这款产品的最大特征是，用选手的"信用+亲情"担保，无需抵押，随用随贷，额度足够，灵活便捷。这一做法，使项目不会再受资金问题的困扰，选手只需专注做好自己的事情。

实际上，从2015年开始，包头农商银行就在探索如何解决"双创"人员的资金问题。他们与稀土高新开发区联手，推出助保金贷款，重点支持该区内的科技型、创新型企业。助保金贷款是强化对小微企业的增信服务、化解小微企业融资难的一种全新融资方式，是以"政府主导、企业互助、三方合作、风险共担"为主旨，搭建政、银、企三方合作平台，由政府的风险补偿资金、企业缴纳的保证金共同组成"助保金池"为企业贷款增信。

"创客贷"助力双创人员实现梦想

　　包头农商银行的决策者们是这样认为的，在银行业内，包头农商银行也是一个"小微企业"，支持这些企业，就像找对象，可以说"门当户对"。包头农商银行的发展脉络，可以归集为八个字：农积本源、商筑未来。"商"主要指的就是小微企业。在他们看来，大企业不屑于与包头农商银行这样的小微银行打交道，小微企业特别是初创的小微企业，才是可以"过命"的真心朋友，与小微企业合作，不能搞虚的，要以心换心，用实际行动证明自己的诚意。

　　在整体布局中，包头农商银行走的是差异化发展路子，既不盲目地效仿其他股份制银行，也不片面地追求大而全，而是积极寻求属于自己的"蓝海"，避免同质化竞争。体现的是"专"字特色，不能"撒胡椒面"、"摊大饼"，要找准自身的发力点，逐步在一些领域和地区形成自己的专业比较优势。利用的是点多人多的优势，将成本上的弱势转化为业务拓展的强项，贴近客户，精耕细作，以有效的服务手段制胜。靠的是产品和服务的创新力度，推出的信贷产品和服务方式，既要是符合客户需要的，也是自己能做的、做得好的，并采取管用好使的办法，确保有效"落地"。

中国银行业监督管理委员会每年举办的支持小微企业金融服务先进单位评选活动，是业界肯定银行支持小微企业成果的"最高荣誉"。包头农商银行凭借在服务小微企业方面的优秀表现，荣获"2015年度小微企业金融服务先进单位"殊荣。

这是同行当中少有的国家级荣誉，但包头农商银行实至名归。

# 爱在鹿城大地

从新中国成立初期到21世纪的今天，包头农商银行无论如何变化，与"三农"共兴衰、与小微共成长却一脉相承。"共生、共长、共赢、共享"已然成为一种与客户合作的文化。这种深入骨髓、化入血液、融入基因的情怀，或许就是包头农商银行的初心所在。在这场接力赛中，只有传承，没有终点。

提起包头农商银行的员工，客户往往会用"好人"指代他们，因为在他们心里，有一种超越"服务"的"大爱"。

下面，回顾一段与"大爱"有关的往事。

多年前，石拐支行放出一笔小额贷款，贷款户是老实巴交的牧民，夫妻俩勤俭持家，打算用这笔贷款养牛致富。人诚实可靠，销路不成问题，一切似乎都在掌握之中。可是后来，眼看这笔贷款就要逾期，对方竟然丝毫没有还贷的意思。李德文负责贷款清收，电话催了几次没效果，决定悄悄"家访"，把对方堵在家里，说个明白。

来到村里，街上都是熟人，一打听，贷款的那户人家养牛亏本了，并且，"孩子病得很重"，因为贷款没还清，已被另一家银行告上法庭。进了屋，果然，孩子躺在床上，上次见面还结结实实的，现在瘦得走了样。女人看他来了，神情木讷，家里实在拿不出钱，只留下最后一圈羊，要是羊卖了，以后的日子怎么过？李德文心里一紧，赶紧说，大姐，今天不为公事，我就是过来看看你们。

就这样，李德文坐在炕头聊了半天，详细问了病情、养牛的情况、以后的打算，安慰他们安心给孩子治病，没提半个钱字。临走时，掏出身上仅有的两百元钱，硬塞给大姐，我身上只有这些钱，给孩子买点营养品吧，大人苦就苦点，怎么也能扛过去，别亏了孩子。他一出门，就流泪了。他自己在农村长大，太了解牧民的艰辛。

李德文决定帮助这户人家渡过难关。隔了一天，正准备再去一趟，结果大姐找上门了，还了他两百元钱，还说刚刚把贷款还了，让他放心。他愣了，哪来的钱？大姐说，那天你走了，我们看着你给的两百元钱闷了一晚上没说话，第二天早上商量好了，不能拖累你，人穷不能志短，得讲信用，就把最后一圈羊全卖了，再借点儿就凑齐了。

李德文懵了。望着大姐远去的背景，他坐不住了。必须为这户人家做点儿什么。于是，工作之余，他默默地东奔西跑，帮着求医问药，帮着咨询农牧业项目，帮着办理了第二笔贷款……很快，病人站起来了，牛羊壮起来了，日子红火起来了，第二笔贷款提前还回来了……他成了那户人家的"患难之交"。那户人家成了他的优质客户，并且，带来了更多客户。

这件事，要不是客户主动说出来，同事们根本无从知晓。这种大爱精神，也在代代传承。在一次演讲比赛中，一位"80后"员工的演讲稿，道出了这份传承。

有一条路，一经选择，就注定风雨兼程；有一种爱，一旦付出，就必然默默无闻。这条路，就是汗水铺就的农商路；这种爱，就是奉献铸就的为民情。

在我手中攥着的，是一封洒满泪痕的信。"农商行的叔叔、阿姨，你们好！今天是开学的第一天，我想奶奶了，不知道她一个人过得怎么样？我也想你们，是你们的助学贷款和无私捐助，开启了我新的人生，你们就是我的再生父母。"这是青福镇武银福村王芳上大学后，给商会支行写来的一封信。几年前，王芳的父母因故相继离她而去，她与奶奶靠着亲友和乡亲们的接济，相依为命。当她拿到大学录取通知书的时候，学费的困惑折断了她理想的翅膀。这个时候，信贷员高博来到了她的家里。看着卧病在床的老人家，家徒四壁的东厢房，少得可怜的小摆设。再看看王芳稚嫩的脸庞和希望的目光，想想她今后的人生路。高博暗下决心，一定要帮帮这个孩子。之后的几个日日夜夜里，他与村委会沟通，找镇里协调，到财政争取，就像《致加西亚的信》里的主人公罗文一样，尽心尽力，尽职尽责，终于帮王芳办好了助学贷款的一切手续。同事们知道了这件事情，都自觉地行动起来。开学前，王芳的大包小包里，塞满了大家的捐助品。王芳是含着眼泪踏上求学的火车的，在她的身后，是一群不断挥手送别的农商人。

如果说，这仅仅是个个例。那么，我请大家跟我一起到鹿城大地转转。看看甲尔坝大棚里的花卉四季绽放，瞅瞅共青农场的现代农业观光，装备制造园区的机器轰鸣作响；再到黄河岸边，钓上条黄河大鲤鱼，亲口尝尝。如果还不尽兴，我再请你到集市上，听听东园的菜农们怎样把菜卖到大江南北；到凤凰村看看那一排排、一栋栋的小二楼，体会一下什么是社会主义新农村。这一切一切的背后，饱含着农商人金融为民的无私奉献！

　　包头农商银行，从诞生那天起，就与这方热土结下了不解之缘。为了这一方百姓，农商行人组织存款千方百计，发放贷款千辛万苦，维护客户千言万语，拓展业务千山万水。这种"千万"精神，是一代又一代农商人身上流动的精神"血液"。我们队伍中的一名信贷员，曾经面对过这样的选择：一边是妻子患病在床，孩子无人照看；一边是农民开春贷款，不容拖延。就在一个加班的晚上，电话突然响了："爸爸，今天你能早点回家吗？我想你了。"听到孩子这近乎哭诉般的哀求，这个能扛起座山的男人落泪了。他不爱他的妻子吗？爱！相濡以沫十几年，这个时候是多么需要他来陪伴；他不爱他的孩子吗？爱！女儿就是他生命的一切！可是，他却选择了工作，选择了急等着用钱买种子买化肥的农民朋友们。也许会有人不理解他的选择，甚至苛责他的不负责任。那么，请你走进包头农商银行，或许，你就会对他的选择理解、认同，甚至作出和他一样的选择。

　　这里，迎着朝阳的是，一张张农商人灿烂的笑脸；烈日下奔忙的是，一代代农商人匆匆的脚步。来到这里，你会被爱的潮水裹挟，你会被奉献的力量震撼，你会被最美的心灵感化。有人说，嫌贫爱富是金融的天然属性。而包头农商银行给出的答案却是：不仅要锦上添花，更要雪中送炭。为了让农民的金融服务一路绿灯，包头农商银行让自身的经营常常亮起红灯。农商人不是不明白金融的根本在预防风险。但还是毅然选择了自己承担风险。因为，农商行的基因里有感恩的情怀，有舍己为人的特质，有助人为乐的精神。农商人用朴实的行为，铸造了金灿灿的口碑；农商人以不懈的努力，传承着金融为民的历史使命。

　　而这所有的所有的背后，就是一个字：爱！

# 第四章

## 倍道而行

　　沿着支农支小这条路不断前行的同时，包头农商银行加大创新的力度，给发动机装上"涡轮增压"，给燃料加入"助燃剂"，让前行的速度不断加快。创新，是他们奋起直追中的鲜明标签。无论是客户角度的产品，还是管理角度的内部流程，都是基于实际情况的"招数"。这些"招数"不一定高大上，却管用好使。

# 风险"紧箍咒"

在包头农商银行的四词八字核心价值观当中，有一个词是"审慎"。审慎的关键在于防控风险。而风险就像达摩克利斯之剑，时刻高悬于包头农商银行的头上，提醒它要行大道，要走正路，正道直行。包头农商银行的创新，便由此出发。

揭牌之前，一提到风险，大家的普遍认识，一是信用风险，二是操作风险。随着业务种类的多元化、规模的扩大化，包头农商银行坚决执行风险先行的发展理念，所有业务的开展，从前中后期进行全流程风险把关，并逐步打造三条防线协同、多区域多角度发力的"大风险"管理格局。

全行风险管理组织体系由董事会、高级管理层、总行职能部门、支行等层面组成，建立董事会领导下的分工合理、职责明确、相互制衡、报告路线清晰的风险管理组织体系。董事会是全行风险管理的最高决策机构，确定全行的发展战略和风险战略，决定本行的风险管理政策，设定风险偏好，并监督战略与政策的执行。董事会下设风险管理委员会具体执行上述职能。高级管理层负责实施董事会确定的发展战略、风险战略和风险管理政策，完善风险管理组织体系，制定风险管理制度和业务细则，对各类风险进行管理。

总行各业务部门和支行作为风险管理的第一道防线，在开展业务过程中遵循风险管理政策、程序和限额的实施，并进行风险报告。总行风险合规部门负责全行全面风险管理的统筹管理工作，与总行其他风险管理职能部门作为第二道防线，各司其职，按照分工不同对相应风险管理负责。审计部门作为第三道防线，对全行各部门及机构、岗位和各项业务实施全面的监督和评价，包括检查、评价、报告风险管理的充分性和有效性，对董事会负责。各中心支行设立风险合规部负责支行信用风险、操作风险、合规（案件）风险的管理，实施双线报告制度，既向总行风险合规部报告，又向支行行长报告。总行向直属支行派驻风险经理，负责支行信用风险、操作风险、合规（案件）风险的管理，风险经理归总行考核管理，保证其独立性。二级支行设立风险合规岗，负责二级支行的全面风险管理工作，向中心支行汇报工作。

《黄帝内经》提出，"圣人不治已病治未病，不治已乱治未乱"。如何在理论模型和管理框架下"治未病"，做到防患于未然，包头农商银行做了许多务实而有效的探索之举。

从2015年开始，包头农商银行在全系统率先创新推出了"律师库"管理模式。这在银行，尤其在农商银行系统，是第一个"吃螃蟹"者。

2016年，内蒙古自治区司法厅发文，批准设立包头农商银行律师事务部，并注册4名公司律师。该4名公司律师均是包头农商银行内部产生的优秀专业员工。这是农信系统第一家获批的律师事务部，也是包头地区金融行业的第一家律师事务部。包头农商银行法律工作以"专业、效率"为原则，实施"公司律师事务部"和"律师库"两大管理模式，努力打造包头农商银行法律服务智囊团。公司律师事务部对重点业务、创新业务主动提前介入，实施业务模式论证、风险预警；依托"律师库"对事后法律风险事件进行危机处理及协调监管关系，提供专业法律支持，保障高层决策安全。截至目前，公司律师已出具法律意见书80余份，参与诉讼和执行案件30多起，挽回经济损失约1.5亿元。公司律师还积极推动金融仲裁工作的开展，一方面作为金融仲裁员参与当地金融案件的裁决；另一方面，运用金融仲裁推动不良贷款重组，目前已实现贷款重组8000多万元。在2019年开年组织的首届"内蒙古自治区优秀法务"评选活动中，包头农商银行摘得多项桂冠，公司律师事务部被评为"内蒙古自治区法务优秀团队"，李敏被评为"内蒙古自治区优秀法务管理者"，张志光被评为"内蒙古自治区优秀青年法务"，这在银行界属于"独一份"。

针对评估过程中存在抵押物虚高的问题，包头农商银行创立了信用风险抵押物内部评估机制，也开内蒙古农信系统之先河。

如何保证在评估抵押物时保证客观、公正？包头农商银行推行"内评+外评"模式。先由银行内部评估小组对抵押物进行评估，然后通过外部评价公司对内部评估小组评估的情况进行审核，确保评估物的价值得到真实反映。目前，此种模式得到有效开展，一年的评估物数千件，评估价值数十亿元，既为客户每年省下千万元的评估费用，又有效地保证了抵押物价值的真实反映，切实降低了银行的不良贷款。

在风险防控方面，包头农商银行诸如此类的创新不胜枚举。但防控风险的关键在于人，人又非常容易受环境的影响。包头农商银行将合规视为每一位员工的终身职业课题，从入职开始，常抓常新，以至于给客户留下了包头农商银行员工很"规矩"的印象。在一次合规知识竞赛上，一位员工诗意般地表述了她对合规的认识，题为《邂逅》，摘录如下，可以看出包头农商银行风险文化已经融入每一位员工的思想深处，并且上升到一定的高度。

人的一生，会有许多邂逅。
或人，或事，
或理，或物，
或喜，或悲，

在好与坏、善与恶之间徘徊与等候。

因为邂逅，人生的航程充满了旋涡，
更加难测，更加难过；
因为邂逅，生命之水荡起了涟漪，
更加多彩，更加广阔。
好吧，
既然你是我生命中无法逃避的宿命，
与其与你不期而遇，
不如我主动与你打声招呼，
你好，邂逅！

让我们在蒙古高原上邂逅，
蓝天为景，白云为伴，
跳一曲热情奔放的盅碗舞；
绿草为笔，大地为墨，
画一幅浓墨重彩的牛皮画；
牛羊为符，酒香为调，
唱一曲情谊悠长的敖包相会。
我们就以此为家，
不离不弃，不悲不喜，
静静地，默默地，
做"最好牧场为航天"的壮举，
行"三千孤儿入内蒙"的善事，
说"各族人民建包钢"的故事，
传"草原英雄小姐妹"的佳话。

在亮丽的风景线上，
让梦想像鸿雁一样，
展翅高飞，翱翔宇宙！

邂逅，原来你是如此的浪漫，
让我如此激情与冲动，
恰似我与农商行的情缘情窦。
半个多世纪的坚守，
牧场，嘎查，村落，
处处都是真情的流露。
五年来的探索，
普惠，合规，零售，
老树开出了新芽，
枯藤绽放出绿色，
当仁不让地伫立在时代的潮头。

因为与农商行的邂逅，
牧民的生活越来越牛；
因为与农商行的邂逅，
田野上尽是丰硕的秋收；
因为与农商行的邂逅，
有梦想的人更加坚定了对美好向往的追求；
也因为与农商行的邂逅，
我和我的家人们，
住进了高楼，前程锦绣。

感谢你，邂逅！
因为遇见你，
让我在农商行这个大家庭里，
懂得了感恩；
感恩她的包容如海，温纯常有，
就像母亲的怀抱一样，
永远都出不去，
无论我怎么走，
但是我愿意，我幸福，
健康生活，快乐工作，
每一天都是那么美好，
每一步都在力拔头筹。

感谢你，邂逅！
因为遇见你，
让我在农商行这所大学校里，
学会了规矩，
明白了规矩诚设、不欺方圆的缘由，
就像父亲的肩膀一样，
永远都翻不过去，
无论我去哪里出游，
但是，我乐意，我满足，
激情创业，合规做事，
每一项制度都那么紧凑，
每一个细节都不能遗漏。

规矩，你好可爱呀，

圆如明月，正直如柳。

简简单单之中，

却可划定乾坤，主宰命运。

规矩，有时候你也好烦，

让我失去了散漫的自由，

不像别人，可以潇潇洒洒，歪歪扭扭。

但是，我很幸运与你邂逅，

哪些事要全力去做，

哪些千万不要触碰。

规规矩矩，让我享受到了真正的自由，

中规中矩，让我前行的路上少了后顾之忧。

从此，

我走的是正步，

我行的是大道。

谁定运势起与落，

就在规矩说与做。

我是合规农商人，

我骄傲，我自豪，我带头。

大草原，我的根，

农商行，我的家，

合规人，我的魂，

因为有了你们的护佑，

我不必徘徊在彷徨的人生路口；

也因为这么多的邂逅，

我们可以大声地说，

未来，Hello!

农商银行的风险"紧箍咒"——合规文化

在加强组织建设、制度建设、文化培育的同时，包头农商银行还拿出"真金白银"充实风险拨备，让风险这条防线"铜底铁帮"，十分牢靠，不仅保证业务稳健经营，也为树立社会公信力和化解区域金融风险作出了积极的贡献。

# 审计"新政"

高风险与高收益是对等的。这是银行业在走向快速发展的过程中，在不断开拓金融业务的过程中，必须面对的一道博弈问题。急行军一样奔跑在发展之路上的包头农商银行，亦是概莫能外。

审计是防止高风险的最后一道防线，责任之重，无须多言。但在过去，审计仅仅作为一项职能划入稽核保卫部门之中。随着新生的包头农商银行法人治理结构的完善，审计一步步从"形同虚设"转入有责、有权、有实事可做的正轨。不仅审计部门负责人跟董事长、行长、监事长一样，属于银行高管，需要在监管机构报备，而且审计部门的人员队伍也高度专业化，不再像以往那样，哪个部门缺人去哪个部门补缺。

在银行业金融机构，审计部门的"独立性"主要体现在两个方面：其一，在行内，审计部门人员是否有权，且无阻碍地参与其所认为的、有必要参与的任一会议；其二，审计部门由谁来分管。包头农商银行的审计部门在董事会下设立。审计部门在工作完成后，也有了专属的报送路径——审计部门向董事会报告。董事会下设了"审计委员会"专门接受审计部门的报告，该审计委员会与其他部门是相对独立、不相交叉的，是专门的一级委员会。发现问题，可以追责到一线、二线、三线具体部门。

在接手审计部门之前，王晓霞负责过一段时间的总部后勤工作，再之前的经历，是信用社主任。王晓霞工作上的一大特点是，凡事不随便应付、工作讲"策略"。例如，做信用社主任的时候，她的工作策略是"抓大放小"，即在管理信用社方面，她把自己看作舵手，负责制订计划、分配补给，保障航向；而一些小的事情，比如人员情绪安置等，就交由其他副手来完成。但在成为后勤负责人后，她将工作策略调整为"领导和各部门的工作、生活，事无巨细，需全部掌控"，那段时间，王晓霞时刻都处于"备战状态"，手机24小时待命。到审计部门后，作为快速发展时期的审计部门负责人，王晓霞也更加清楚，自己所背负的，是领导层的信任和尊重，是一份不可随意放下的责任。于是，认真起来的王晓霞，更为忙碌，也更为不苟言笑，"铁娘子"的绰号，也慢慢成了她的代名词。

全年工作计划+内控有效性评价报告，是审计新的模式。全年工作计划包括三个重点，其一，包含包头农商银行以往常见的操作性风险或失误，属于屡教屡犯、必查的内容；其二，是近年来金融业出现的风险较为集中的问题；其三，是前一年自治区联社审计部提出的、要审查的问题。如果说全年工作计划是"序曲"，那么，内控有效性评价报告就是"压轴"，能够真实、全面地折射全行内部经营状况。用王晓霞的话说，"要做能经得起检验的审计！"

为了兑现承诺，王晓霞进入"飞人"般的工作节奏，全部门的人员，不是在检查，就是在检查的路上。但在年末，看着案头厚厚一摞已完成的审计材料，王晓霞虽然已是身心俱疲，但内心却是倍感欣慰。十年前的自己，不想让别人发现自己的问题；十年后的自己，希望别人帮自己发现问题。人生的反转，让她变得特别坦然。

"审计部门就是得罪人的部门。"王晓霞认为这是分内工作的属性，"一切都正常，就是不正常了。"时间长了，大家慢慢地都理解了她和她的团队。

在这里，执念融化了坚冰，也温存了世界。

# 零的突破

你不理财，财不理你。进入新世纪，老百姓的理财意识不断增强，通过金融要素实现资产保值增值，逐步受到社会的广泛认可。银行理财顺势产生，目前已经"飞入寻常百姓家"，很快发展成为商业银行的一项基本业务。但对于农村金融机构来说，还是"可望而不可得"。

包头农商银行揭牌之前的2013年10月22日，就设立了创新金融部，并引入他行骨干张金梅开始针对业务"盲区"进行整体布局。揭牌后，首先选中的突破口，就是银行理财业务，并结合自身实际，分"三步走"推动此项工作生根发芽、开花结果。

第一步是代理理财销售。前期积极与十几家银行对接沟通，并通过层层筛选、优劣势比较分析后，选择代理国内某知名银行的理财，签订战略合作协议。在这一过程中，理财收益的考虑是第二位的，主要的目的就是熟悉程序，锻炼队伍。

第二步是自营理财业务。在代理理财销售积累了经验、锻炼了队伍的基础上，积极申报理财业务资质，并获得监管部门最终批复核准。这一期间，包头农商银行积极向他行学习，与监管部门沟通，编写了18项理财业务制度，并按照银监会对理财业务"单独核算、风险隔离、行为规范、归口管理"的要求，完善了相关部门职责、岗位设置和流程。同时，积极进行人力资源储备，组织专业人员和各分支机构理财相关人员，分别参加由中央国债登记结算有限公司举办的理财信息登记系统培训和银行从业人员职业资格考试。这一期间，包头农商银行克服了多种困难，特别是考虑到全区农信社核心系统数据无法开放的实际，先期进行手工记账，之后再纳入系统，有关人员做了大量的额外工作。

第三步是全面扩大规模。2014年12月23日，自主研发的首款"包头农商行·乐赢"系列保本浮动收益型理财产品2014年第一期在全行范围内公开发行，期限30天，预期年化收益率5.1%，募集金额仅为4522.8万元。到现在，理财发售已经成为常态化，仅2016年就新增发行47期个人柜台理财产品及同业理财产品，累计募集金额为21.1亿元，增幅达197.18%。此外，还成功地发行了同业理财产品、大额理财产品。

包头农商银行"乐赢"系列理财产品的推出，不仅在包头农商银行是首次，也标志着包头地区农村金融机构理财业务零的突破。

但是，这仅仅是个开始。

到2018年末，包头农商银行的理财业务已经形成了规范化、常规化、规模化的发行模式，在充分满足客户理财需求，特别是启蒙农村客户理财意识的同时，自身的资产规模也迅速做大，理财收入突破5000万元，成为全系统理财业务的引领者。

# 一"贷"一路

理财产品的推出，开创了包头农商银行金融创新的先河。由此发端，更多的金融产品陆续推出，遍及金融市场、信贷、科技、储蓄等多个领域。创新精神，已经逐步融入包头农商银行的血脉骨髓当中，成为推动包头农商银行大跨步前进的"加速器"。

"麻利贷"系列贷款产品是包头农商银行金融创新的又一个标杆。这是包头农商银行成立两周年的时候推出的一款针对100万元以下客户的小微信贷产品，也是响应习近平总书记提出的"中国梦"和支持"大众创业、万众创新"的一项务实举措，力求让有梦的人实现梦想。为此，专门将这一系列产品定位为"一'贷'一路、用心筑梦"。该系列产品采取信用、保证、抵押、质押等担保方式，以"富民一卡通"卡片为载体或采用其他方式，向城镇居民、农牧民、个体工商户、小微企业主等自然人发放的，可在授信额度及授信期限内循环使用的经营性贷款及个人消费贷款。

与以往的信贷产品相比，"麻利贷"的特点可以用"多、快、好、省"四个字来概括。一是"多"，它充分考虑社会不同群体的融资需求，推出形式多样的产品类型。"多"还体现在它的用途多样性，一张卡片多种用途，既可办理贷款，也可实现存款、电子银行等用途，实现存贷汇一卡通。二是"快"，引入先进的客户评级授信系统，在客户资料齐备的情况下，原则上三天办理完成，审批速度更快。三是"好"，客户在授信额度和授信期限内，可以随借随用，循环使用，按月或者按季结息，到期还本，保证贷款实际使用效果，并可以在全自治区范围的任何一家农商行、农信社网点以及通过电子银行渠道，办理还款、取款手续，相比于其他卡种，更加好用。四是"省"，除了支付利息，借款人不需要支付其他任何费用。

麻利贷，真不赖

这款产品一经问世，立即迎来无数叫好声，大多数客户的反馈意见是，这款产品是真正站在他们的角度来考虑的，利率水平虽然不是太低，但考虑到没有任何其他费用，特别是随用随贷，用多少贷款，用多长时间，"结"相应利息，综合算账非常合适，关键是快和方便，切实解了他们融资的燃眉之急，省下不少事儿。有个客户在回访的时候说道：我逢人都说，麻利贷，真不赖。看来，客户都自觉自愿地当起了麻利贷的宣传员。

谈及"麻利贷"，陈云翔董事长也是如数家珍，娓娓道来。

银行面临的形势较之过去发生了逆转性变化。从等客上门到主动走出去找客户。无数的信贷教训告诉我们，主动找回来的客户，才是好客户；等来的客户，大多是会出问题的客户。现在，各家银行都在针对客户的实际需求，研发和推出产品，这些产品的共同特点，就是办贷速度快、利息相对低，手续相对简便。通过实用的产品，一些银行不断地完成"跑马圈地"，维系一些好的客户。在这种局面下，如果我们不能拿出一些有竞争力的产品，还是过去的"旧观念""老套路"，一些好的客户就会逐步丢失，更不会争取来新的优质客户。作为一家银行，特别是新准入的银行，没有优质的客户，就不会有美好的未来。

推出麻利贷不仅是市场竞争的需要，也是客户的现实需要。现在的客户分层越来越精细化，客户的金融需求也日益多元化。各家银行针对不同客户群体都在努力推出新产品。"麻利贷"系列产品集中体现的四个特点：多、快、好、省，每一项都是针对客户金融需求的"痛点"而设计和研发的。不敢说它有多么完美，但可以理直气壮地说，这绝对是包头农商银行在自身能力范围内的最务实、最诚心的产品。"朋友之交，贵在交心"。银行与客户的关系也是朋友之交。只要拿出一颗诚挚的心去拓展、对待和维护客户，一定会多交朋友，就一定能够有一个好的"朋友圈"。

"叫好"的同时也"叫座"。"麻利贷"不负众望，授信额度逐月提升，社会影响持续扩大，成为包头农商银行"代言"产品的同时，也成为同业当中的"爆款"。

# 新盈利模式

包头农商银行在农信社时期，盈利主要靠存贷利差，贷款利息收入常年维持在各项收入的95%以上。这种经营方式导致经营粗放、产品单一、抗风险能力差等不利局面。随着经济下行压力的加剧，贷款还款率、结息率双双下降，导致盈利能力逐步减弱。在这种背景下，包头农商银行急需拓展生路。

2014年，包头农商银行先后与多家商业银行建立了同业合作关系，当年累计办理存放同业业务68笔，实现利息收入3443万元。同时稳步推进债券业务，在资金紧张时利用银行间市场融回资金，解决头寸紧张问题，完成了加入中国银行间市场交易商协会及签署《债券回购主协议》备案工作，完成了银行间市场交易前台交易员电子认证工作。逐步扩大票据业务规模，全年累计贴现金额12.9亿元，年末余额4.99亿元，轧差后净收入911万元。积极开展其他投资业务，拆放同业1.7亿元，收入498万元；存量信托计划1.4亿元，收入1745万元。实现同业存放新的突破，共吸收同业存款3.7亿元。全年在可用资金减少、市场利率走低的不利形势下，实现逆势增长，金融市场业务收入7496万元，同比增长443万元，增幅为6.28%。

小试牛刀之后，是大刀阔斧。2015年，包头农商银行将过去的资金运营部改名为金融市场部，实现准事业部制，行内资金通过科学测算后执行内部转移定价机制，同时，鼓励该部门自己从市场上找资金营运，由过去的局限于系统内资金营运和一般的同业业务，向在金融市场上全面发力转变。但是，市场环境已然不理想。

越是困难的时候，也越是蕴含机遇的时候。包头农商银行打破传统业务发展格局，集思广益，拓宽投、融资渠道，一年实现17项业务"零的突破"。

——与农商银行联盟合作，开展联合投资计划业务，实现联投业务的首单零突破。

——与某国内知名农商行深入接洽，为包头农商银行量身定制高收益、低风险的保本固定收益型理财产品，实现专属定制型同业理财首单业务零突破。

——买入信用债券12笔，实现信用债券零突破。

——与某知名证券签署投资顾问协议，建立常态化业务合作机制，实现首单投顾业务零突破。

——开辟买入返售金融资产项下的票据买入返售业务，在未来业务中，包头农商银行可以同其他城商行一样，不仅可以开展"占"信贷规模的买断业务，同时可以开展"不占"信贷规模的回购业务，实现票据业务买入返售零突破。

——完成买入票据的到期托收业务，实现第一笔足月票据的到期托收零突破。

——广泛开展同业交流与合作，并把投资触角延伸到异地，实现金融市场业务跨区域经营零突破。

——顺利完成在上海清算所乙类债券交易资格的开立工作，实现上海清算所债券业务零突破。

——驻外办事处的设立，实现异地业务经营的零突破。

——顺利通过2014年首期发行理财到期银监系统的审查验收工作，

并获得1亿元销售额度，成为包头地区农信系统理财产品发行首家，实现包头地区农信系统理财产品常态化发行零突破。

——通过某国有银行以代理方式接入电子汇票业务系统，实现电子汇票业务零突破。

——发展渠道合作创新，不闭门等客，和异地业务积极联系，实现异地同业存放业务零突破。

——与某国有银行合作开展资管计划，实现与基金公司合作的零突破。

——资金业务收入实现1.53亿元，首次实现亿元收入零突破。

——接入电子商业汇票"双处理"系统，先后开通工商银行电子票据业务代理系统和农信银商业汇票业务直连系统，实现了电子商业汇票直贴业务和转贴业务的完全电子化。

——积极争取到1亿元、2亿元，直至6亿元的理财规模，实现理财规模连续翻倍增长。

——在理财投向上突破了单一投资银行渠道的束缚，成功引进了多家合作机构，实现了理财利润空间大幅提升，使包头农商银行保本理财预期收益率全市银行机构最高。金融市场部在成立当年，就较上年同期实现收入翻一番，为全行创造收入1.53亿元，占全行总收入的23.3%。

金融市场的传奇故事在2016年还在延续。包头农商银行将金融市场部升格为金融市场总部，试行完全的事业部制。从业界聘请翘楚式人物何吉祥来操盘。此人为山西临汾人，既有山西商人的精明，又有深厚的文化底蕴，思想敏锐超前，讲话洪钟大吕，办事雷厉风行，对金融市场总部的总体规划和发展前景成竹在胸。各支行以大局为重，选送精兵强将支持金融市场总部工作；总行还从行外引入专业团队，通过内外结合，相互配合，力促这块工作再铸新的金字招牌。到2016年末，实现了金融市场业务"条线化"运行、完全事业部制管理，实行前中后台全流程自主联动，初步形成"准法人"的相对独立运作模式，金融市场业务当年实现了资产过百亿，实现收入1.7亿元，实现净收入将近7000万元，培育了新的利润增长点。

2017年以后，"严监管"成为金融行业的主旋律。对此，包头农商银行既将其作为"自我整顿"的良好契机，全面规范金融市场业务，又从"危机"中寻找机会，将全区农信社系统理财输出作为新的发力点，与多家联社达成意向，并切实开展合作，实现了"一花独放不是春，万紫千红春满园"的预期效果。

关于金融市场业务的开展，争议一直不断。争议源于大家对这项业务的陌生。就和改革开放初期人们很难接受新鲜事物的情景相仿。陈云翔董事长力排众议。在好多人看来，这是"没事找事""费力不讨好"。但是，陈云翔有着清晰的判断。"不当家不知柴米贵"，仅靠利差，能不能揭开锅都是问题，何谈发展。况且，他要为将来的零售升级做准备。

孤家寡人，或许就是这样的一种感觉。在一次决策层会议上，他的一段独特的真心告白或是一个典型的例证：不如此，农商行真的没前途，大不了摘了我这顶"乌纱帽"，也要搏一把！

决心之大，令人动容！

# 一部手机打天下

包头农商银行从成立之初，就将科技兴行作为基本行策来执行，制定了科技发展长远规划，并逐项推动，力求新的突破。

2015年8月7日，历时开发2个多月的交互式免填单系统项目正式在营业部上线测试，5天办理业务200多笔，系统运行稳定。随后，全面铺开。该系统颠覆了传统手工填单和孤岛式填单机模式，客户到营业网点只需提供一张身份证和签个字，就可以办理任何柜台业务，极大地节省了业务办理时间，提升了客户体验。这也是全系统的首发，在全区金融机构中也是业务种类比较全面、比较先进的系统。内蒙古自治区联社主任张建成视察免填单项目后，跟同行的人说，应该给他们一个奖励。

2015年12月1日，"丰盈"定期储蓄存款系统正式上线运行。"丰盈"定期储蓄产品是包头农商银行应对存款保险制度实施、利率市场化而精心设计的预防流动性风险、保证存款稳定性的存款产品，刚刚推出的时候，一直采用手工记账+人工录入的方式执行，给客户增加了不少麻烦。而"丰盈"定期储蓄存款系统是专门为办理个性化定期业务而设计的系统，支持办理期限灵活、利率灵活的定期存款产品，有效解决了手续繁杂的问题，为包头农商银行在创建初期赢得存款争夺战、抓紧做大规模再铸一把"利剑"。

在"丰盈"定期储蓄存款系统上线后，包头农商银行进一步延伸其功能，增设对公账户积分营销子模块。对公账户积分营销是根据企业在包头农商银行开立的对公活期账户的每日存款余额进行积分，然后根据积分情况对存款开户企业进行相应的奖励，这样可以有效巩固和发展对公客户群体、加大对公存款营销力度、优化存款结构、提高对公业务的综合竞争力。

之后两年，包头农商银行的科技建设力度进一步加大，一口气建设了26个系统项目，部分系统是全自治区首创。特别是"厅堂宝"数字化柜面营销系统，本着让数据服务营销的理念，整合各个业务系统数据，进行深度加工挖掘，形成客户完整信息，并进行深度分析，计算出该客户可以营销的产品；也可以按照不同维度查询客户情况，制定合适的产品；还可以准确评定客户星级，准确计算出需要给客户营销的产品，提高营销的成功率。由此，包头农商银行成为全系统仅有的两家可使用、可分析ODS系统基础数据能力的机构之一，在大数据分析和应用上迈出了坚实的一步。

**科技创新引来无数观摩学习者**

科技赋能银行，包头农商银行在路上

2018年，包头农商银行移动OA系统顺利投产全行使用，标志着包头农商银行正式进入无纸化、移动化办公时代。新的移动OA系统不仅给包头农商银行移动办公提升了效率、降低了成本，更增强了全员对互联网思维的认识。

紧接着，包头农商银行在手机端建立的包头市民网也上线运行，并开放引流端口，客户只需要在手机上操作，就可以了解包头农商银行的存贷款、理财等金融产品信息，测试自己可以办理哪些投资和理财业务，收益多少，贷款额度多少，并通过居住地、办公地等选项，就近办理业务，或者客户经理上门办理业务，在互联网金融方面又向前推进了一步。

随着探索的不断深化，包头农商银行结合新形势，整合各方资源，布局互联网金融这盘更大的"棋"。他们与银联总部、知名支付机构、金融科技公司合作，针对商户存款准备金集中存管的政策要求进行业务创新，将发达地区的商户资金以产品的形式引流到包头，实现资金清算有效监控的同时，让商户闲余资金升值，并且相当于为当地做了招商引资"大项目"，被权威人士认定为全国第二家、农商银行体系第一家创新该类业务的银行。

在此基础上，包头农商银行建立了更加优化的信贷工厂，并将大数据风控引入其中，联合住房公积金等合作机构，全面推行"市民钱包"业务，实现线上线下有机结合，既避免了互联网金融的大概率风险，又发挥了银行风控和地缘优势，将引入的资金，以"线上+线下"的方式，投放于地方的普惠金融领域，让金融科技助力普惠金融的效果，愈加明显。此项工程的"功臣"是"挖"来的行长助理王实，此人颇具传奇色彩，中科院博士，爱讲课，但不谈理论；游走于多家互联网金融公司，却独好银行业务；为人低调，做事细致，属于将产品作为第一战略来落地的领导；善于沟通，却主意不变。不仅业务水平高，理论结合实际做得好，而且谦卑平和，很快就与各方打成一片，并得到大家的广泛认可。在他的主导下，大家信心满满，各项工作快速而有效地发展起来。

包头农商银行秉持"变科技支撑为科技引领，变重管理系统为重客户服务"的科技建设理念，针对客户的体验感和获得感，瞄准"只跑一趟"的目标，不断探索。相信，在不远的将来，包头农商银行提出的"一部手机打天下"的科技设想，就会变成现实，掀起一波科技引领发展的浪潮。

# 重新定义银行

什么样的银行最有生命力？陈云翔董事长早有答案："智慧银行"。他经常在不同院校学习，这一判断或是源于他的学习力和洞察力。"智慧银行"这个词，是他多年前私下琢磨的，很少在公开场合讲。朋友曾问他"智慧银行"到底是个什么样子，听完了感觉挺好，建议赶快宣传出去，作为口号"喊响"。陈云翔不同意，口号喊多了没用，再说我又不是专家，以后可能专家也会提出来，但肯定跟我说的不一样。

果然不一样。后来，随着互联网的快速发展，从"智慧地球"到"金融科技"，一系列新概念陆续从国外传来，"智慧银行"也慢慢成了"专业术语"。但是，专家讲的"智慧银行"，着重强调云计算、大数据等IT技术在银行业经营管理中的应用，陈云翔的"智慧银行"却包含更丰富的内容。

按照他的意思，如果把银行看作一个人，"智慧银行"就是一个"具有无穷斗志，善于学习和总结经验，善于创新，能主动适应任何复杂环境并在和谐共赢中获得尊重的人"。现在，他想把包头农商银行尽快磨炼成这样的"人"，因为只有这样的"人"才具有旺盛的生命力，才最有社会价值，才能战无不胜。

这个想法，源于二十年前的思考。那时，他还年轻，国内的经营管理思想日益活跃，邓小平南方谈话中的一段讲话激励无数年轻人打开窗户看世界："社会主义要赢得与资本主义相比较的优势，就必须大胆吸收和借鉴人类社会创造的一切文明成果，吸收和借鉴当今世界各国包括资本主义发达国家的一切反映现代社会化生产规律的先进经营方式、管理方法。"在那个时代，他还接触到了当代最杰出的新管理大师彼得·圣吉（Peter M.Senge）的管理思想："学习型组织"。当时，很多人望文生义把"学习型组织"简单理解为组织中的每个成员都要善于学习，陈云翔却发现：所谓"学习型组织"，强调的并不是组织中的"每一个人"，因为整个组织本身就是"一个人"；"学习型"这三个字，中国传统文化中有一个词可以准确对应，那就是"智慧"；"智慧"的生成，包含"精神""知木""科技"三个基本要素。

二十年后的今天，他更坚定地认为，能够健康持续发展的银行，一定要"跳出银行办银行"，一定是基于"学习型组织"的"智慧银行"；智慧银行强大的"三力"，是其最基本的特征：由信仰生发的精神力，由知识生发的知本力，由科技生发的信息力。改制后成立的包头农商银行已经是一家真正的"银行"了，必须加快"智慧银行"建设。没喊口号，一切都在"悄悄"进行。

2016年3月4日，经银监部门批准，包头市首家智慧银行——包头农商银行昆都仑支行正式开业。该支行是包头农商银行在包头地区打造的首家"智慧银行"。组建智慧银行，是包头农商银行在"互联网+"背景下的积极探索，是包头农商银行打造免费银行、快捷银行、包头人自家银行的务实举措，是包头农商银行全面转型的重要一步，也是包头农商银行发展史上的重要里程碑。

是"噱头"，更是在探索未来

　　与传统银行相比，昆都仑支行坚持"互联网+金融服务"的理念，依托科技手段，打造线上线下的立体化服务，给客户带来全新的智能化体验。不但有传统的现金及非现金业务受理区，还增设了自助服务、VIP互动体验、影音体验等特色功能服务区。智能机器人可代替人工提供迎宾答疑、业务查询、客户引领等多种服务，机器人"蒙蒙"、"鹿鹿"担任昆都仑支行大堂经理。智能导览系统通过人机互动方式，传递金融产品信息，客户自主操作即可轻松办理业务。网上银行、手机银行体验机，可让客户切身感受到电子银行3A式服务的方便与快捷。在自助银行服务区，设有国内先进的远程视频银行，后台客服人员通过视频系统为客户提供一对一的可视化服务。VIP贵宾理财区，不仅提供专业的理财规划设计，更可尊享智能机器人周到贴心的服务。自动发卡机、智能互动桌面、金融超市、触摸式贵金属透明展示柜、电子测量系统等，采用科技感、时尚化、人性化的设计理念，以全新理念和深刻内涵，重塑业务流程、交流渠道、服务模式，打造科技金融新生态，致力于给客户完美金融体验，以涵盖全方位的综合服务平台和一体化、一条龙、一站式的整体金融解决方案，为客户提供更好的互动体验、更高的业务受理效率和更优的服务价值，处处彰显"智慧银行，智而不凡"！

关于科技支行，客户的体验感，超爽！而业内质疑的人也不少，甚至有人说是在作秀。陈云翔董事长的态度是：不争论，继续干。

2017年9月23日，由包头市女企业家商会和包头农商银行联手打造的内蒙古首家女商支行——包头农商银行女商支行盛大开业。这是包头市推动金融创新与回归服务实体经济本源的一次积极探索，也是包头农商银行在互联网金融的大背景下，着眼于小微银行生存发展实际和企业现实金融服务的需要，体现本土银行担当和价值的务实之举，创新之策。

女商支行的经营模式更有"创新性"。在传统营业网点功能的基础上，女商支行采用"商会+银行+女性特色"的经营模式，不仅是一种新的网点转型探索，也被赋予了实际价值使命。2016年，包头农商银行与包头市女企业家商会建立长期战略合作关系，女商支行的设立，就是落地有关合作事项的具体抓手。该商会云集了与老百姓生活息息相关的各行业优秀女性代表。通过合作，双方可以有效整合资源，实现资源互补、优势互补、利益互补、力量互补。

女商支行的市场定位更加"精准化"。女商支行的市场定位重点放在女性特别是女企业家身上。女性特别是女企业家在工作、生活等领域呈现出注重信用、消费稳定、带动效应明显等特点，是银行业务的主要目标群体。这种经营模式，既可以增强业务的针对性、精细度，又可以让女性客户在获得良好体验感之外，体会特别的尊崇度。同时，女商支行在日常业务上，面向社会大众开放，体现出包容度和兼顾性。

女商支行，别有洞天

女商支行服务更能体现"专属性"。女商支行开业初期就针对女性特点，推出了一揽子服务。开发了"女性特色产品"，推出了"花容卡"、"特色信贷"、"定制理财"、"主题储蓄"、保管箱业务等产品，全面满足不同领域女性的不同金融需求。提供了有品质的"增值服务"。在银行业务的基础上，与养生、礼仪、瑜伽、绘画、花艺、书法、旗袍、品鉴等专业服务机构联手推出了专门针对女性审美、艺术和消费习惯的增值服务，为女性客户提供生活、服饰、仪容、鉴赏、艺术等方面的特色服务及开展符合女性特点的社交活动。还打造了专业"女性"服务团队。从行长到安保人员，清一色女性工作人员，高颜值的外表下配套专门定制的着装、标准的礼仪和规范的服务，让银行的金融服务变得更有"味道"，成为全市一道亮丽的风景线。女商支行的营业环境以中国古典文化为底蕴，恰当融合地方、时代、女性和金融特色，并专门设置了书画、品茗、听琴等多个极具文化韵味的特色服务区域，让客户办理业务的过程成为一种享受，一次旅行。

除了这些特色支行，包头农商银行还在与当地的青少年发展中心联袂打造儿童支行，与供销合作社打造供销电商支行，与旅游局合作建设文化旅游支行，这些都是需要成本的。不是农商银行不懂得算账、不知道实体营业网点的成本劣势，而是要"补"曾经落下的课，让老百姓感受实实在在、真真切切的金融服务。当然，每一个网点的新设，都是经过慎重的考量，大多有所依托，基于实际场景，在确保成本回收的同时，也为长远发展打下牢靠基础。

# 新势力版图

"忽如一夜春风来，千树万树梨花开。"如今，包头老百姓有一种感受，包头农商银行啥时候开在自己的家门口了。在大多数银行纷纷撤销实体网点、转移至互联网的时候，包头农商银行通过在村落、社区家门口设立了金融服务站，在各大商超设立店中店等方式，将服务机构遍及全市角落，逐步打造"家门口的银行""村子里的银行""身跟前的银行"。

这是包头农商银行确定的"立足城郊、巩固农区、拓展城区"的业务发展思路的具体体现。农区支行主要的职责就是守住"根据地"，把业务做细做精，原则上农区的分理处只允许投放服务范围内的贷款，倒逼这些机构更加充分地满足"三农"的服务需求。城郊支行则发挥人缘地缘优势，抓住城市扩张带来的机遇，加快做大做强的步伐。城区支行积极适应城区业务的需要，有所为有所不为，把能做得了的做好，为未来的发展"探路"、打基础。

**小服务站有大作用**

改制后，包头农商银行通过新建、迁址等方式，大幅度地在全市布局，力求使网点布局与包头农商银行作为全市性银行的定位相匹配。通过在包头市区主干道钢铁大街设立钢铁大街支行等务实举措，完成了第一轮势力扩张。在完全巩固市区版图的基础上，第二轮扩张积极推进，2018年1月，北国正是寒风凛冽、白雪皑皑的季节。包头农商银行白云鄂博支行却在此时温暖开启营业时间。这是包头农商银行第一家旗县区支行。随后，达茂等支行加快筹建步伐，包头农商银行终于"名副其实"。

与此同时，第三轮势力扩张同步进行，主要依托金融服务站，计划用两年左右的时间，将金融服务站在全市各大社区遍地开花。在这方面，源于农信社的包头农商银行有着历史优势。过去，农信社就是以村委会为单位，深耕细作，积累了大量而深厚的人缘地缘优势。此番"入城"，尽管互联网金融风起云涌，但包头农商银行坚持做强实体店面，通过将网点开在老百姓的家门口，充分体现包头农商银行作为包头人自家的银行的阶段性市场定位，巩固包头市场，完成原始积累。同时，也将网点的成本劣势逐步向竞争优势转化，在办理业务的基础上，拓展网点的其他功能，促进网点由服务型向营销型转变。总行还鼓励各支行根据地区及自身特点，分别打造一批各具特色的标杆支行，逐步扩大覆盖范围，在全市形成体系齐备、功能齐全、特色鲜明的机构势力版图。

陈云翔董事长非常看重富国银行和招商银行的模式。他认为，无论技术如何更新，情感永远是赢得竞争的根本因素，人性化才是竞争的最大优势，零售才是包头农商银行的未来。

深耕乡村和社区，包头农商银行将永远在路上。

# 高举高打

在包头农商银行揭牌后，成立了一个"神秘"的部门。说其神秘，是因为这个部门不参与业务经营，甚至不履行管理职能，也很少与其他部门和基层支行打交道，好多人都不清楚这个部门里的人每天在忙些什么。这个部门的全称叫战略管理委员会办公室，简称战略办。这个办公室主要向董事会负责，主要的责任是分析经济走势和国家政策，确定全行市场定位和发展路径。可以说是比较务虚的部门，但后来的实践证明，他们的工作并不虚，反而是很超前、很实的。

这一安排源于包头农商银行决策者们的一个判断：包头农商银行这样底子差的中小银行，要想突围和发展必须高举高打，至少不能走弯路。而要想实现从good向great转变，要想做成"百年老店"，做到基业长青，必须从战略管理上下好"先手棋"。

战略办负责董事会的战略规划，资产负债管理委员会则是经营层下设的专业委员会之一，负责全行资产负债的研究、审议和决策，在宏观经济金融政策研究、业务经营规划与计划的制订、经营分析、利率定价、流动性管理、资本管理等方面为经营层提供重要的决策依据。这个委员会的主任由行长兼任，具体负责为实现战略意图排兵布阵。最初的议事规则是每半年开会一次，由于意义重大和工作需要，后改为每月一次。最初只是学学文件，了解政策，到后来发展为热烈讨论，甚至唇枪舌剑。一次会议之后，一位引进的部门负责人感慨地说，像这样的会好多年没有开过了，别说农商银行，就是其他商业银行，也不会开出这样的水平。确实，真理越辩越明。通过这个平台，大家统一了思想，更明确了方向，走起路来也就顺畅多了。

李胜从其他银行"跳槽"过来，既有专业素养，又有执着的信念。他极力主张和积极推动包头农商银行实行FTP、新资本协议等新"事物"。每次开资产负债会，他都分门别类地解读政策，配套密密麻麻的数据和各式各样的图表。他说话很急，走路也很急，为了做好工作，有时在向领导和同事们提建议时，说话"卡壳"，面红耳赤，能够感受到他为了工作的满腔热情和不顾一切。而这恰恰是包头农商银行欠缺的。2018年金融机构合格审慎评估结果于7月31日在中国外汇交易中心官网公布，经过严格审核，包头农商银行被全国市场利率定价自律机制秘书处吸收为自律机制基础成员，结束了以往观察成员的身份，成为包头市第三家自律机制基础成员。此举，对包头农商银行的品牌影响极大，对包头农商银行的长远发展意义重大。李胜和他的团队，可谓功不可没！

"不谋全局者不足以谋一域，不谋万世者不足以谋一时。"包头农商银行从一诞生，就非常注重发展战略的制定，无论是公司法人治理的顶层设计，还是在实际经营中的具体落实，每一个环节都做得很扎实，每一步都走得很稳健。包头农商银行的历史传承来自农信社，局限性很大，长远性不足。改制后，必须从战略上先人一步，或可谋得一线生机。

不到五年的时间，包头农商银行始终坚定战略定力，大气魄、超预期地确定战略目标。通过大家的努力，2014年的资产过百亿元、2015年的存款过百亿元，2016年的资产过两百亿元，2017年资产过三百亿元，2018年个人存款和各项贷款同步过100亿元，这些战略目标都顺利实现了，战略管理功不可没。包头农商银行一直关注长远发展，积极筹划和推行股权激励计划，从新加坡请来何树勋教授担任独立董事，进行传经授道，把关指路。2016年又将曾经为美的等大企业做过股权激励的陈仁宝教授聘为独立董事，具体落地股权激励计划，以期把每一名员工，特别是干部的利益与农商行的整体利益捆绑在一起，让大家真正把农商行的事业当作自己的事业来干。还从财政厅、律师界、文化界请来知名专家担任顾问，提升这些方面工作的层次和水平。同时，积极引入战略投资者，为未来上市做着前期准备工作。

高度决定视野，胸怀决定空间。包头农商银行从顶层设计就气魄不凡，随后的事情，自然而然。

# 农商航母号

　　进入2016年，包头农商银行启动组织架构这一更为根本领域的改革。那段时间，领导们昼夜加班，反复斟酌部门设置、职能划归、支行层级等每一项细节，会议室的灯常常要到很晚才会关上。随后，又向国内知名机构咨询，实现组织架构初步具备现代化银行的雏形。

　　按照强化前台、精干中台、整合后台的部门改革原则，包头农商银行在这一轮改革中，重新调整了部门设置，并推行了总行、中心（直属）支行（一级支行）、二级支行的三级组织架构体系。中心支行按照城区区域划分，直属支行按照农区乡镇划分，分别下辖二级支行、分理处。

　　部门设置突出体现两个特点，一是该强化的强化，该裁减的裁减；二是有效结合流程银行要求和包头农商银行的实际情况。最终，部门数量和机关人员数量得到"双下降"。部门设置整体较之前减少2个，但考虑到三个部门实行事业部制或者准事业部制，承担管理职责的部门实际减少了5个，机关工作人员减少了五分之一。这一轮改革中，重点强化了前台部门。在金融市场业务、公司金融、零售金融方面，承担部分管理职责，侧重独立考核、独立核算，拓展新的增收渠道。

　　基层组织架构从原来的两级架构、扁平化管理、总行直接对接支行，改变为三级架构，增设中心（直属）支行层级，总行对接中心（直属）支行，中心（直属）支行对接二级支行，重点做了两方面的工作。

一方面是充实中心支行。首先是充实功能，由过去的单纯的经营功能，增加为集管理、指导、协调、监督、服务于一体的综合性支行，由过去的单兵作战变为现在的兵团作战。其次是充实权限，总行部门在业务经营上只承担政策确定和后续监督职能，其余权限包括财务、信贷等方面的一定权限逐步下放到一级支行，彻底改变过去一个机关对接四五十个支行，管理不过来也服务不好的问题。再次是充实管理架构，一些大的中心支行设立内设机构，专设总支书记的，还设置了党工事务部门。一些小的一级支行，先设内部管理岗位，履行内设部门的职能，待发展到一定程度，再增扩为部门。还有是充实人力资源，总行原先的部门人员，特别是后备干部，很大一部分都安排到一级支行内设部门或者岗位工作，担任部门或者岗位经理。最后是要大体划定业务范围，这次一级支行的确定，基本按照包头市的行政区域划分，个别大的城区做了适当的分拆。这样做的目的，是为了下一步对接业务的便利，有利于形成拳头，减少内部竞争或者出现服务盲区；也是为今后在其他地区扩张业务积累经验，储备人才。

另一方面是为二级支行"减压"。过去各家支行都相当于现在的一级支行，"上面千条线，下面一根针"，什么职能都得承担，各方面配置又不全，不仅好多工作做不了、做不好，而且还影响经营主业。这次改革后，二级支行可以放开"手脚"，主攻存贷款、电子银行等业务的拓展，再不需要为其他一些职能分散精力。在薪酬待遇上，二级支行的行长、员工只要任务完成得好，完全可以拿到比机关部门、一级支行更高的薪酬。从2019年开始，总行考核"直插"二级支行，让二级支行在全行的舞台上更加自由地展现自我。

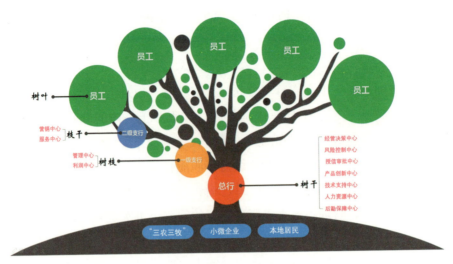

树叶　员工

枝干　营销中心　服务中心　二级支行

树枝　管理中心　利润中心　一级支行

总行　经营决策中心　风险控制中心　授信审批中心　产品创新中心　技术支持中心　人力资源中心　后勤保障中心　树干

"三农三牧"　小微企业　本地居民

**包头农商银行组织架构图**

　　总之，这两次组织架构改革，力度超过往次，定位高于过去，可以说是过去组织架构的2.0版本和3.0版本，是进一步升级，而不是回归，不同于两级法人架构，也有别于扁平化模式。陈云翔董事长敏锐地意识到，此次架构改革能否成功，关键在于一级支行。他要求大家根据新的架构定位，找准各自的工作着力点。一级支行的主要负责人要做到打铁先要自身硬，率先垂范，洁身自好；二级支行负责人要正确看待这一安排，主动服从一级支行；各总支书记要切实履行政治责任，多支持、多提醒、多点拨、多匡正业务负责人的有关部署，合力推动一级支行切实发挥作用；机关部门要抓紧细化和规范与一级支行对接的财务、信贷、考核等一揽子制度、流程和办法，保证组织架构改革后的顺畅运行，确保体制红利尽快、尽情释放。

　　现在的包头农商银行，逐步呈现出这样一幅场景：总行是树干，中心（直属）支行是枝干，二级分行、分理处是树枝，员工是树叶，总体就是一棵参天大树。总行按照条线化、流程化的方向，形成七个中心，即经营决策中心、风险控制中心，授信审批中心、产品创新中心、技术支持中心、人力资源中心和后勤保障中心，做各个分支机构坚实的"大后方"。各个中心（直属）支行成为管理中心和利润中心，各二级支行成为营销中心和服务中心。总行的部门正在形成大资管、大公司、大零售、大风控、大保障五大管理板块，一改过去部门银行各自为政、牵扯不清的问题和支行管理乱象。

　　体制一变天地宽。事实证明，这一改革，绝对是一招妙棋，激发了各个层级组织的活力。目前，在包头农商银行的下面，有一半的中心（直属）支行达到了一些旗县行社的体量。更加重要的是，这些机构的人员、架构、管理经验等储备，渐成气候，为将来的跨区域"复制"提前"操练"好了，正在朝着组织架构改革的预期方向前行。

# 第五章

# 天道酬勤

　　业务经营持续"加码"，各项创新层出不穷。与此同时，包头农商银行在管理维度上也在持续发力。最难管的是人，最难理的是事，在这里都通过一个"勤"字，得到有效化解。人力资源通过吐故纳新得到全面优化，精神却保留了下来。而这些，都是为了提升服务客户水平，但他们确实付出了很多，无论管理层还是一线员工，讲出他们的故事，让人不由得唏嘘和赞叹。

# 赢在人才

　　包头农商银行揭牌以后，领导班子分工调整多次，但是，无论其他分工如何变动，人力资源管理都是由陈云翔董事长分管。可以这么说，在包头农商银行，人力资源管理被视为"一把手工程"。功以才成，业以才广。在包头农商银行的战略目标里，首要任务就是人才兴行。作为这项战略的决策者和执行者，陈云翔董事长不自觉地充当起了"猎头"的角色，可以说是煞费苦心。

　　包头农商银行新加入商业银行序列，有许多短板需要去弥补，有好多没有做过的业务需要去拓展，这一切的支撑在于人。但是，在过去的体制机制下，拥有这样视野和能力的人确实不多见。为此，在农商行成立之前就开始人才引进的储备。但是，当时还是郊区联社的包头农商银行，知名度不高，体制不完善，业务不健全，未来不可测，导致好多人才踟蹰不前，犹豫再三。对此，陈云翔董事长针对重点岗位的重点人员，一个一个地去说服，跟他们谈郊区联社要改制成包头农商银行；谈包头农商银行是片"处女地"，是英雄用武之地；谈包头农商银行将来要做第二个包商银行的美好前景；当然，也许诺要在薪酬待遇上，给予高于他们原岗位的待遇。就这样，才勉强从其他行"挖"来了几名急需的人才。

　　对于百废待兴的包头农商银行来说，几名人才是远远不能满足发展需要的。好在上级联社这个"娘家人"理解这种苦衷和不易，在人才引进方面给予大力的支持，先后准许包头农商银行多批次引进各类人才，且大多安排在重点岗位。这确实在系统内是很少见的。对于引入的人才，陈云翔董事长定下一个原则，就是一定要和班子成员一个一个地亲自面试。对于个别关键性岗位，他还要动用自己的私人关系，去做一些工作。在为石拐支行行长一职引进人才期间，有一次他正在开会，听说对方有时间，就立马终止会议，要马上约请人家到石拐支行现场确定，真有些刘备三顾茅庐的韧劲，但最终人家还是没来，让他至今引以为憾。用他的话说，这是包头农商银行真正的百年基业，必须全力以赴，其他的都可以放一放。

对于引进的人才，陈云翔董事长在岗位、待遇等方面给予全方位的支持，并多了些"特殊关照"，还经常将他们邀请到办公室谈心谈话，了解包头农商银行需要弥补的不足和亟待拓展的业务。为此，行内产生了一些不和谐的声音，认为引人力度太大，人员一到岗就给职务欠缺考察，等等。对此，陈云翔董事长一笑了之。在陈云翔董事长布局的这盘棋中，这些才刚刚开始。

引进的人才也大多感恩于包头农商银行这个平台，也感动于陈云翔董事长这个带头人，到目前，仅有4人来了以后，又走了。大多数以此为家，付出全部，使出全力，亮出绝活。这些人或针对空缺业务，开辟出一片新的天地，或在一方领域，经营业绩节节攀升，或在内部管理上，建言献策，积极推动，实现所在部门职能管理的"脱胎换骨"。这些人一方面发挥自身的率先垂范作用，带领身边的人，在思想、作风和业务上实现大的改变；另一方面也在有意无意之中，起到了"鲇鱼效应"，激励其他同志更好地工作，使包头农商银行这池子水越发活泛起来。

对引进人才如此上心，对原有人才更是爱护有加。2015年元旦，当人们还沉浸在节日的喜庆当中时，包头农商银行举行后备人才选拔考试，陈云翔董事长带着班子成员监考，之后，在总行会议室现场打分，现场公布，中午叫外卖，吃过饭，继续工作。第二天，紧接着就是入选人员的现场面试。这种节奏虽然在包头农商银行业务经营当中是常见的，但是，在人才引进方面还是不多见的。这些后备人才后来大部分被安排到中层或中层助理级别岗位工作。

2016年初，为配合三级组织架构改革，包头农商银行的一些年轻员工被选派到各中心（直属）支行的部门和岗位上担任负责人。用陈云翔董事长的话说，这些同志都在总行得到了充分的锻炼，完全可以胜任工作，可以尽快打开工作局面。事实上，他们做到了。

在管理学当中，有一种理论，可以概括为中层制胜理论：80%的世界五百强企业的成功源于中层，而非领导。大概是因为领导更换比较频繁，而中层比较稳定。在陈云翔董事长看来，做好包头农商银行的工作，人力资源是根本，人力资源中，干部是关键，部门总经理和支行行长又是其中的"关键少数"、重中之重。现在，包头农商银行的干部队伍已经基本形成这样一个局面：各个部门的总经理都是"专才"，专业的人干专业的事，他们在本部门的职能领域绝对是专家级人物；各个支行行长都是"能将"，在市场拓展方面都有着非常强的个人能力和社会资源。这些人就像《水浒传》里的一百单八将，哪一个都不白给，可以称得上是心中有行、心中有责、心中有诚的中坚力量。他们承上启下，既当本领域的"领导"，又是所管理员工的"士兵长"，带动全行上下精神焕发，干劲十足。

陈云翔董事长说，我的责任就是管好这二十多个人，他们是"关键少数"，管好他们，就可以一招棋活，满盘皆赢。

# 内退风波

一家公司如同一个人的肌体，如果不能吐故纳新，必然失去生机。可是，在中国对任何一家企业来说，"新老交替"都是一件令人头疼的事。"吐故"又比"纳新"更加艰难复杂。

中国传统文化所崇尚的内敛、含蓄、刚柔并济的处事风格，在陈云翔身上体现得格外明显。很多人都说，陈云翔的正直和善良是骨子里的，他的管理风格并不强硬。16岁就已经进入农信社工作的他，对这份工作有着不同一般的深厚情感，"柔性化管理"是这个当家人身上鲜明的特质。

然而，2016年8月，一份震动全行的文件的出台，却让人们看到了儒雅陈云翔的另一面。"已经酝酿一年多了，今年必须出！"一向温文尔雅的陈云翔向人力资源部下了死命令。

如何才能让农商行的人才更替实现良性循环？一方面是排除一切阻力，以开放包容的胸怀持续不断地面向社会公开招聘，吸引各个岗位和管理层面的优秀人才；另一方面要有序淘汰不符合农商行转型发展要求的"滞后型员工"。

老员工正是"滞后型员工"的典型代表。他们曾经在这里奉献青春，对单位的感情已经成为一种依赖。但是，由于思维方式、学识水平等原因，已经难以跟上农商行发展的步伐。恋恋不舍，员工和领导都有这种情愫在里面。但是，发展的需要，必须壮士断腕。只有出台一个科学有效的制度，才能真正实现新、老员工的有序更替，农商行的"血液循环"才能成为常态。

"内退"，是中国体制改革大潮的产物。企业用人制度改革，需要更新人员结构或降低人力成本，都得快速减少体制内正式员工的数量，渠道之一便是让他们从企业内部提前退休。任何一家希望通过"内退"政策分流富余人员的企业，都会遇到很大的困难，然而这种困难，在农村商业银行这样一个特殊的"企业"又会被放大很多倍。与生俱来的"近亲繁殖"特性，使得这个系统上下人员关系错综复杂，触动任何一个普通员工的既得利益，都有可能遭遇重重阻力。

在制定"内退"政策时，文案几经修改调整，耗时1年多，历经两任人力资源经理，终于正式推出。2016年7月29日，包头农商银行出台了《关于印发2016年员工内部退养实施方案的通知》，要求符合内部退养条件的员工有序退出。根据文件内容，确定凡满50周岁的男员工、满47周岁的女员工都应办理内退手续，因此，全行内部也把这份文件称为"4750政策"。这项政策涉及全行69位老员工。在考虑如何确定内退员工工资标准时，陈云翔充分展现了他人性化的管理风格。中国企业家刚中带柔的管理方式，尽显无遗。他将内退工资标准分为两档：行里给安排过子女工作的，基本工资×1.5倍系数；没有安排过子女工作的，基本工资×2倍系数。按照这个标准，大部分内退人员的工资水平都会比在岗时减少一半左右。

这是一场人性化管理与战略转型的对决，也不可避免地会带来一场风波。

69位老员工大都难以接受这个事实，矛盾集中体现在两个方面。一方面是干了一辈子农金事业，感情上与单位无法割舍，有一种被家人"遗弃"的感觉。另一方面是在岗时的薪酬待遇在当地还是很不错的，在亲朋好友中和社会上都很有自豪感和荣耀感，一旦办理内退，心理落差很大。

为了确保内退工作的有序推进，包头农商银行确定了详细的落实方案。通知下发后，总行领导班子组织涉及内退工作的一级支行、总行部门召开了动员工作会议，重点强调了做好内退工作对优化人力资源结构的意义，指出了做好内退工作的步骤和路径，重申了坚持不把员工推向社会、形成社会问题的工作原则。动员会开完后，各负责人、分管领导积极配合，分头行动，就所辖内退员工进行组织动员。动员的结果是，在8月25日前签订7人，在8月31日前累计签订25人。虽然对政策推行后的阻力已经有了心理准备，但老员工们的抵触情绪和很多过激反应还是超出了预期。

2016年8月24日下午，12名员工围堵了总行领导的办公室，要求见领导。当时，陈云翔董事长正在外地，孙玉国监事长和人力资源部负责人出面和大家谈心、耐心沟通，但老员工们还是不愿回去，他们要求和董事长当面谈，"我们只和董事长谈，见不到他，我们就不走了！"有人高喊着，情绪激动的老员工在董事长办公室门前席地而坐，整整一个通宵，直到第二天才渐渐散去。

之后的几天，经工作人员反复劝说，仍然有部分老员工不时地围堵总行领导办公室。8月30日下午，监事长孙玉国组织在单位的班子成员及部分部门负责人和前来谈判的代表们进行了座谈，终于结束了围堵的行为和做法。8月31日，陈云翔董事长从外地出差回来，立刻召开党委扩大会议，研究商定部分职工提出的要求和问题，同时也为下一步工作推进指明了方向。

最后的攻坚战役正式启动。

从9月1日开始直至国庆节期间，总行领导、一级支行行长、人力资源部做了大量艰苦细致的工作，通过家庭访问、会谈等方式，多次做不愿内退的员工的思想工作，在9月13日签订内退协议的人员达到48人后，内退工作的推进已经到了极限。

仍有21人不同意办理内退。

考虑到各方面的实际情况，总行除继续做5名干部身份的员工的思想工作外，对其余16人实施了转岗安排。截至2016年12月底，内退工作基本完成。

1965年出生的郜武，在文件出台时正好是51岁，而他的妻子也在这个范围内，这一年正好是47岁。"4750政策"公布的日子，对于郜武而言，可以用刻骨铭心来形容。"夫妻双双把家还"，是中国古典戏曲《天仙配》中的一个选段，代表着家庭的美满与幸福，然而郜武和妻子却是异常痛苦的。

他们即将共同离开这个奋斗大半生的"家庭"，这里有他们美好的青春、曾经的拼搏、甜蜜的爱情、工作与生活的点点滴滴。当年刚参加工作时，单位的各方面条件都无法和今天相提并论，最艰苦的时期早已过去，企业在一天天壮大，生活条件也越来越好，因为转型，企业要求他们在奋斗了30年之后的今天一起离开，不再需要他们的奉献与付出，夫妻俩心中的酸楚、不舍、痛苦相互交织，这种复杂的情感难以言说。

这就是改革。要实现战略转型，就必然有阵痛，必然要牺牲一部分人的利益。不能因为要顾及方方面面的利益，而放缓转型的步伐。考虑到郜武的特殊情况，总行和他签署了返聘协议，聘任他到总行特殊资产经营部做督导员，负责不良贷款清收工作。农商银行天生的人性化管理基因，在这个时候也体现出来。对于达到内退年龄，但身体状态良好、在岗时业绩良好、具有较高工作热情的老同志，按照返聘方式，安排他们从事揽储、清收贷款等非核心业务岗位的工作。

"历史的车轮滚滚向前，历史的河流大浪淘沙，长江后浪推前浪，注定要有人慢慢离开。趋势，没有人能够阻挡。"这是老员工郜武在事隔两个月后，说出的一段话。

# 蒙古马

自从当上党总支书记，赵秀玲就给自己规定了一项最重要的工作任务——把大家的心凝聚在一起。

此前赵秀玲做过支行行长、微贷中心主任、资金运营部负责人，她是包头农商银行老员工的典型代表，无论在哪个岗位上，都能全身心地投入进去，把工作做到极致。这些老员工能吃苦、任劳任怨，他们身上永不枯竭的奉献精神，并不全是源于自身的天赋和后天的职业素养，更多的是源于对企业强烈的归属感和使命感，因为心中有爱，因为"农信人"质朴敦厚的本性，因为农商银行"家文化"的基因，他们愿意为企业发展做最大的努力与付出，"老农信人精神"在他们身上有着充分的体现。

做业务出身的赵秀玲，自己都没有想到哪来的那么多"好点子"。之前专注于业务发展的她，如今居然也能把党建工作开展得有声有色。

"青山碧水情　环保两日行"，这场由东河中心支行党总支组织开展的清除白色垃圾保护环境的活动在2016年的春天成功举行，包括东河中心支行和9家二级支行的70多名员工参加了这次活动。类似这样的活动，可以把党员、团员、青年员工聚集在一起，充分地交流沟通，打造团队凝聚力，还有许多。赵秀玲总是在千万百计地琢磨如何把党建工作的引领作用充分发挥出来，在开展党建活动时，也能把规范文明服务、企业文化建设做到有效的融合。

"晨会"同样是赵秀玲最擅长利用的工作阵地。她认为"鼓劲儿"是晨会应该起到的最重要的作用。在她的带动下，"唱歌跳舞"是每天晨会上的重要节目，"就是要让员工以快乐的心情进入工作状态，有错误、有问题可以留在夕会上处理解决"。用"晨会"做激励动员、做"加油站"，用"夕会"指出错误、解决问题，处理事情绝不隔夜。这是赵秀玲工作多年得出的体会。

一个厚厚的笔记本，是赵秀玲目前工作状态的真实写照。上面密密麻麻地记满了她和基层员工聊天、谈心的笔记。

三级组织架构改革后，青山、九原、东河三家中心支行单设专职党总支书记，负责党的建设、群团工作，文明规范服务、企业文化建设等工作，把党建活动开展得更加深入。

赵秀玲带领支行班子成员深入一线网点调研，通过与员工谈话，随时记录、解决员工思想上的波动、生活上的困难、工作中的困惑。一年之内要完成对下辖支行112位员工的调研走访。从一沓"东河中心支行带班表"就能看出，中心支行班子成员和基层员工的沟通交流已经变成了工作常态，这种持续不断的上下级之间的深入沟通，让工作开展更加顺畅，让很多企业都头痛的"上情下达和下情上传"变得更加容易。如此一来，在三级架构机制下，总行给予中心支行足够的权限，如果二级支行有10件需要解决的事，至少8件可以在中心支行层面得以有效解决。

是什么力量，让一个业务型干部能够如此快速地"转换角色"？是付出！

2007年，全区农村信用社综合业务系统上线，当时的包头郊区农村信用合作联社被内蒙古农村信用社联合社定为试点单位，要先期上线试运行，联社营业部负责数据录入工作，涉及很多关键节点的信息录入和项目核对工作，不能有丝毫的差错。而赵秀玲当时正是分管联社内勤和营业部工作。信息汇集录入前后历时三个月，她瘦了11斤。

那段时间正是北方最寒冷的严冬时节，每天一下班，工作组的五位同志就会在联社的大会议室里加班，专门做信息录入工作，一直到深夜才能回家。大会议室的暖气不太好，每天加班时，赵秀玲总感觉后背像是背着一个大冰块，唯一能让她感觉到温暖的，是喝上一口热水驱走身体里的寒气。

不但信息录入汇集工作任务繁重，每天加班结束后，他们还要认真清理现场，所有数据信息不能有一点泄露。当时还没有碎纸机，所有在录入中使用过的数据表都要几位同志用手一点一点撕成碎块。

作为试点单位，不是只做信息分类录入工作这么简单，在录入过程中，他们还需要及时发现问题并向上级联社做详细汇报。分类的准确性是决定综合业务系统能否成功运行的关键因素，仅仅是一个利息科目就要被拆分成50多个子科目，而营业部涉及的科目又比基层网点多出很多，达到1000多个科目，很多内容准确与否都要靠手工核算。赵秀玲的脑子总"绷"得特别紧，生怕漏掉一个关键问题，出现一点差错。"不能放过一个科目。"这是赵秀玲给自己定下的要求。那段时间，她的床头总放着一个小本，即便是睡梦中突然想到一个问题，她也会立刻拿起枕边的小本记录下来。五个人，奋战三个月后，综合业务系统在包头郊区联社成功上线。

三个月里赵秀玲只给家人做过一顿饭、洗过一次衣服。有一天，和往常一样又是深夜才回到家的赵秀玲正准备上床休息，儿子突然推开她的卧室门大声地说："妈，我能不能和你说上一句话？"赵秀玲突然意识到，忙于工作的她每天早出晚归，真的是很长时间都没和儿子说上一句话了。这一幕，一直印刻在赵秀玲的心里。

生活中的赵秀玲，实在算不上是位称职的母亲，1992年出生的儿子，从小和妈妈在一起的时间就很少，母子之间总有一种说不清的疏离感，儿子很小就习惯了这种"不和妈妈在一起亲昵"的生活，不知道怎样和妈妈撒娇，有时回到家的赵秀玲很想亲亲儿子、搂搂儿子，可儿子却很不习惯，总是会远远躲开。

工作中充满智慧的赵秀玲，只好对儿子也动起了脑筋，为了能让儿子亲亲自己，她竟然想出了一个做游戏的高招，她对儿子说："咱们做个小游戏吧，只要你把小嘴嘟起来碰到妈妈的脸上，就会发出一种奇怪的声音，不信你试一试。咱们看谁发出的声音更响、更好玩。"长期得不到妈妈关心和照顾的儿子，有一回生气地对赵秀玲说："我做农商行的家属真是做够了！"这话让赵秀玲听了很伤心，却无以辩驳，只能暗暗流泪。

也许是机缘巧合，后来学习经济管理专业的儿子也参加了农商行的招录考试，成为一名农商行员工，慢慢地对农商行有了深厚的感情，工作中也和妈妈一样地认真努力，才渐渐理解了妈妈。

习近平总书记在内蒙古考察时指出，干事创业就要像蒙古马那样，有一种吃苦耐劳、一往无前的精神。这些转岗的老同志们，想着法去适应新的岗位，他们就是"蒙古马"精神的默默诠释者。

# 领头雁

"鸿雁天空上，对对排成行。江水长秋草黄，草原上琴声忧伤……"《鸿雁》，一曲来自陈云翔董事长家乡的乌拉特民歌，如今唱响大江南北。而鸿雁的团队精神和家乡情结，也是陈云翔董事长和他的团队所倡导和践行的。

说话声如洪钟，热情奔放，好像永远有使不完的力量，这是许金柱给人的第一印象。与农信社结缘近三十年的他，是包头农商银行资格最老的基层行社负责人，也是包头农商银行基层行社的一只领头雁。许金柱认为团队需要"狼性"文化，这是应对激烈市场竞争的法宝。他的一句口头禅是，"人在一起叫聚会，心在一起叫团队。"

人是第一生产力。怎么释放队伍红利，挖掘团队潜能是管理者探讨的一个永恒话题。

2006年9月，许金柱任国庆信用社主任，一场以"搭建用人平台、优化人才结构、构建用人机制"为核心的改革在国庆信用社全面打响。改革必然触动一部分人的奶酪。但许金柱认为，只要行得正，办正能量的事，怕谁！2007年，员工"三定"（定员、定编、定岗）工作在国庆信用社开展，仅一个"营业室负责人"就有11人竞争。这可关系到员工的切身利益，实行得好，可以激发出员工的潜能，一旦其中某一环节被员工抓住"把柄"，就可能引发一场内部纷争。在这一点上，许金柱有着清晰的认识。他充分发扬民主，通过公开演讲、民主评议、民主投票、综合素质评价等竞聘工作机制，顺利地实现了人员"三定"工作。这一次人员竞聘为广大员工敲响了警钟，过去手捧"铁饭碗"的员工，通过努力，"铁饭碗"可以变为"金饭碗"；不思进取，做一天和尚撞一天钟的人越来越没有市场，"铁饭碗"也会变为"瓷饭碗"。通过"三定"工作实施和人才竞聘改革，选择了一大批年轻有为、有上进心和工作能力颇佳的优秀员工，为下一步国庆信用社的改革和发展奠定了基础。

在抓团队建设的同时，全力带领团队拓展业务。他所处的石拐区，曾是一个以煤炭资源为主的地区。由于煤炭资源日益枯竭，人员严重流失，存款急剧下降。当时存款只有8000万元。如何借机拓展新的市场，实现业务飞跃，成了许金柱急需破解的课题。凭着自己在金融市场多年积攒的人脉和执着的精神，无数次与当地政府对接以及无数次与人民银行包头市中心支行国库科、人民银行呼和浩特中心支行国库处协调，历经半年的努力终于修得正果，取得了包头市石拐区国库收付中心的资金存放的代理权。这一标志性创新事件在内蒙古农信史上从未有过，可以载入内蒙古农信史册。到许金柱离任前国庆信用社存款达到6亿元。

农商行给人家的感觉是"土"，但许金柱还特喜欢这股"土"劲，因为在他血液里有着父辈的农信情怀。许金柱的父亲是老一辈农信人，生活在农信家庭的许金柱从小耳濡目染，并热爱上了这一职业。他常说，农商行是爱、是希望、是事业、是天，作为基层负责人就得有情怀、有担当，把目标放在心上，把责任扛在肩上，把任务抓在手中。

如果说许金柱代表了老一代农信人的精神，那么，刘慧演绎的则是新时代农商行的故事。

随着新鲜血液的不断注入，如何带好这批年轻人，让他们真正融入农商银行，成为农商银行未来发展的中坚力量？是每一个带头人都亟须思考的问题。

对于团队里的新人，担任过多家支行负责人的刘慧坦言，是既欣喜又头疼。欣喜的是，他们的创新、灵动是难能可贵的品质，但不拘一格、偏向自我为中心的行为方式，也是让人颇为头疼的地方。但同时，刘慧也更为清楚地认识到，年青一代的成长，关系到农商银行的发展和未来，带好"80后"、"90后"，是每一名中层干部、每一个团队负责人必尽的责任。

拍年末贺岁宣传片时，要求每个支行来个"精彩亮相"。刘慧拿到通知后，直接交给了团队里的年轻人。其实，如果年轻人不出特别的主意，刘慧心中保底的做法，是像过往那些老照片、集体合影一样，摆拍一个即可交差。但年轻人对刘慧抛出的任务很是认真对待，下班后，大家聚在一起，你一言我一语地"出谋划策"。虽然自己的保底做法受到了年轻人的"一通鄙视"，但看到年轻人策划出的新方案，她倒更加甘于抛砖引玉。

而接下来的事，让她高兴不起来。一个刚毕业的女孩子，被安排在柜员岗。虽初来乍到，却对很多老员工传授、总结的已有经验不以为然。最简单的，按照一代代传承的习惯，当天核对的靶子（码成整数的零钞），是不会对外付给客户的，以免出现差错。但也许是年轻人的自负在作怪，虽然耳边有老员工一遍遍不厌其烦地叮嘱，但女孩子任凭叮嘱把耳朵磨成了茧子，工作中依旧是我行我素——把临时核对好的靶子兑付给客户。直到有一天，女孩子在下班交接的时候，因为少了几张钞票，急得直哭。刘慧和老员工建议她回看录像，跟她一起耐心地一遍遍查找问题所在。结果，是她当天核对的靶子里，多了几张钞票。从那以后，女孩子虚心学习和接受老员工的经验，开始考虑或采纳别人的建议。

刘慧说，带这些孩子，仿如一场边做边学的修行。为了带好年轻人，刘慧书案之上新增了心理学、领导力、营销战略方面的书籍，以及近些年来她如饥似渴学习的《如何与八零九零后相处》；为了让支行制定的每一条制度有效力，让自己的言语有公信力，刘慧坚持凡事"必须以身作则"，要求员工做到的事，必须自己先做到。就像最简单的，提高全员对安保工作的重视，刘慧也坚持从带团队第一天起，保持每月检查三次安全保卫工作的工作习惯。

"一定要尊重每一个孩子，让他们有价值体现感。"在这样的氛围里，团队里的每一个人，因为尊重，变得更为快乐。因为快乐，团队变得更为有凝聚力和向心力。"要让大家感受到，我不仅是我，我还是团队中的一员"。因为凝聚力的提升，团队的工作效能直线提升。遇到工作问题，大家开始一起商量、寻找解决的办法。比如，对于如何做好宣传工作，大家会各抒己见。每一次宣传，无论是进社区、到广场，还是走进养老院，都会是刘慧这个支行行长做司机，开车带着一群激情澎湃、金点子爆棚的年轻人，拉着一大堆器具，把宣传活动做得有声有色。工作之余，刘慧会时刻记着要给团队生活"加点料"：工作之余，组织员工外出，开展一些野餐之类的户外活动；精心布置，在支行的小食堂给员工过生日；有员工表现好了，会奖励一些价格不高，但颇具意义的小物件，目的就在于把对员工的认可表达出来，让每名员工的闪光点更加耀眼……时间久了，刘慧常常觉得，自己不是在经营团队，而是在经营事业和情感。

其实，这就是一代代农信精神的传承。


# 最好的福利


在包头农商银行，有个不同于其他银行的特点：不发物质福利。不了解内情的人可能会觉得这家银行很"无情"。恰恰相反，这里是一个温暖而干净的港湾，更是一个人职业成长的良好通道。

在陈云翔董事长的脑海里，福利不应该仅仅是物质的东西，而应该是可以给员工带来更高层次、更好享受、更长远利益的东西。

培训，在包头农商银行被认为是最好的福利之一。平均每年每人至少有5次参与培训的机会。仅2016年，就举办各级各类培训班65期，参训人员达到3167人次。新入职的员工到行里，第一次参与的活动就是入职培训，第一堂课就是企业文化，还有业务技能的培训，更主要的是要进行军训。包头农商银行与边防部队结成对子，每年会定期组织一些体验性的培训，让员工的组织性、纪律性持续提升。对于各个岗位的员工，每年由职能部门的专业人员，分条线、分批次地进行培训，确保大家能力上的与时俱进。对于专业人员的培训，可以说是不计代价，再远、再贵，能参与的都要参与，用陈云翔董事长的话说，就是做了做不了，我们先储备着。干部的培训要求最高，内容最全，方式最多，因为他们不仅承担着提高自身的职责，而且要带领大家一起进步。为了保证培训工作有序进行，包头农商银行还与包头银行业协会、内蒙古科技大学联合设立了包头农村金融研究院和实习基地，保证师源充足，保障培训质量。

包头农商银行云商学院实训基地

人情管理是包头农商银行员工享受的一项隐性福利。陈云翔董事长有这样一个观点，对于农信社员工来说，最好的福利是体制福利。因为员工只要不犯大的错误，就不存在下岗的风险。到了农商行时期，包头农商银行也不想让任何一个人掉队。但是，从商业银行优胜劣汰的角度来说，这种想法无疑是过时的。为此，在包头农商银行推行的各项管理中，人情管理是一个特色。这里的奖励多于处罚，激励大于惩罚。普普通通的员工可以直接与董事长对话，管理学上的层级管理似乎"形同虚设"。但是，陈云翔董事长坚持这么做。在他看来，真正的管理是管理人的情绪，所有的管理最终还是为了调动每一个人的主动性和积极性，正向激励要比负面处罚更能实现这一点。他就像一个大家族里的家长一样，忠厚治家，言传身教，想着每一个人的不容易，呵护着这里的每一个孩子。他坚信，好孩子是夸出来的，好同志是将心比心换出来的。在这种"家风"的影响下，这里的员工大多数淳朴、厚道，很少有社会上的乱七八糟的风气。即使遇上一些自认为不公、不适合的事情，也能正确理解。在老员工内退风波当中，绝大部分老员工都能够充分体察总行的良苦用心，正如郜武老前辈说的，只要总行好了，我们受点影响，也是一种价值的体现。

在包头农商银行，还有一项福利值得一提，是员工职业发展的"双通道机制"。员工可以根据个人喜好、性格特点等情况来选择发展方向和规划职业生涯。有意愿从职务方向发展的，可以选择竞聘相关岗位；而有技术专长的，也可以从技术聘用的角度来发展。从事信息科技的杨晓光专业技术出众，任劳任怨，为人腼腆，被冠以"劳模"的称号。他就选择了走专业技术的通道，在2016年被聘为中层助理职级的专业人员。

包头农商银行还积极倡导全员争取各类荣誉，并建立了荣誉奖励办法。只要是为行里取得各类荣誉，范围不设限，无论是机构，还是个人，都会对应奖励标准，通过公开表彰、物质奖励等方式予以激励。这在全行形成了争当先进、赶超先进的良好氛围。

当然，包头农商银行也少不了看得见的福利。这些年，行里组织员工在城市核心区域集资建设了家属楼，为远路的员工购置了沃尔沃通勤车，为每一个支行都配置了"小饭桌"，让员工从时时、事事、处处感受到"家"的温暖。

这种看得见的和看不见的温暖，成为一种无形的力量，营造出家和万事兴的景象。

# 包容的力量

在中国经营企业，有一个非常丰富且可资借鉴的宝藏，那就是中国历史。中国历代王朝的更迭与兴衰，有一个规律可循，但凡是包容的领导者，往往是最容易成功的，但凡是包容的王朝，往往是最强盛的。秦王嬴政采纳《谏逐客书》，开创了一代帝业。唐朝包容万象，造就一代盛世。包头农商银行在人力资源管理上，也处处尽显包容本色。

一边是如饥似渴地吸纳各路人才，不断有新鲜血液注入进来，一边是老员工强烈的归属感与情感依赖。在包头农商银行这样一个充满着浓郁的中国家庭色彩的企业，新员工与老员工在同一个舞台上相互打量审视、相互交融碰撞，包头农商银行以最宽大的胸怀极尽所能地接纳着各种不同的思维方式、包容着不同群体身上的独特气质、承受着新老员工思想上的冲撞与抵触。最终，都化为了崭新的包头农商银行文化气象。

杨晓琴的故事，代表了一个"时代"。

从18岁入职至今，杨晓琴已经在包头农商银行工作了23年，经历过行里最为艰辛的发展阶段，也见证过全行走向辉煌的每一次迈进。至今，每次踏进总行大门，杨晓琴都会打心底荡漾起一种自豪感。她知道，这不是浮躁，也不是骄傲自满，而是岁月积淀过后的、踏踏实实的感受。因为，这是她与包头农商银行，共同历经的一段成长。

她是个地道的包头姑娘。在她的记忆中，初识时的那个包头农商银行，名字还是"包头市郊区农村信用合作联社"。而且，那个告诉她招工消息的熟人，用的介绍语句是，"名气不大，福利待遇不高，工作条件更是不一般地艰苦。"

初入职那年，刚毕业的杨晓琴，被分配到了一个村儿上的网点。于是，在包头市每日往返于乡村的那趟公交车上，多了一个城里姑娘身影，从起点站坐到终点站，早出晚归、风雨不误，一坚持就是三年。"夏天还好，就是挤出一身汗。冬天就难熬了，车上没一块好玻璃，冻得直打哆嗦。"对于坐公交车的记忆，杨晓琴边回忆边笑，"不过，比起网点的工作条件，还是要好得多。"

20世纪八九十年代农信社网点的简陋设施，让杨晓琴这个城里姑娘倍感诧异——没有监控，连防弹玻璃都没有，柜员业务区与客户人来人往的大堂，仅有个没支到顶的铁栅栏隔着——安全指数一颗星！至今杨晓琴还对当年一次抢钱劫匪爬上栏杆的场面记忆犹新。好在那次仅是虚惊一场。随着单位经济实力的提升，也开始渐渐加强安防措施，不断地升级。

但更为难熬的，杨晓琴觉得，是在网点度过的每一个数九寒冬的日子。内蒙古的冬天，气温大多低于零下十度。简陋的乡下网点没有暖气，唯一的供暖物件，就是个小火炉，还被"体贴入微"的老主任放在了营业厅客户区，让往来的客户们烤烤手。而端坐在铁栅栏之后办业务的员工们，则无一例外地被冻得一手冻疮。但回想起当年老主任心疼地给柜员们买来五元钱一盒的冻疮膏，想起大家一瓶冻疮膏传着擦的画面，杨晓琴又会觉得心底传来阵阵温暖。

但即便艰苦，乡下网点的工作人员，依旧是没有周末和节假日的。按照当时的要求，因为是为农民服务，就得适应农民的生活节奏和模式——农村人劳作，是不分双休日的。所以，在乡下网点工作的那三年，杨晓琴几乎是一年四季都在单位，甚至过年也不休息。

"梅花香自苦寒来"。这三年，是杨晓琴职场阅历飞速成长的三年。老主任为"三农"和百姓尽心服务的职业操守、勤俭持家的主人翁精神，以及那个简陋的老网点与那些热情质朴的同事们，都在杨晓琴的身上留下了很深的时光烙印。2013年，杨晓琴接任北梁支行行长，这是她第一次"独当一面"，也是最具挑战性的一次任职经历。

杨晓琴接手的那个北梁支行，多年来排名一直处在全行四十多家网点的后列，不仅稳坐"后三把交椅"，而且，行里代表落后的那面"黄旗"也一直稳稳地挂在北梁支行多年。

"一定会越来越好。"初到北梁支行上任的第一天，杨晓琴就给自己和大家鼓劲。但其实，说心里话，初见网点的刹那，杨晓琴的内心，也是出乎意料的失落——自己居然没有椅子坐！她清晰地记得，网点加上新到任的自己，一共8名员工，但可坐的椅子，只有7把，不是员工们故意要给自己这个新官一个"下马威"，而是真的多一把椅子都没有。营业厅里供客户休息的沙发，也已经被磨得没了表皮，裸露的部分，就用报纸横七竖八地塞着、垫着……"知道网点破，但不知道会那么破！"

新官上任，杨晓琴的那"三把火"，烧得并不顺利。

第一天，就被客户堵门了。刚到单位门口的杨晓琴发现，网点门被一群人堵住了。原来，是在竞争对手的一再"吹风"下，北梁支行所在地的年轻村长得知"北梁支行换人了"、"新行长不好打交道"，非要把原来开在该支行的账户都挪走。

杨晓琴还是头一次遇见如此阵仗。"就算是天塌下来，我也必须要第一个站出来，第一个去顶！"杨晓琴一边硬着头皮假装勇敢地走上前，一边给自己加油鼓劲壮胆——这一关过了，员工与客户的关，就都过了！后来，也许是杨晓琴开诚布公的交谈方式得到了年轻村长的认可，也许是后来多方沟通起了作用，堵门事件不仅变成了"虚惊一场"，而且成了客户和员工见证她实力的"试金石"。

让杨晓琴难忘的，还包括对网点人员进行规范化管理的过程。初到网点，制度梳理本是正常不过，但实际运行的过程却并不顺利。拿最简单的"按时上下班"制度为例。北梁支行网点偏远，进出只有一趟公交车，员工上班迟到成了家常便饭，杨晓琴到任后，一边以身作则，提早一小时到岗，一边要求员工严格遵守上下班时间。于是，有员工火了，一竿子直接闹到了总行，"不跟她干了！钱挣不上，还管那么严！"即便如此，杨晓琴的制度，依旧没有改变。一段时间的奖惩分明、以身作则、严格执行的磨合期过后，北梁支行变得秩序井然——"员工们甚至会为了不迟到而打的上班。那时候，那么远的距离，一天挣的钱，可能就都'打的'了。"严格制度建设为北梁支行团队打拼市场夯实了后劲儿。

但最难烧的，还是要属业务上的那把火——存款业务量上不去、贷款业务拓展不开。面对困难，面对行里交给自己的担子，杨晓琴倍感焦虑。该怎么办？最为艰难的时候，杨晓琴甚至在无人的时候哭过鼻子，但无论如何，"放弃"都不会是她的选择。

"大账不进，就先算小账、细账。"杨晓琴一方面四处找渠道拉存贷款业务，通过各种方法，动用各种人脉资源，稳住原有业绩、增加新业绩；一方面，以绩效为抓手，带着员工"算细账"、激发员工业务拓展的积极性——办一笔手机银行业务多少绩效、开通一个短信银行业务增加多少绩效……总之，"宁可碰了，也不误了"，就是要让员工的每一点努力，都能见到实效，"哪怕十元钱的绩效，都不放过。"

"真的是感受到了'越来越好'的滋味。"在杨晓琴任职北梁支行行长的第一年年末，便有员工惊喜地发现，"付出的努力，果真能在业务上显现成效"。

在北梁支行的奋斗时光，转瞬即逝。两年间，经历了拆迁、学校倒闭、居民出村上楼等很多变动后，北梁，已经不是当初的那个北梁，而北梁支行也不再是当初的那个北梁支行了——到2015年末，即杨晓琴出任北梁支行行长的第二个年头，北梁支行不仅成功脱离了"后三把交椅"的窘境，实现存款量突破一亿元，而且成功地交出了墙上挂得泛旧的那面黄旗。但也就在那个时候，杨晓琴也接到调令，调离北梁支行，奔赴下一个更加需要自己"挑梁"的岗位。

后来的杨晓琴，从一线调回总部工作，又"外放"到中心支行担任行长，岗位在变化，情怀始终如初。亲历过包头农商银行曾经的不容易，见证了包头农商银行在大伙同心协力之下变得"越来越好"，杨晓琴的一腔热忱，全部化作了对本职工作的无限热爱。她坦言，"在农商行工作，是我人生中无意选择的一条路。但现在，她已经成了我一生为之坚守的事业。"

最初的选择，一生的坚守。在2016年决算之夜晚会上，杨晓琴带领新的团队精彩演出了小品剧《春天的故事》，讲述的，正是一代人的故事。

岳智的故事则唱响了一曲走进新时代的赞歌。

时隔两年多，岳智对自己到农商行的每一个细节都记忆犹新。一天，在包头当地银行工作的二嫂无意中看到了包头农商银行刊登在报纸上的招聘启事，立刻给岳智打去电话，告诉他："这家银行前景很好，把握机会。"当时，岳智并没有把二嫂的话当回事，也不相信这是一次真正意义上的公开选拔。是二嫂催着，才把简历发了过去。

真正让岳智开始重视这次招聘的，是那套笔试题，"这套题出得有水平，我答得很认真，是最后一个交卷子的。"在内蒙古银行、汇丰银行、广发银行都工作过的岳智在拿到试卷的那一刻，立即察觉到了这套试题的分量，答完所有题目，岳智隐约觉得这应该不是一场"作秀式"的招聘。"难道这次农信社招聘要动真格的了？"

考试过后第三天就出了结果，在100多位应聘者中，岳智以笔试分数第一的成绩进入了面试环节。在抓阄决定面试顺序时，他竟然又抽到了第一个。岳智一走进面试考场，坐在最中间的一个人笑着说："笔试考了第一，面试也是第一个，看来你要当定第一啦！"后来他才知道，这个人就是包头农商银行董事长陈云翔。面试后不久，岳智接到电话通知，他被录用了。但结果并非如他所愿，任命他为一家支行副行长。"来这儿，就是要大干一场的，说了不算，我可不来。"岳智说。显然，一个副职对他并不具有吸引力。

岳智后来回忆起他和陈云翔的第一次谈话，更像是一场谈判，"副行长我不干，你给我一张白纸，让我画！"岳智希望陈云翔能给他一片独立的天空，他就是冲着支行行长来的。

沉思许久后，陈云翔说："好，给你！"

一纸任命下来，岳智任新都市区支行副行长（主持工作）。

"主持工作"四个字意味着他能"说了算！"。虽然岳智想独当一面的愿望实现了，可这是一个新设立的小支行，网点面积小、员工数量少、周边居民和企业少，是一家出于长远战略考虑而设立的支行，短期内业绩很难有大的突破，很快岳智就发现自己空有一身的力气却施展不开。

转眼到了9月底，陈云翔决定利用国庆节七天放假时间带队"西行取经"。走访内蒙古西部地区几家绩效考核做得好的兄弟行社，回来形成考察分析报告，研究下一步包头农商银行的绩效考核改革方案。经人力资源部推荐，岳智成为这次"西行取经"行程的一员，主要负责会议记录和考察报告素材的汇集整理工作。

据时任人力资源部总经理张莉回忆，那次参加考察活动的几个人都是总行高管，唯有岳智是初来乍到的小伙子，之所以推荐他，是因为"这孩子见多识广，功底好，有思想。"

一路上的学习、考察、沟通，让岳智对农商银行有了全新的了解、对下一步工作有了更清楚的认识，也让陈云翔对他有了更深入的了解。考察回来的一个月后，2014年11月15日，他被任命为钢铁大街支行副行长（主持工作）。至此，岳智知道，除了全力以赴，没有其他选择。

"海阔凭鱼跃"。新的岗位让他如鱼得水。很快，钢铁大街支行各项指标发生了突飞猛进的变化，支行人均工资是全行平均工资的四倍。

"什么都是成本，就连喝水都是成本，只有营销是利润。"这是岳智常挂在嘴边上的一句话。他把很多全新的营销理念带到了包头农商银行。紧接着，陈云翔把大客户部组建运营的工作交给了岳智。

总行大客户部的搭建是陈云翔一直酝酿的一项工作，有员工开玩笑说，"我们之前根本不知道什么是大客户部，搞不明白这样一个部门是做什么的？"但陈云翔的思路很清晰，在三级组织构架下，把小微客户的营销不断前移，逐渐上收3000万元以上的大客户，针对这些大客户开展个性化的营销与维护，大客户部采取事业部制，重点做好职能把控、整章建制、定任务出方案、集权式运营风险较大的业务，开展集中营销，在此基础上，深层挖掘私人银行、财富管理等附加值高的新型业务。

之后，岳智也俨然成为农商行的"老人"。因为，大客户二部也已经组建起来，二部的总经理是1988年出生的小伙子郭炜龙，思路新，能力强，各项业绩做得很好。这让岳智感到了竞争的"恐惧"，但他很享受这种感觉。再之后岳智也调换了不少岗位，但农商行的精神已经深深地注入他的体内，无论岗位咋变，那份精神一直流淌。

陈云翔董事长很幽默，讲话爱打比喻句，常常把深奥的道理用最简单的方式表现得淋漓尽致。他把农商行新老人员互相融合、互相竞争，比喻为"苹果梨"现象。苹果和梨是两个物种，都是好东西。经过嫁接整合，成为新的品种。而这，正是他想要的，于雷同中寻求差异，于差异中寻求升华。

在他看来，相比于各项指标的全面优化，人力资源的优化更具根本性和长远性。因为只要"有人"，过去想做却做不了、做不好的事情，就随时可以派人顶上去。

确实，有了人，一切都好办！

# 精品银行

在《包头农商银行时报》的一期报纸上，署名为"塞翁"的同志，写下了一首词。

### 浪淘沙·张居正

抚卷叹居正，万历中兴。一条鞭法总其成。

后生也曾多治隆，萧规曹承。

为官不谙情，原本天真。谋国误了自家身。

可惜明月难再圆，不怨崇祯。

在包头农商银行的转型实践中，也在积极推动自己的"一条鞭法"落地，以此为"纲举"，带动各项管理工作"目张"。所不同的是，他们不仅不让做事的人受冤屈，还要激励大家在管理的大道上阔步前行。

这就是荣获国家级荣誉的包头农商银行绩效考核办法，其主导思想就是打破"大锅饭"、刺破"安逸细胞"，目标是不留空白、全力以赴。

考核的方式主要是将总行的绩效与基层、全行业绩挂钩，考核的内容主要是模拟利润，以此引导全行上下一盘棋和支行精细化管理的意识和能力，改变过去不计代价地要人、要资产等习惯。考核的对象除了对支行外，很大一部分指标要直接对应到员工本人，借助绩效考核系统，让员工清楚地知道自己的任务有哪些，有多少，完成了多少，对应的工资是多少。工资的构成不断减少固定部分，更多地增加浮动部分，只要任务完成得好，就可以拿高工资，员工也可以拿到高管的工资。反之，完成不了任务就只能拿很少的固定工资，逐步拉大员工之间的收入差距，充分体现"效率优先、兼顾公平"的商业银行分配原则，激发大家完成任务的积极性和主动性。同时，对于干部选拔、评先评优等，没有完成任务的人员，全部取消资格。机关部门之间也试行差别化薪酬分配制度，前台部门根据业绩确定薪酬，上不封顶，收入靠自己的业绩"挣"。中后台部门也要与履职情况、任务完成情况紧密挂钩，部门负责人的薪酬要与部门人员任务完成情况挂起钩来，带动机关工作人员为全员完成任务作出表率。

包头农商银行奉行"好孩子是夸奖出来的"，因此，绩效考核的主体脉络是重奖轻罚，以正向激励为主。以此作为指挥棒，全行管理呈现出独特的魅力。

"运筹帷幄，决胜千里"。运营管理是一家银行"内功"的真正体现。包头农商银行严格按照人民银行、监管部门的要求执行，加强支付结算、远程授权、事后监督、反假币、反洗钱等业务培训，理顺工作流程，加快工作节奏，确保运营高效。总行在远程授权中心的基础上，加载事后监督功能，减少基层工作量，提高柜面业务风险防控能力。各部门、各支行上下通气，协力配合，推动形成前中后台联动、一级支行、二级支行联动的"双联动"运作模式，形成内部合力和竞争拳头。

"向财务要利润"，包头农商银行也在积极探索，不断加强财务管理的科学性和实效性，更加突出地体现出对业务发展的促进作用。还尝试开展了内部转移定价机制，更加科学地对各类资源进行计价，更加合理地评价每一项业务的收益与成本，促使粗放经营方式向精打细算转变。包头农商银行将更多的财务资源配比向一线倾斜，为他们的"作战"提供充足的"弹药"。还为支行处理账务提供规范和高效的通道，并加强对一级支行财务管理的指导，让他们把更多的精力投入业务拓展当中。

农商银行服务的客群特征，决定了风险要高于其他同行，但这不是借口。包头农商银行特别注重风险管理的全面性和创新性，"大风险"管理的格局正在形成。总行将风险部门的职能由过去的主要以信贷风险管控为主逐步向全面风险管理转变，结合实施资本管理办法的契机，全面、系统地规划风险管理体系和相关指标，并全力推动落实，以此为抓手，带动全行的各类风险的科学管控。包头农商银行结合利率市场化的实际，重点加强流动性风险的测试，突出关注各类票据、声誉风险，包括其他行社产生的风险的负面传导作用。包头农商银行深刻认识到，不良贷款是制约发展的主要障碍之一，下大力气开展"风暴行动"，通过大力度的奖励、强有力的责任追究和综合运用盘活、诉讼等清非"组合拳"，保证不良贷款科学监测和积极化解。仅2018年，就提取五分之一的收入作为拨备，给不良"上保险"。树立"安全无小事"的理念，借助内蒙古自治区农村信用社联合社将包头农商银行确定为安全保卫联系点的契机，进一步堵塞漏洞，加强实战演练，实现安全无死角、无主观因素导致的风险，确保了全行人员安全和财产安全。

当全国上下都在谋求转型发展的时候，包头农商银行以打造"精品银行"为目标，立足自身实际，在内部管理上寻求突破。可以看出，这些突破，有些只是在"补课"，有些确实独具特色，也有的才刚刚开始。但是，犹如潜龙在渊，包头农商银行通过不断的管理积淀，像一轮新生的太阳，正在带着新鲜的朝气和耀眼的光芒，冉冉升起！

# 衣食父母

在陈云翔董事长的倡导下，包头农商银行曾经搞过一个主题为"客户是衣食父母"的大学习、大讨论，要求以支行为单位集中讨论，每一名员工都要上交一份学习体会。最终，大家的思想趋于一致：没有客户哪来的农商行，没有农商行，哪来的好日子。虽然是一个小小的活动，但对于每名员工来说，却是一次大大的冲击。因为过去都是"人求我"，高高在上，现在才从心里明白，应当是"我求人"，否则谁来"养活"自己。

想清楚不代表就能做得到、做得好，还需要有效的措施去推动，概括起来说，就是一奖一罚，有奖有罚。

奖的方面，建立流动红旗竞赛长效机制，凡是做得好的支行，每月都会获得一面红旗，所在网点的员工都会在绩效上给予奖励。对于个人，不仅要按月通报，给予经济奖励，还会根据连续获奖情况作为全年先进个人评选的硬性指标，而全年先进个人会在职务晋升、工资档次调升、年休假延长等方面给予特殊照顾。

罚的方面，加强日常巡查力度，实行神秘人检查制度，与有关人员签订保密合作合同，聘请有关人员不定期到前台办理业务，记录和反馈有关人员的工作情况。如发现有问题的员工，不仅要进行经济处罚、全行通报，还会取消评先、职务晋升等资格。不仅处罚个人，还要"连坐"，连带处罚所在支行的主要负责人，让其承担连带责任。

处罚无疑不是目的，目的就是要促进大家提升服务质量。在包头农商银行，人情味儿很足，陈云翔董事长也一贯倡导人情管理，但唯独在服务上不含糊、不讲情面。他常常跟大家讲，客户能来包头农商银行办理业务，前期广告投放不少，有关营销费时耗力，结果客户进得了门，却没有留住客户，甚至寒了人家的心，这种过失怎么处罚都不为过。

当然，要想让大家在服务方面上台阶，还需要树立一些标杆，这样才能形成向先进学习、向标杆看齐的氛围。为此，包头农商银行大力开展文明规范服务创建活动，以期以创建带动服务水平的提升。在这一过程中，涌现出了一大批先进的支行和服务明星。

荣获"全国千佳"的东河支行就创新性地推行了"五心"服务法。

第一颗"心"是细心。作为农商行的新建支行，环境装修、设备配置，都是最好最全的，可以说，硬件绝对过硬，不输给任何一家银行。可是，光有这些是不行的。就像一个家庭，房屋的面积并不能够代表幸福指数。为此，该支行曾经无数次模拟客户，体会他们的感受，走进营业区眼睛会关注哪里，办理业务时最需要得到哪些帮助，擦鞋机放在哪里会更方便，从中找出遗漏，极力弥补。还通过多种方式征求客户的意见建议，尽量采纳，力争让每一个人的诉求得到满足。比如在等候区，设置了钢琴弹奏，将客户的等待时间变成欣赏和享受过程，感觉不到等待时间的漫长。可能仅仅是个细节的改变，就会解决服务中的大问题。

第二颗"心"是贴心。客户走进营业室第一个见到的人，就是大堂经理。大堂经理的形象往往代表了客户对农商行的印象。在香港的银行服务中，非常重视对客户的读心术。该支行也让大堂经理对客户做到"望闻问切"，读懂客户的心。如果把客户办理业务比作一次旅行，那么，大堂经理就是这次旅行的导游，要妥善安排他的迎来送往。当客户多的时候，安保人员、其他工作人员也会临时充当一下"导游"的角色。总之，让客户感受到，办理业务不是"一个人的旅行"，而是有人全程陪护，有人悉心照顾，是一段温馨的体验之旅。

第三颗"心"是尽心。俗话说，台上十分钟，台下三年功。该支行员工所追求的，是用工作时间外的付出，换来工作时间内的服务质量提升。他们坚持每日晨会制度，每天比别人早到半小时；坚持每月业务培训制度，让每一名员工熟悉日常业务种类，熟记每笔业务代码，熟记复杂业务流程。正常需要5分钟办理完的业务，力争3分钟办理完。虽然仍会有客户误解的时候，但不求多少回报，但求无愧于心。对于客户的误解事件和投诉事宜，格外地认真对待，建立了服务问题分析会制度，一件一件地梳理，一个环节一个环节地补漏，找出原因，确定对策，反复演练，争取不再犯同样的错误。

第四颗"心"是真心。人们常说"真心可以感动天地"。在做好日常服务工作的基础上，该支行还组织员工走出营业室，开展一些延伸服务，比如到商贸区、菜市场开展金融知识宣传活动、残损币兑换活动。通过长时间的服务熏陶，大家已经自觉不自觉地养成了助人为乐的良好品格。有一年国庆节前一天快下班的时候，一个学生着急过来办理挂失业务，由于银行卡和身份证都已经丢失，暂时只能做电话口头挂失业务。办理后大堂经理随口问了一句，"是不是没钱回家了？"学生不好意思地说："没事，和别人借吧。""这么晚了，同学都放学回家了，我们借给你，你先回家。"学生先是一愣，后开心地说"谢谢，一开学我就还你。"这样的事情虽然不可能天天遇见，但做好一件，就可以维系一个忠诚的客户。只要用一颗真心对人，就没有留不住的客户。

第五颗"心"是感恩的心。该支行提出和落实了"感动服务""家人文化"的理念。感恩客户，因为他们是衣食父母；感谢那些提出意见，甚至投诉的客户，是他们指出了工作中的不足；感激所在区政府授予的"文明示范窗口"荣誉称号，包头银行业协会授予的"文明规范服务示范单位"荣誉称号，市政府授予的"文明示范窗口"荣誉称号，这些荣誉既是认可，更是动力，激励着他们更好地做好今后的工作；而他们更为感谢的，是包头农商银行给他们搭建的体现人生价值的舞台。

机构如此，个人也很努力。王婷是包头农商银行的一名普通的柜员，被评为2015年文明规范服务标兵，她在介绍先进事迹的时候讲道：

置身于三尺柜台前，我常想，我的价值在哪里？我们不能像医生那样救死扶伤，不能像警察那样保护人民，更不能像科学家那样使人类进步。但我们可以把平凡的事情做到不平凡，把简单的事情做到不简单。有一次，一对夫妇拿着一个账号要汇款3900元，在办理业务时，从两人的交流中，我听出是要汇一笔领奖公证费。我当即停下了手中的业务，积极了解情况、与他们交流和分析。后续过程很复杂，但在我的多方联系和努力下，最终证实这是一起以网购为名、有实实在在的产品、在114注册了电话，设计非常完善的骗局。这样的例子不可能天天遇见，但是，只要多一份留心，多一点责任心，就可以做到不平凡、不简单。

当前，中国银行业的服务领先时代已经到来，银行业的竞争，是一场柜员综合素质的对抗赛。作为一名柜员，我们至少要有两种意识，一种意识是大局意识。古人讲"位卑未敢忘忧国"，我们也必须时刻关注家事国事天下事。我们刚刚改制成农商行，工作千头万绪，领导工作繁忙，支行行长为了完成任务使出了浑身解数。相比于他们，我们这点付出，又算得了什么？带着这样的思维去工作，使命感油然而生，感觉一切付出都是值得的。另一种意识是客户意识。我常常想，客户为什么选择我们而不是其他银行？站在客户的角度去想问题，去看问题，学会换位思考和感恩，尤其是当我们遇到某些客户的强词夺理，无理谩骂，甚至在营业厅大吵大闹等令人不解的举动时，如果能尝试以客户的角度来想想：或许是因为他们不了解银行的业务，或许是咨询业务时遭到了工作人员不耐烦的回答，或许是排队等候的时间过长，或许是遇上了什么不开心的事……此时此刻，我们就会明白凡事都是有因有果的。只要我们设身处地为客户想想，试着体谅一下他们的处境，当他们感受到我们的真诚时，误会和怒气自然就会烟消云散。

在我五年的柜面服务从业生涯中，刁蛮的客户也没少遇到，也曾哭过，怨过，但我一直相信，"人之初，性本善"。只要拿真心与客户相处，就一定也会赢得客户的理解，也能换回客户的关心。我有一个客户，她就像亲姐姐一样爱护我，原因就是我们刚上网银时，她办理了，说实话当时我的业务也不精，被问得很尴尬，但只要她问我，我不懂就马上问别人，并且不管怎么麻烦我都会替她想办法，她也形成了一种习惯，只要有银行方面的疑问，第一个就给我打电话，即使办理其他银行的业务也问我。现在，她把存款转到了我们行，我相信，这就是人心换人心的力量。其实我们的客户很可爱，只要你和他们交流时用心就可以了，我经常会在给客户跨行汇款结束后顺便帮他们查对方银行卡是否到账，客户都会说这姑娘服务很到位，我还会在付款的时候把每一张破币都挑出来，我还会在给客户递卡时把卡插在卡套里，等等，就是这些细节，赢得了客户的赞许。

以点带面，以标杆做榜样，包头农商银行各个支行和每一个人纷纷行动起来，各自根据自身实际，推出形式多样、贴近客户需求的服务。昆都仑支行利用科技手段的优势，为客户免费打印微信照片；巴彦塔拉大街支行在农民分占地款的时候，将办公场所安排在村委会。这样的事例还有很多。这些看似微不足道的改变，却让客户从心里产生好感，对包头农商银行的认识从陌生到熟知、从新面孔变成了老朋友。

# 服务无极限

让客户有良好的金融服务体验，仅仅是包头农商银行抓服务工作的初级阶段。更高一级的，是为客户创造价值，实现银行与客户的"双赢"。

怎样才能为客户创造价值，这是一个新的命题。包头农商银行用行动给出了答案。

资金增值一定是客户需要的。为此，他们推出了丰盈定期储蓄产品+麻利贷·质押贷和乐赢理财产品+麻利贷·质押贷两种服务手段，既可以让客户的资金享受高收益、高回报，又可以满足客户临时周转资金的需求。

让自己的不动资产创造价值，好多客户没有想到。包头农商银行为他们想到了。包头农商银行推出的麻利贷·抵押贷，给客户的房产、底商、土地等不动产一次授信，五年内资金就"趴"在客户的账上，相当于客户存了一笔钱。客户只要看中商机，随时可以取用，获利之后随时可以归还。包头农商银行也会为客户推荐一些好的投资渠道，让客户不动产升值和资金投资获利"两不误"。

这源于他们整合各方资源的能力。他们还与大剧院等机构形成长期良性合作关系，客户持包头农商银行的各类银行卡即可在"衣食住行娱"等生活场景享受诸多优惠，而且倍儿有面子。

有好的想法、好的举措，还需要有"好"的人去落实。包头农商银行倡导员工结合本职工作，利用业余时间，参加国家统一的相关资格考试，提升"知本力"。学以致用，急用先学，不做"上知天文下知地理"的"博士"，只做精通相关专业知识的"专家"。

曾在青山中心支行营业部大堂经理岗位工作的杨巧，二十多岁，和包头农商银行其他员工一样，善于学习。因为年轻，聪明好学，知识丰富，客户亲切地称她"巧姑娘"，荣获内蒙古自治区农信系统文明规范服务"明星大堂经理"称号。短短几年，杨巧利用业余时间刻苦学习相关专业知识并参加国家统一的资格考试，已经拿到了与本职工作密切相关的经济师、会计师、理财规划师、EXCEL工程师、银行从业、会计从业、保险从业、证券从业、英语六级证等专业证书。她正在备考AFP，并计划"拿下高级会计师证"。学以致用，"考证"不是目的，目的是在学习过程中掌握知识，以便在工作中更好地为客户答疑解难。

她很快成为包头农商银行"服务标兵"。在工作和学习中悟出一个道理：做好服务，光有热情是不够的，必须掌握丰富的专业知识。有些专业知识可能跟本职工作没有直接关系，但在日常工作中客户会问到很多与金融相关的专业问题，有了这些知识储备和相关资质，就能准确回答客户的问题，树立专业的职业形象，客户就会觉得你更专业，更信任你，从而形成良好的互动。因为拥有丰富的专业知识，杨巧拥有众多"粉丝客户"，无论日常存款、理财、电子银行业务，还是贷款、POS机等业务，客户都喜欢从她这里听到"更专业"的回答，甚至，有的客户买房子，也要专门跑过来从投资学的角度听听她的建议。慢慢地，越来越多的客户知道了：青山中心支行营业部有个叫杨巧的小姑娘，她精通银行业务，很专业。慢慢地，越来越多的同行知道了：包头农商银行员工竞相利用业余时间学习专业技能、考取专业资质，他们，很专业。慢慢地，越来越多的市民知道了：包头农商银行，很专业！

用心服务，自有回报

　　像这样为客户创造价值的服务，包头农商银行还有很多，还在积极尝试。应该说，在包头农商银行，为客户创造价值的服务没有尽头，会一直走下去。

## "双语服务"

　　语言是沟通的桥梁和纽带。包头农商银行从2016年开始，做了一项看似匪夷所思、实则意义重大的事情——全员推广普通话。

　　对于好多员工来说，这是一个简单却不好意思做到的举动。因为在包头当地，讲普通话与当地话的人差不多一半对一半，特别是包头农商银行服务的客户，很多是郊区和农村的客户，讲得多是当地话。

其实，在之前，包头农商银行就一直强调要讲普通话，在文明规范服务检查中，若是发现了不讲普通话，还要被罚款，并且取消本人及所在机构当年评优的资格。遗憾的是，这一规定没有得到有效贯彻，原因主要有两个，一个是员工自身的原因，大家已经习惯了这种讲话方式，用赵丽蓉老师的话说，就是"连说梦话都是这个味儿"；另一个是客户的原因，好多办理业务的客户特别是郊区农村客户，对说普通话的信用社员工不习惯，甚至还"挖苦""取笑"。

对此，包头农商银行从三个方面寻求突破。一是领导们带头，其他领导还好说，高峻岭行长生于、长于乌兰察布，他的乡音最重，也最难改，但是他坚持说，有时候自己说着说着就笑了。二是开展普通话训练，从总行到支行，都建立了普通话训练微信群，大家利用茶余饭后的时间在上面读《党章》，念孩子们的课文，还定期进行朗诵大赛，评选优秀人员并给予小小的奖励。三是加强监督和考核，普通话现场检查不容易，只能查监控，靠互相监督，至少保证工作场所都讲普通话。从2017年开始，包头农商银行对员工的普通话标准评级。达不到标准的员工，取消上岗机会。

效果还是很好的，虽然大家讲的普通话大多不是很标准，但是能够坚持就是了不起的，也基本可以与各类不同语言的客户"无障碍"交流。语言是心里的表达，是思想的反映。普通话的强力推行，让员工的思想从农村到了城市，从农信社到了农商行，从田间地头到了高楼大厦，从习惯思维到了变化节奏。他们戏称这是"双语服务"，既讲普通话，又讲此地话，让不同客群都能有效沟通。

强推普通话是包头农商银行全面转型的一个缩影，它折射出包头农商银行正在从思想深处发生着变化。广大员工正在从小富即安向居安思危转变。过去十年左右的时间，银行业普遍经历一段高速增长的黄金期，包头农商银行的进步也很大，但也让大家养成了小富即安、养尊处优的思维定式。在当时形势下，这种习惯已经不能适应竞争的需要，也成为发展路上的思想桎梏。大家都意识到，包头农商银行在进步，别的银行更在进步。现在的情况是，大家都在跑步前进，原地踏步就是倒退，跑得慢了也是倒退。每一个人都从心里意识到危机的来临，都不再自我感觉良好，而是有了忧患意识，能居安思危，并振作精神。

员工与客户的关系也在发生着微妙的变化。从过去的帮助客户的思维定式向互助发展的重新定位转变。过去，银行一说服务和贷款，经常会用到"支持"、"帮助"等词汇，这本身就包含着一些接济的色彩、强者的气场和官僚的思想。市场经济条件下，客户与银行是合作的关系，地位是平等的，不存在谁帮谁的问题，而是互利共赢的合作。每一个员工正在重新认识到这一点，并在临柜服务、信贷投放等工作中摆正自己的位置，匡正自己的做法，从心里想与客户交朋友，从行动上为客户创造价值。正在按照陈云翔董事长经常讲的朴素道理去做：与客户打交道说难也难，说简单也简单，只要能够从对方的角度去看待问题，换位思考，就一定可以做好。

农商行干部的思考方式变化更大，从传统思考模式向互联网思维转变。干部在微信群里互相吹捧的话少了，取而代之的是分享各种思想性、实用性的文章，大家求知若渴，彼此分享，互相激励，都在想着怎么更好地做好工作，服务好客户，让人感觉生气十足。

# 消保悖论

银行业的消费者保护有其特殊性，它既有普通消费者的共性特点，又有金融消费者的独特特点，其权益保护既受《消费者权益保护法》的保护，也受金融监管机构监管文件的保护，是双重保护。据不完全统计，银行消费者至少受六部法律法规的约束。

包头农商银行坚持以客户为中心的经营理念，将客户视为衣食父母。这不是一句空话，更不是违心的话，而是用实际行动去践行的核心理念。如何做好？在决策者们看来，权益保护是底线，如果连这条都做不到，奢谈优质服务和"为客户创造价值"。但现实的困境是，若干普通消费者在面对强大的银行机构时，常常处于信息不对称、能力不对等的弱势地位。银行是靠声誉吃饭的行当，家丑不可外扬。消费者是单个个体，一些诉求是好"变通"的。让"狼"保护"羊"。如何解决这一悖论，包头农商银行的做法是，用机制"让家丑外扬"。

2018年，一份议案提上了董事会议程——《关于增设董事会消费者保护委员会及董事会消费者保护委员会议事规则的议案》。这份议案可以说是包头农商银行这些年来在消费者保护方面的集大成者，详细地阐述了包头农商银行消费者保护的理念、方式和执行路径。由此为发端，从上至下，罗织出一张纲举目张、周密审慎的消费者保护工作网络，从消保工作组织体系到工作制度，再到工作职责，从消保计划到宣传培训、组织实施，再到考核评价，一环扣一环，一棒接一棒，让消保工作严丝合缝，不留死角。

消保悖论之解的关键在银行，银行的关键在每个员工。消保培训成为每年全员培训的"必修课程"，不仅要培训，还要测试。不过关的，还要复训。培训后还要加强在岗位上的运营能力检测。不仅要培训、检测，每年还必须至少开展一次消保专项审计，及时发现不足，及时跟进改进。"上医治未病"。在提升员工消保意识和能力的同时，公众的自我保护也需要加强。仅2018年，包头农商银行就组织了"3·15金融消费权益日"宣传活动、"普及金融知识，守住'钱袋子'"主题宣传活动、"金融知识万里行"宣传活动、"金融安全"健步行活动、金融知识宣传月活动、"月月3·15"宣传教育活动等多场大型金融知识普及活动，直接受益人群数万人。而对于客户的投诉，则是"零容忍"。仅以2018年为例，共接投诉电话122起，其中，内蒙古自治区农信联社96688热线工单投诉48起、贷款短信错发33起、第三方支付12起、本行电话投诉10起、来行投诉8起、监管机构下发投诉11起。每起都安排专人跟进，弄清原委，责任到人，让客户满意率达到100%。

消费者权益保护工作的执行者，是来自包商银行的张露。此女讲话文静淡雅，行事却是雷厉风行。虽来行时间不长，却业绩斐然，被广泛认可。她的这种风格，或是包头农商银行消费者权益保护工作的最好诠释。

# 第六章

# 志同道合

　　"一个好汉三个帮。"如果把陈云翔董事长比作"好汉",那么,他的三个帮手就是党委成员、纪检人员和董事会成员。党委成员帮助他抓好"三重一大"等事项,发挥党委牵头抓总、协调各方的政治核心作用;纪检人员帮助他打造干事创业、风清气正的工作氛围;董事会成员帮助他经营有方,加速发展。"天下事常出于人意料之外,志同道合,便能引其类。"他们志向相同,道路一致,共同努力奔跑,成为并肩前行的"追梦人"。

## 沉甸甸的答卷

2014年2月18日，内蒙古自治区农村信用社联合社党委印发了关于陈云翔等同志任职的通知，决定由陈云翔、张玉莲、孙玉国、史永华、高峻岭、亢彪、苏连忠组成新一届党委班子，陈云翔任党委书记。这一纸任命，上级党委一定煞费苦心，考虑了多方面的因素。这里面，有老

"一个好汉多个帮"

班底，有新面孔；有老同志，也有年轻人；有来自主管机构的代表，也有来自监管部门的干部；当然，有男性，也有女性。这些人，可以说个个身怀"绝技"，各有所长，可以优势互补。看得出，上级党委对这个"难产"的包头农商银行充满了美好的期待。

党委书记陈云翔一心扑在工作上，他思路清晰，眼光敏锐，作风正派，坚持原则。三年前，意气风发的"大帅哥"，现在头发白了许多，皱纹多了许多，这，都是承担这份职责所留下的痕迹。

在一期行报上，一名员工发表了一篇名为《举手之劳》的小文章，故事很小，寓意很深，从一个不同的角度，反映出大家眼中的领导，以及这家银行的企业文化，所以，摘录如下。

那天，会开得很晚。结束的时候，大概是晚上八点多，同事们都已经下班了。匆匆回到办公室，简单收拾一下，就赶着去坐电梯。在电梯门快要合上的时候，董事长也过来了。我赶忙将电梯按键摁住，等着他上电梯。就在这个时候，他走到了两侧的楼道边，将楼道灯全关了，才上了电梯。

应该说，这是一件非常小的小事，也是每个人举手就能做的事。你我也都经常这么做，可能有时候会忘了、忽略了。但是，我却倍感惭愧。因为作为行里面的一份子，没有真正"视行如家"，也因为这是作为下属应该考虑的、应该做的事，让领导"代劳"了。假如，这是自己的家。出门的时候，休息的时候，我会不关心电器是否开着吗？会开着也视而不见吗？假如是我的父母，当他们已经劳累了一天，我还忍心让他们为一些小事而操心和帮着做吗？我就不应该为这个家做一些力所能及的事情吗？也许，我会给自己圆场，有值班的人员，这是他们的事情。也许，我会给自己解脱，这么点小事，不必那么较真吧。可是，心里的感受自己最清楚，骗得了别人，哄不了自己。

同时，我也倍感庆幸，因为我感受到了正能量，更看到了希望。外部环境复杂多变，让我们的生存发展空间越来越小，日子越来越举步维艰。在办公室干了10年，亲历了各种会议。想想过去，我们开会，常常发愁怎样找些名头给大家多发点钱。没办法，卖方市场，存贷利差，我们"躺"着就把钱挣了，就那么"任性"。现在，一切都提速了，成了"三年河东三年河西"。我们要想办法多渠道创收，要想办法要回别人欠的钱，更要想办法"省钱"。无数的商业实践证明，企业家往往决定着企业的命运。好在我们有一个好的领路人，他没有赶上好时候，但我们却在现在遇见了他。他用自己宽广的胸怀，包容了我们的缺点，我们有时候反而觉得他魄力不足，他自己身体力行，让我们自己去看、去悟好些事情，我们有时候反而觉得他大包大揽；他用自己的委曲求全，成就了别人，委屈了自己。"与善人居，如入芝兰之室"。这是我的荣幸，也是农商行的荣幸。

落笔至此，总感觉意犹未尽，索性再多啰唆两句。我不想恭维任何人，只是想把心中所想、眼中所见真实地表达出来，并倡导大家积极行动起来，从小事做起，从自身做起，从现在做起，为行里尽一份心，出一份力。也许多一份问候，就可能争取一位客户；也许多跑一趟，就可能挽回一些损失；也许只是一些习惯的改变，就可能避免一些不必要的浪费。"桃李不言，下自成蹊"。有这种榜样力量的带动，我会改变，你一定会响应，我们这个大家庭的生活也一定会过得红红火火。

各个班子成员又何曾不是如此呢？孙玉国，一个敦敦实实的汉子，从行长到监事长，一路走来，乐乐呵呵的笑容背后，饱含着无数不为人知的付出。仅仅是为了带头推广普通话，每天工作之余要对着孩子的注音课本反复练习。史永华，身为分管财务等重要职能部门的副行长，是一个干工作不要命的"主儿"，常常加班加点，员工背后称其为"拼命三娘"。因为工作勤勉尽责、业绩突出，被上级党委破格任命为一家旗县联社的"掌门人"。原副行长高峻岭，人如其名，大气磅礴，曾在一段时间还兼任董事会秘书，每有急难险重任务，他都勇挑重担。由于工作出色，他被任命为党委副书记、行长。像这样从副职中同时提拔两名同志为正职的情形，在系统内也不多见，这充分说明上级党委对包头农商银行工作的认可。亢彪，分管业务的副行长，是党委领导班子里的"老大哥"，务实，勤劳，尽干实事，给大家带的绝对是好头。苏连忠副行长年轻有为，大机关"下"来的干部，看问题、做决策，有套路，讲规矩，推动班子建设向着更加规范的方向前进。刘彩云副行长是班子里的唯一女性，也是唯一的非党员，同时兼任董事会秘书。她放着优雅舒适的生活不过，从呼和浩特赶到包头从事农商行事业。为此，她丈夫心里不舒服，家里富裕，不缺那点钱，你又是厅一级的干部，为什么去一家小银行。刘行长的回答很简单，我要帮帮陈云翔。新来的副行长高露，从政府金融主管单位过来，人脉广，资源多，善整合，没有官僚做派，经营能力和干劲儿十足，是班子里唯一的"80后"，让班子更加有了生气。

2017年，包头农商银行党委进行换届，基本组成人员维持稳定。其间，个别干部进行适当调整，但党委合力未减反增。党委副书记、纪委书记刘俊义从其他联社党委书记、理事长岗位调整过来，干过"一把手"的领导就是不一样，看待事物和行事风格确实高人一筹。在他的领导下，包头农商银行的党建工作，特别是纪委工作更加规范，全行风清气正、干事创业的氛围越来越好。

时间在一天天地行走，他们干得怎么样？是上级党委密切关注和重点想知道的。经营数据的优化，员工精神面貌的变化和来自各方的肯定，或许已经给出了答案。从党的群众路线教育实践活动、"三严三实"、"两学一做"教育活动的开展，到业务经营上的艰辛付出，不断跃进。他们没有闲的时候，更不辱使命。

# "最大的政绩"

我们党将根本宗旨确立为"为人民服务"，这是因为我们党依靠群众赢得了政权，并经过革命和建设年代的洗礼，党与群众已经成为了你中有我、我中有你的不可分离的共同体。可以说，我们党就是人民利益的代言人，人民群众就是我们党的立身之本。包头农商银行党委作为党的一级组织，只有优先抓好自身建设，才能更好地为群众办好事实事，也才能赢得群众的信赖和支持。为此，他们积极探索，渐渐形成了党建工作的"五化"模式。

党建工作职责明确化。职责不明，边界不清，是党建工作中存在的首要问题。习近平总书记在党的群众路线教育实践活动总结大会上要求，"各级各部门党委必须树立正确的政绩观，把抓好党建作为最大的政绩"，"对各级各部门党组织负责人特别是党委书记的考核，首先要看党建的实效，考核其他党员领导干部也要加大这方面的权重"。按照这一讲话精神，结合法人治理实际，包头农商银行积极探索党务和业务有机结合、互相促进的方式方法，将这两块工作一同部署、一同指导、一同监督、一同考核，实现了两手抓，两手都很硬。他们还试行了党支部包片工作制度，党委书记对全行党建工作负总责，党委书记和纪委书记"包"党支部，党建工作抓得不明显、出不了成绩，两位书记负主要责任。经营层和支行党支部书记履行"一岗双责"，既抓业务经营，又抓党建职责，逐步形成总行党委部署党建工作、董事会议定经营策略，经营层和支行行长一并落实的"双线并一线"工作局面。

党建管理科学化。党建管理中存在一个普遍现象，就是比较宽泛，不成系统。产生这一现象的症结在于党建工作难以量化，不便考核。看到了病症，包头农商银行开出了"对症之药"——实行党建目标管理和量化考核办法，将党建工作的所有职责细化为考核项目，对应考核项目建章立制，编制党建工作手册，提供执行依据，并确立分值，每年年中、年末组织两次检查和打分，依据打分结果反映党支部工作情况。配套这个办法，还建立了党支部分级动态管理制度。评为一级的支部，直接入选每年七一表彰的先进党支部，并推荐参加全区农信社先进基层党组织评选，给予一次性奖励。二级、三级支部不予奖励，三级支部还要给予全行通报批评。这样，就形成了一个从党建职责到工作项目，到考核分值，到考评结果，再到奖惩措施的管理链条，比较规范、比较全面，也比较清晰，使党建管理"管有所指"、"理有头绪"，更加科学。

党内政治生活正常化。习近平总书记提出的从严治党要求中，其中一项是要严肃党内政治生活，指出"党内生活是党组织教育管理党员和党员进行党性锻炼的主要平台，从严治党必须从党内政治生活严起"，并强调"有什么样的党内生活，就有什么样的党员、干部作风"。包头农商银行先从批评与自我批评入手，每年党委要组织专题民主生活会，基层党支部都要开组织生活会，让党员干部每隔一段时间对自己的思想、行为、工作作个"小结"。通过照镜子、正衣冠、洗洗澡、去去病等方式，达到防微杜渐的效果。

服务群众常态化。总行党委按照"上级服务基层、党建服务中心、党员服务群众"的基本思路，建立了党委服务党支部、服务群众的固定模式，实行归口管理，由党的专门部门承担党建工作协调和服务职能，受理和解决党支部及其所属党员、员工的困难。基层党支部切实发挥战斗堡垒作用，利用贴近群众、贴近实际的优势，及时发现问题，及时化解矛盾，为总行分忧，为群众解难。

党性教育，常抓不懈

基础保障规范化。包头农商银行党员群众比例大致为1:3，这个比例远远高于全国平均水平。要让他们发挥作用，就要做好保障工作。包头农商银行一手抓支部的设立，按照"成熟一个、发展一个"的原则，不断增加党支部数量，每个支行都设立了党总支或党支部，基本做到业务发展到哪里、党组织的战斗堡垒就延伸到哪里。另一手抓经费保障，建立了党建经费列支、管理、使用和监督配套细则，为开展党建工作，搭建了包括经费提取、考核评级奖励、评先奖励等多项经费来源的保障体系。

"五化"党建模式，让先进性和纯洁性深入每一名共产党员的思想深处、骨髓当中。而他们也不辱使命，像一面面红旗，飘扬在各个业务领域的上空，引领全员思想上升华、行动上对标。

# 监督的力量

张玉莲，曾任包头农商银行监事长、纪委书记、工会主席等职务。在农商行干了一辈子，因身体原因，提前申请退居二线。她是包头农商银行女同志学习的榜样，也是所有员工尊敬的"大姐"。无论用术业专攻，还是道德能力衡量，她都是屈指可数的好干部。在纪委书记任上，始终秉承"敢于监督是一种对事业、对同志的真正关爱"的理念，弘扬正气，消除歪风，为包头农商银行风清气正、干事创业的工作风气形成，立下了汗马功劳。

她在一次学习体会中写道：在我们的实际工作当中，考虑到班子的团结，考虑到业务的发展，纪检监督的好多职责没有真正"落地"，"一团和气"替代了民主监督，各有分工变成了"你好我好"。这种现象表面上看是"和谐"，实质上是一种不负责任，短期看是对同志的爱，长远看是害。她这样认识的，也就这样干。

"打铁还需自身硬"。她首先从自身做起，从抓纪委干部做起。她要求纪委的同志，监督别人，首先自己要立得住。不犯错误仅仅是个基础，更关键的是要不断地提升自身素质。只有你比别人更懂行，才能够把一些问题看得更透彻。俗话讲"魔高一尺，道高一丈"，就是这个道理。特别是从事金融行业的，每天都在与钱打交道，受诱惑、犯错误的概率比其他行业要高，而产品创新、业务更新的速度也非常快，这就需要紧跟甚至走在变革的前面，提前预判风险，提前把控风险点，提前制定应对措施，这样才能符合新时代的纪检工作要求。

**廉政教育，警钟长鸣**

在她的主抓下，包头农商银行切实落实"两个主体""一岗双责""三个第一责任人"等制度，彻底厘清这些制度的责任分工边界，并切实担负起职责范围内的责任。她说，是自己的责任，要毫不含糊，勇于担当，充分利用"独立"地位这个抓手，全面彰显监督价值。

她积极倡导"唱反调"。对于党委会议、班子会议等一些决策性的会议，她敢于针对存在的问题发表意见。对于一些同志，包括班子成员、关键岗位人员，重点关注，经常性地沟通，指出工作中的不足，做到早提醒、早制止，绝不能放任自流。通过这些措施，达到防患于未然，实现风险、腐败的提前预防。她说，这可能容易得罪人，但我必须忍辱负重，只有这样才能营造风清气正的工作氛围，只有这样才能避免一些同志的小错酿成大祸。

她还结合实际尝试创新做法。2015年，包头农商银行虽然下大力气清非，但仍然是不降反升。作为一名纪检干部，她认为，在监督的方式上应该转变传统观念，作出一些新的尝试。于是，她积极推行纪委巡查工作制度，一个主要的目的就是针对主要风险点，深入群众当中"明察"，介入清非流程"暗访"，力争找准症结所在，促进不良贷款等风险问题的化解。

2017年，刘俊义接过了包头农商银行纪检工作的"接力棒"。他感受到包头农商银行新的气息，"这里的风气很正，干事创业的氛围很好"，"同志们的精神状态很好，充满理想"，"班子很团结，融合度很好"。在看到以上好的一面的同时，也发现一些问题。比如在抓纪检工作方面，大多数人一直处于一种思想上、口头上重视，但行动上、举措上难以有效跟进的境地，可以形象地比喻为"头重脚轻"。通过深度调研，他把纪检工作存在的问题归结为"三不"问题。

第一个"不"是不深刻。党委、纪委一直通过中心组学习、专题学习等方式，学习、领会、传达和贯彻党中央、中纪委和上级党委、纪委的有关精神，大家对纪检工作的重要性是有足够重视度的，但是在领会精神实质方面还是有很大差距，也就是说认识不深刻，不到位。比如，在"两个主体责任"认识方面，党委、纪委就一定程度上存在着"仅仅认为党委落实主体责任，就是支持纪委工作"的问题，而不是领导与被领导的关系。归根到底，还是没有把"抓好党建是最大政绩"理解透彻、认识到位，没有把纪检工作提升到足够高的地位，还是没有从思想深处转换理念，在能力建设方面没有达到上级要求的高度。

第二个"不"是不系统。过去抓纪检工作，主要的做法还是条线思维、直线管理，存在就纪检抓纪检的问题，可以比喻为"只见树木不见森林"。总体表现为不成体系，没有最大化发挥作用。比如抓作风建设，重工作角度，轻生活角度。又比如落实党内监督，重纪委部门的专职监督，轻党委的全面监督，轻党的工作部门的职能监督，轻基层组织的日常监督，轻党员的民主监督。其原因是重视短期效益，忽略长远利益，重视经营指标，忽视党建工作，注重看得见的，轻视看不见的，简单地将纪检工作当成了少数人的事，一个部门的事，没有真正意义上树立"一盘棋"的思想。

第三个"不"是不规范。虽然也面向党员干部广泛开展思想教育，针对纪检干部认真抓队伍建设，开了不少会，搞了不少活动，但是，走过场的多，发挥实际效果的少，当时有作用的多，事后持续有影响的少。特别是在一些制度落实和监督的过程中，蜻蜓点水的多，深入落地的少，产生实际效果的更少。这些问题的背后，一方面有工作态度和作风的问题，另一个主要的原因，就在于对党的精神学习得不够，对党的要求理解得不透，对党的政策把控和驾驭得不好，对党的制度的落实能力和水平不高，导致实际工作操作不规范，实际效果体现不明显。

针对这些问题，他有的放矢地"三箭齐发"，并一以贯之，一抓到底。

第一支箭射向"思想"靶心。在过去党风廉政建设的基础上，突出抓思想教育，真正意义上实现风险前置。这方面的工作实现"两手抓"。一手抓党委领导班子的思想问题，将党风廉政建设的内容列为每次中心组学习的必修课，进一步提高党委成员的思想认识，并加强常规性、重点性的课题安排，保证常学常新、警钟长鸣。纪委书记加强与党委班子的日常交流，推动各个条线的重视和执行，特别是与党委书记加强沟通，促动其认识到"第一责任人"的职责，意识到"第一追究人"的后果。纪委书记作为这方面工作的执行人，进一步提高思想认识水平，摒弃"养老"思想，正视肩上职责，把履职提到保护同志、服务群众、维护农商行事业长远发展的高度来看待。另一手抓全员特别是广大党员干部的思想教育，要求各级组织定期组织政治学习，每次都要增加这方面的学习内容，实现常抓常新，抓早抓小。

第二支箭射向"纪检干部队伍"主体。纪检工作抓得好不好，关键看纪检干部的水平高不高。纪检培训成为工作常态，重点培训理论、政策层面的内容，重点讲给班子成员和中层干部听，提升大家的认识高度，转变大家的习惯思维。实操层面教纪检人员如何做，打造一支党性坚定、思想纯洁、执行力强的纪检队伍。还启动纪检干部宣讲团，把农信系统的警示案例，结合行里的工作实际，制作成课件，给干部员工定期搞集训，推动干部员工的纪检意识和能力同步提升。

第三支箭射向"纪检工作流程"。这几年，中纪委和上级党委、纪委已经按照"把权力关进制度的笼子"的要求，形成了成熟的纪检工作的各种精神、各类政策、各项制度，但包头农商银行的党建工作制度存在一定的滞后问题。包头农商银行首先从抓纪检制度体系的查遗补漏工作做起，先把制度的篱笆扎起来，扎紧扎好。在此基础上，形成常态、规范、高效的纪检工作流程。这个流程重点体现三个特点，一是抓重点，重点抓住"关键少数"，盯住"主责部门"和重点环节，把大的纪检监督空白填上；二是抓公开透明，便于操作，在形成震慑态势的同时，不因人事更替而影响工作的连贯性；三是抓执纪问责"四种形态"的"落地生根""开花结果"，真正让咬耳扯袖、红脸出汗成为常态，让党纪轻处分和组织处理成为大多数，从纪检角度督促大家增强纯洁性，防止小错酿成大祸，预防"少数""极少数"的产生。

现在，包头农商银行从上至下都设置了纪检监察部门和岗位，一个重点工作是处置客户的各类投诉，追根溯源，彻查有关人员；另一个重点是下沉工作重心，走入客户当中，明察暗访，从外部寻找自身需要改进的地方。通过这两个抓手，让监督这种爱的方式散发出幸福的味道。

# 学党史促发展

陈云翔董事长身兼党委书记，一直带头保持共产党员本色，即使在党建工作一度受到"忽视"的年月，他也"刻板"地坚定信仰，学习党史，践行党章，敦行不辍。也有个别人背后说他"搞形式""装样子"，冷嘲热讽，可他从不辩解，依然如故——因为他早就发现一个秘密：党史、党章中，隐藏着受用不尽的有关为人、处世、创业、成功的大智慧。

他享受这些智慧，并与同事特别是缺乏人生历练的年轻员工分享。在他的经营管理工作中，就有一个"传统项目"——党史课。

"党史课"是包头农商银行内部的说法，其实就是陈云翔书记主讲的党课，年年都要讲，关键时刻更要讲，并且，随着理论发现和实践探索的深入，常讲常新。他要把自己从党史、党章中悟出的要义，讲给同事们听，希望包头农商银行的所有员工树立起坚定的信仰、保持旺盛的斗志。

下面我们一起上一堂陈云翔2015年主讲的一堂党课。

首先是检讨。党建工作不能老谈成绩，我们党建工作的深度还是不

包头农商银行的党史课

够，存在蜻蜓点水、浅尝辄止的问题。党建工作的最终目的，是解决人的信仰和精神层面的问题，反映在工作上就是主动作为，体现在精神面貌上就是激情洋溢。但从实际情况看，还需要进一步深度挖掘。比如员工的归属感，虽然大家都能意识到依靠农商行生存和发展的道理，但还是存在价值体现不够、自愿奉献不足等问题。

　　紧接着，又从党史谈到包头农商银行当前面临的形势，并特别强调了"精气神"。习近平总书记说，中国革命历史是最好的营养剂。在建党初期，我们党连生存的空间都没有，更谈不上最后的胜利。但是，信仰和精神的力量是无限大的，意志的作用是不可限量的。在与敌人的对抗当中，我们党依靠心往一处想、劲往一处使的精神气概打败了对手。再看当前我行的实际，论规模、论技术、论队伍，我们与他行没有比较优势，靠什么在利率市场化的大浪淘沙中站稳脚跟？狭路相逢勇者胜，关键要有精气神。

在陈云翔眼里，作为当地金融业刚刚登台亮相的"小兄弟"，包头农商银行并不具备更多的天然优势，要想又好又快发展，必须基于信仰的力量和精神的鼓舞，激发出全体员工内心深处强大的"内动力"，而这信仰和精神，贯穿于党史之中。所以，他的"党史课"，常常从历史入手，提出观点，有所阐发，并将包头农商银行的实际工作融入其中。

——行大道

古人讲，"唯持大道者，方可图天下"。我们党从建党伊始，就确立了最终实现共产主义，消灭剥削，实现共同富裕。因此，共产党人认准了这个大道，就为之付出，为之牺牲，为之奋斗，无怨无悔。

包头农商银行的"大道"是什么？是服务。不管你身处哪个层级，从事什么岗位的工作，都是要为大众服务，都是一名客户经理，最终为我们党的奋斗目标作贡献。只有大家认准这个"道"，才不会迷失发展的方向，才能够端正自己的言行，才能够感知自身的职责。

——振精神

精神的力量是无穷大的。比如说，当年飞夺泸定桥的勇士们，如果不是凭着一股子强大的精神力量，怎能有这样的惊世壮举？这些英勇的战士，没有一个是为了钱、为了名、为了职位，但就是义无反顾地向前冲。是什么力量在激励着他们？是无穷的精神力量。所以，金一南教授在《苦难辉煌》中说，"物质不灭，宇宙不灭，唯一能与苍穹比阔的是精神"。

与飞夺泸定桥相比，我们的目标任务重吗？我们的经营工作难吗？还有什么任务是不可能完成的？只要大家都发挥出这样强大的精神力量，包头农商银行的未来，必定无限光明。

——敢作为

回顾党史，每一步都是在不断地创造历史。敢于作为、与时俱进是我们党的优良传统。从建党到革命，从革命再到建设新中国、改革开放，一直到现在，国情世情在变化，唯一不变的是这种传统。

回顾包头农商银行的昨天，当我们决定改制成立农商行的时候，好多人畏首畏尾，不敢踏出这一步。包头农商银行成立后，我们提出"八百工程"的目标，好多人又是疑虑重重。事后回头一看，包括资产、贷款等阶段性目标都实现了。因此，好多事情不在于难不难，而在于敢不敢去想、敢不敢去做。

——路线准

建党初期，我们党就像刚学走路的孩子，在摔倒无数次后，终于坚定地走上了农村包围城市、武装夺取政权的正确革命道路。也正是这条道路，指引着我们党一路向前，不断地走向胜利。

当前的金融市场，堪称是一场没有硝烟的战场。新生的包头农商银行如何在艰难的环境中脱颖而出，实现预定目标，路线的选择，至关重要。人贵有自知之明。我们必须认清自己。农商行从农村走来，这里是永远的"根据地"，不能丢失。这既是我们的优势，也是职责所在。但是一定要清醒地认识到，过去在农村的优势，更多的是因为这里缺少竞争，而不是我们自身做得有多么优秀；过去的优势也不代表现在的优势以及今后的优势。竞争是无情的，这个优势并不稳定。随着各家商业银行经营重心纷纷下移，在农村，特别是在城郊地区，将来必然会有一场"硬仗"。我们唯有不断提升核心竞争力和客户满意度，才能守住这块"根据地"。

农村仍是我们发展的"蓝海"，在这片"蓝海"中，农商行能够生存。但是必须发展，不断扩大服务面，渗透整个城区。到了城区，农商行又是新面孔，品牌影响力不强，不具备"硬件"优势，所以，必须选择差异化道路，避其锋芒，积累力量，发挥传统优势并再创新优势，才能赢得未来。

——作风硬

作风决定成败。在我们党的发展历史上，优良的作风是始终赢得群众的一大法宝。比如，革命时期的"不拿群众一针一线"，多么朴实的口号，使工农红军成为老百姓爱戴、支持和拥护的部队。延安时期虽然艰苦，但千千万万的青年奔赴延安。有一本书书名叫《细节决定成败》，其实，决定成败的是作风。如果没有好的作风，怎能抓好细节，又怎能赢得胜利？

——善结合

"结合"是门大学问。马克思主义学说，最初是舶来品，却成为我们党我们国家的信仰。为什么？因为毛泽东等革命前辈将其与中国实际紧密、有效结合，变成了符合中国实际的理论。因此，马克思主义学说才能在中国大地扎根重生、开花结果。

我们也要善于"结合"。以包头农商银行的条件，要想实现大的发展，必然要走一条学习前沿理论和借鉴他行经验的路子。比如，内部转移定价机制、流程银行建设等。这也是许多银行初期走过的路，我们也不例外。关键问题在于，我们能不能把这些理论、经验与自己的实际紧密结合起来，转换成自己的东西。现代银行的很多好东西，我们要不断引进，但关键在于发挥主观能动性，通过有效对接实现有机结合，把这些好东西变成自己的东西，体现自身特色，这样才具有实际价值，才有意义。

同事们反映，陈云翔书记讲的党史课形象生动，令人印象深刻。这些党史课已经融入包头农商银行的经营管理，引导和激励整个团队排除万难，去争取胜利。

"精神"是人心的凝聚，由言及行，由寡而众。"精神"无敌，求之于心，必发之于外，斗志昂扬，决胜千里。这就是"精神"的力量。这不是"成功学"，是"大智慧"。

# "红色引擎"

"党建工作还要不要抓？""抓党建会不会影响业务的发展？"这是新常态下银行业机构面临的普遍困惑。然而，包头农商银行却用实践证明：党建工作和银行业务发展同频共振，不仅开启了发展的"红色引擎"，增强了发展动力，还促使银行业务实现了快速跃升。

与包头农商银行揭牌几乎同时，包头农商银行着力打造红色银行。红色银行，简单地说就是抓党建，促发展。展开了说，主要体现为两个方面。一是包头农商银行永远"姓党"。过去是，现在是，将来也是。农商行的肇始，是在党的雨露滋润下生根发芽的；农商行的发展，是在党的阳光照耀下成长的；农商行的未来，也必须紧跟党的步伐前进。"姓党"就必须抓党建，强党建，这是政治任务。否则，就会绕弯路，栽大跟头。二是红色银行是促进转型升级的根本保障和核心动力。农商行发展从量变到质变，每往前走一步，都感觉特别吃力。越是这个时候，越需要咬紧牙关，越是不能懈怠。这个时候，光靠物质激励是远远不够的，还必须从精神层面做文章，使力气，必须从灵魂深处坚定理想信念，凝心聚力，才能实现经济学上说的"惊险一跃"，才能真正实现脱胎换骨的改变。而这恰恰是党建工作的核心要义。抓党建就是要激发全员的精神动力，发挥党员的先锋模范作用，彰显组织的强大力量，最终推动业务发展更上一层楼、大步向前。

党委一班人有一个普遍的认识，未来的农商行就好比一个健康的人。既要有一个强健的体魄，还必须有良好的精气神。强健的体魄就是业务经营，这是基础，需要不断地锻炼才能练就；良好的精气神就是党建工作，这是升华，需要持续地强化才能提升。只有强健的体魄加上良好的精气神，合二为一，完美融合，才是一个健全的人，优秀的人，才能走得更远，发展得更好。

在实际工作过程中，包头农商银行将党建工作与业务经营结合起来，寓党建工作于业务经营当中，以业务经营成果验证党建工作成效。就像做人一样，既要学习才能，还要提高修养，既要做一个"能人"，还要做一个"好人"，不能做行动上的巨人，思想上的矮子，只有内外双修，才能实现更高层次更好质量的发展。为此，他们从七个方面进行了不懈探索。

他们将坚定信仰当作打造红色银行的力量源泉。什么是信仰？信仰是对某种思想、某种人、某种物的信奉和尊敬，并把它奉为自己的行为准则。共产党人的信仰是实现共产主义。简单地说，共产主义是要建立一个人人有尊严，公平、正义、和谐的社会。这是非常有担当、有现实意义的主张。但是，好多人宁可信奉一些宗教的虚无主义，羡慕西方的功利主义，也不愿意坚守共产主义的精神家园。这不是党的问题，而是人的精神出了轨。

具体到包头农商银行，一些同志在农商银行揭牌后还沿袭着农信社时期的"官办"姿态，沉迷于高工资、高福利，丧失了斗志，这就是缺乏忧患意识和进取心。用习近平总书记的话说，就是精神上缺了"钙"，得了"软骨病"。包头农商银行积极开展重新反省入党动机活动，让每个党员反思入党初心。对于理想信念动摇的，绝不姑息迁就。如果坚信党的主张，愿意为党的事业奋斗，就必须按照习近平总书记说的，牢记自己的第一身份是共产党员，第一职责是为党工作。体现在各自岗位上，就是要静下心来，不断奋斗，把经营指标做上去，把客户服务好，从点点滴滴之处，践行入党誓言，将这份信仰体现在具体行动上。

他们将抓好学习教育作为打造红色银行的基本前提。习近平总书记说，我们党历来重视抓全党特别是领导干部的学习，这是推动党和人民事业发展的一条基本经验。纵观包头农商银行的发展历程，也能够深刻地感受到，正因为始终倡导和积极践行学习理念，才能够跟上时代的步伐，实现在好多人看来不可能完成的任务。再看一些干部成长的足迹，越是爱学习、勤学习、善学习的同志，往往进步越快。

在这方面，党委书记带了好头，他把工作之余的主要精力用在了学习上，还经常将好多东西推荐给大家去看，去借鉴。包头农商银行还积极倡导"学习也是任务"的理念，全行上下每周安排例行学习，雷打不动；各类培训，持续进行。对于学习，包头农商银行的要求是，宁当"严父"不当"慈母"，不能让任何一名员工在农商行前进的路上"拉后腿"。

他们将彰显党员价值作为打造红色银行的第一要义。党章开宗明义地指出，我们党是中国工人阶级的先锋队，同时是中国人民和中华民族的先锋队，是中国特色社会主义事业的领导核心。直白地说，共产党这支队伍中都是方方面面的先进分子。但是，前些年，群众对党员的先进性体会不到，党员对自身的政治责任也置若罔闻。造成这种状况的原因之一是党员的价值没有体现。

包头农商银行打造红色银行，根本的用意，在于让党员发挥忠诚、干净、担当的表率作用，让党的旗帜飘扬在各个岗位上，带动全行各项工作不断向前。他们一方面强化党性锻炼，按期组织支委会议、党员大会，书记要定期讲党课，党委班子成员坚持以普通党员的身份参加党内生活，让党内生活逐步回归正常。另一方面强化纪律约束。王岐山同志讲，党纪严于国法。也就是说，一般老百姓只要不犯法就行，共产党员光有这点要求不行，还要有更严的要求。党性锻炼是为了保证先进性；纪律约束则是为了保持纯洁性。这两者同步进行，同向发力。

他们将发挥组织力量当作打造红色银行的根本保障。近年来，好多银行都在组织架构上寻求突破，目的就是要释放组织的红利。过去包头农商银行与其他银行竞争业务，总感觉力不从心。组织架构改革以后，就比过去好多了。原因就在于扁平化管理，单体作战，形不成合力，光靠个人英雄主义，不解决问题。关键还要依靠组织的力量。组织架构改革后，每个中心（直属）支行就是一个联合战舰群，既有航空母舰，也有配合战队，战斗力明显提升，逐步在各自区域内打出一片新天地。包头农商银行还拿起了思想政治工作这个有力的武器，这既是一个冲锋号，也是一道无形的防线。通过经常性的谈心谈话，了解每一个人的性格特征和行为取向，合理满足其诉求，解决其困难，最大化地调动这些员工的工作积极性和主动性。

他们将革新企业文化作为打造红色银行的优良基因。文化管理是管理的最高层次，很多企业在倡导和践行文化管理的理念，包头农商银行也在这方面积极地努力探索。

这些年，包头农商银行陆续引入了不少人才。新老人员的思想观念、行事风格等方面，必然会有所差异。有冲突是正常的，没冲突反而是不正常的。真理越辩越明。人员的融合也需要一个过程，通过不断的冲突，才能碰撞出火花。包头农商银行的理想状态是，在保留乡村质朴文化的基础上，嫁接相对先进的城市文化，形成传统与现代、乡土与城市有效融合的崭新文化。

他们将推动反腐倡廉作为打造红色银行的硬性要求。包头农商银行打造红色银行，一方面是激发大家的精神力量往前冲；另一方面是要规范大家的言行，确保不出事。两手都要抓，都要硬，才能真正保证红色银行打造有成效。作风建设是一直以来都在抓的一项重点工作，效果很明显，同志们之间的关系非常干净、纯洁。但是，其中也不乏个别同志还是有不注意、不收敛、不检点的现象，主要体现为大吃大喝、吃拿卡要和自由散漫三个方面。为此，党委要求党员干部好好算算三笔账，对比自己的收入和其他上班族的收入，算算经济账；对比暂时得些利与长远不安宁，算算幸福指数账；对比安稳踏实的日子和身陷囹圄的窘境，算算自由账。反腐不是目的，倡廉才是目的。包头农商银行党委、纪委有效落实"两个主体责任"，有关人员积极履行"一岗双责"，积极组织各种形式的警示和引导教育活动，让党员干部从思想上筑牢预防腐败的防线。

他们将实现转型升级作为打造红色银行的最终目标。我们党从严管党治党，只是手段，最终的目的是要发展经济，让人民过上好日子，最终实现共产主义理想。

包头农商银行打造红色银行，也只是手段，最终的目的也是要促进转型升级。相比于直接抓经营指标，打造红色银行这种方式更加深层次，不会立竿见影，不会短期内就有效果。可是，一旦激发起全员的精神力量，一旦打造成坚强的团队，一旦形成了底蕴深厚的文化，这种力量是无形的，是无法阻挡的。包头农商银行要求每一名党员干部在对待任务上，要做到全力以赴，而不仅仅是尽心尽力。

经济进入新常态，恰恰是包头农商银行这样新生的商业银行的关键机遇期。经济下行，大浪淘沙，对人们的思想观念是一次重新洗礼，对企业是一次重新洗牌。全行上下在"转不转型"的问题上，思想认识基本达到了统一。在"怎么转型"的问题上正在积极探索。从经营状况和发展模式来看，包头农商银行在未来的银行业竞争中，不是能不能发展的问题，而是能不能生存下来的问题。要想生存，必须转型。外部必须突破现行的体制约束，从法人治理上寻求突破口，通过引入战略投资者，实现引资、引智、引技的"三结合"。内部必须从经营模式上突破，调整负债结构，调整盈利结构，调整信贷结构，等等，这些调整源于"红色引擎"的推动。

红色银行的阵地——红色精神传承馆

为了保障红色银行建设的不断深化，持续发挥"红色引擎"的增压动力，包头农商银行还专门建设了红色银行阵地——红色精神传承馆。该馆以"传承红色精神，铸就红色忠诚"为理念，以打造红色教育基地、非公党建示范基地为标准，精炼地阐述了红色精神、红色包头、红色金融的历史事件和先驱事迹，以及包头农商银行如何传承红色精神，打造新时代红色银行的方法和实践。该展馆是内蒙古首家系统展示红色金融和红色农信的主题展馆，也是包头市开展党性教育、爱国主义教育、培育社会主义核心价值观的重要实践教育基地。

古人讲，不经一番寒彻骨，怎得梅花扑鼻香。包头农商银行党员干部正是付出了超过别人十倍、百倍的努力，才在生存、转型、发展的"三部曲"中，奏响了自身价值的最强音！

# 理想的春天

"两学一做"是包头农商银行抓党建、强基础、促业绩的主要功课。广大党员干部在党委的带领下，呈现出昂扬向上、积极进取的工作状态。与行为体现、业绩反映同时进步的，是人们的思想发生了根本性的"扭转"和升华。

党的十九大报告指出，人民有信仰，民族有希望，国家有力量。包头农商银行党委作为党的一级组织，在完成自身使命的同时，带领全员重塑信仰，取得显著成效。

下面摘录一名党员所写的题为《理想的春天》的学习体会，从中可以管窥包头农商银行党员队伍的变化。

念初二的那年，我和少数同学被选中到烈士陵园扫墓，并宣誓入团。依稀记得那天灰蒙蒙的，但心情分外明亮。还记得我们每人得到了一枚团徽，一个小本本。团徽是红色的，整个中学我都戴在胸前，理想的种子就此住进了我小小的心房。那个小本本是白色的，记载着革命烈士的英雄事迹，成了我最初接受理想教育的启蒙书。那个时候，我是住校生，条件非常艰苦，这些英雄成了最好的榜样。

后来，上了大学，入了党，这种理想始终与我形影不离。学党报，出校刊，当志愿者，虽然脚上的鞋是破的，身上的衣服是旧的，但精神的世界是高贵的。连续三年，我和我的小团队照顾一对生活困难的老夫妇，做家务，洗衣被，买牛奶，默默付出，风雨无阻。这一小小的举动，传到了校长那里，校长专门召开全校师生大会表彰我们，号召同学们向我们学习。那时候的我，"自信人生二百年"、"粪土当年万户侯"，理想的种子渐渐地在我的体内发芽、开花，长成了一棵小树苗。

参加了工作，娶妻生子，日子过得平平淡淡。柏杨说，中国的社会是个大染缸。这话是有道理的。由于我一直从事办公室工作，迎来送往，吃吃喝喝，有些现象，心里厌恶，表面上却见怪不怪，随了大溜。对于一些"舌尖上的浪费"，我从心底里是排斥的，但是，职责所在，套路照来。接待的剩菜剩饭，对于从小各种农活都干过、深知粮食来之不易的我，初期看着可惜，渐渐地也就无动于衷了。过去所谓的理想，它"冬眠"了。

是"两学一做"，让我的理想迎来了苏醒的春天。

遵循着《中庸》中讲的博学之、审问之、慎思之、明辨之和笃行之的五个步骤，我"畅游"在过去认为枯燥的政治学习的"海洋"中。不仅学习"规定内容"，还延伸阅读，重新构建起一座新的思想大厦，党章党规是"架构"，系列重要讲话是"软装"，浑然一体。我边学边问"为什么"，又常常自问自答，逐步形成了自己的判断，什么是我们应该坚持的，什么是我们要坚决抵制的。也逐步明白了我理想的丢失，虽有环境的原因，更主要的，还在于自己对理想信念的不坚定、不自信，才会迷失在社会的丛林中。

想到了，理解了，最关键的在于做，也就是要笃行之。

在我看来，"做好本职"60分，加"多作贡献"可以得80分，再加"敢于担当"才能100分。但是，如果纯洁性不好，一切归零。本着这种理念，我做任何事情，不仅要good（好），还要追求great（卓越）。2017年，是我行的企业文化建设提升年。我负责落地工作，先后完成了包头农商银行的"五个一工程"，即一套新的VI、一本企业文化书、一条金融文化街、一部企业宣传片、一项全市性顶级赛事，让我行的品牌知名度、社会美誉度和文化凝聚力空前提升。这些工作的背后，是我要比别人早到1小时，晚回数小时，是我要承受颈椎病带来的各种困扰。但是，我很快乐。我知道，这是理想的力量。

如果把1979年的改革开放比作是经济领域的春天，那么，2016年的"两学一做"，就是理想信念的春天。我们的每一个同志，唤醒了理想，找准了坐标，将中华民族伟大复兴的中国梦，注入了灵魂，成为一生所向。于我而言，在党旗下宣过的誓言，不再是一句口号，而是冲锋的号角；在党旗下举过的拳头，不再是一种仪式，而是前行的动力。

回首这些年的心路历程，身体上比过去累了，但心灵更加充实了，可以说是"累并快乐着"。相比于过去那种言不由衷、思行不一，现在整个人都是透亮的，吃得有味儿，干得有劲儿。更主要的是，清楚地知道自己从哪里来，需要做什么，该怎么干，去向哪里。人的潜能是无限的，但大多浪费在无用功上，也难在抉择上。走对了路，未来，真的是为我们而来！

没错，有这样有信仰的队伍，未来，一定会为包头农商银行而来！


# 梦想合伙人


包头农商银行揭牌之后，还有一项一直在做的探索，就是更具有根本性、长远性的法人治理方面的尝试。包头农商银行在这个时候做这件事情，相比于农信社时期，具备了条件；相比于发展的需要，更加显得迫切。在包头农商银行的会议室里，有十二个字：企业股实、股东满意、员工幸福。仅仅是先后顺序的调整，就表明了由农信社"内部人控制"向农商行规范化法人治理的转变。

2016年，包头农商银行完全按照现代法人治理结构和章程来运行，股东大会作为最高权力机构，履行"决定经营方针和投资计划"等14项职权；董事会是"大脑"，作为股东大会闭会期间的办事机构和最高决策中枢，履行"召集股东大会会议，并向股东大会报告工作"等20项职责，并下设专门委员会，决定专项重大事项；监事会是"免疫力系统"，作为监督机构，共履行"检查本行财务"等12项职权，并下设专门委员会，执行重大事项监督任务。经营层及各职能部门是"五脏六腑及肢体器官"，执行业务经营和内部管理等具体事宜。法人治理结构总体规范，各主体基本能够做到各司其职、各负其责，规范运行。其间，还探索了党委会"三重一大"决策议事内容与董事会职责的结合方式，主要以党委会议定后，董事会表决的方式进行，兼顾政治核心作用发挥和法律程序要求。2018年，包头农商银行将党委决议事项前置董事会等要求正式写入章程，同步明确"三重一大"权责边界，彻底实现党建引领和法人治理的有机统一。

包头农商银行这些年还在四个方面做了努力。一是试行职业经理人，在全系统创造了多个"首次"。二是积极对外投资入股，控股一家联社，入股三家机构，初步形成集团控股雏形。三是积极尝试引入战略投资者，先后与国内知名企业等机构洽谈，期望找到合适的"梦想合伙人"，实现引资、引智与引技的"三结合"，为包头农商银行的更好更快发展，插上理想的翅膀。四是探索股权改进，按照增扩股金、集中股东的原则进行股份改造，聘请专业人员"操刀"股权激励方案。所有这一切的努力，只为一个目标，那就是上市，将包头农商银行带到更加规范、更加高效的发展快车道。

**"梦想合伙人"都是追梦人**

栽下梧桐树，才能引来金凤凰。包头农商银行这几年的发展理念与成果，受到了国内一些大型机构的广泛关注。在2016年末的一轮战略投资者引入过程中，农商行的股权关注度极高，虽是溢价增发，依然引来了拉卡拉、银信科技等国内知名企业入股，不仅做实了资本，更为今后的科技创新、业务助推、治理规范插上了理想的翅膀。目前，包头农商银行依托拉卡拉推出的"祥云支付"成为包头商户的一个主要支付工具，联袂拉卡拉，以及某知名金融科技公司建设的商户增值服务平台已经投产，实现多方"共赢"，也成为包头农商银行打造B端领先银行的有力抓手。

冯仑说，好的董事长应当只做三件事：看别人看不见的地方，算别人算不清的账，做别人不做的事。据此标准，陈云翔董事长应当属于好的董事长。他在战略布局、各方利益协调、金融生态维护等方面所做的努力，不符合常人的标准，却完全符合这些标准。

# 第七章
# 文以载道

美国管理学家法兰西斯有一段名言：你能用钱买到一个人的时间，你能用钱买到劳动，但你不能用钱买到热情，你不能用钱买到主动，你不能用钱买到一个人对事业的奉献，而所有这一切，企业文化可以做到。包头农商银行从揭牌之日起，就开始做着一件看不见但深入人心、摸不着却让人感受真切的事情，这就是推动文化兴行战略落地。短短几年里，包头农商银行的企业形象从"土八路"转变为"正规军"，企业品牌实现向口碑转化，由"自己说好"变成"大家说好"，并且围绕自家银行的文化定位，对内深入培育和践行厚德、忠诚、审慎、高效的核心价值观，对外广泛传递共生共长、共赢共享的合作价值观。在不经意间，经过核心价值观的确立，制度的贯彻、行为的规范和形象的体现，走出了一条教科书式的文化建设之路，不仅得到全行认同，也在同行业中独树一帜。

# 文化兴行

管理学上有一种说法，一流企业靠文化管人、二流企业靠制度管人、三流企业靠人管人。包头农商银行的决策者们有充分的理解。包头农商银行刚刚建立，一下子上升到一个层次，不现实，不可能，但一张白纸是可以画最美图画的，前提是要做好整体设计和筹划。

愿景是人们的美好向往，也是团结大家一起干的精神力量。愿景要让人觉得可信，不能虚无缥缈，否则，就可能"理想很丰满，现实骨感"，失去它应有的"深远"意义。愿景还必须有足够的前瞻性，否则，也会失去其现实价值。包头农商银行是新加入商业银行大家庭的一员，底子差，起点低，目标过于宏大，同志们会说是在"做梦"；但又必须要有自己的理想抱负，甚至野心，这样才能激发出全部的干劲和力量。未来的包头农商银行，矢志成为一流地区商业银行。这是一个可行的抉择。2018年，在业务突飞猛进，员工士气高昂，以及成功控股两家联社、参股一家农商银行、参股一家联社的背景下，包头农商银行将战略愿景升级为：倾力打造千亿元上市银行控股集团。一个"倾力"，饱含了多少文化的韵味和精神力量。

要实现这样一个愿景，需要从多方面努力。而所有的努力必须有一种精神作为支撑，必须有一个大家共同认可和遵循的价值观来统领，包头农商银行将其归集为八个字：厚德、忠诚、审慎、高效。客观地讲，这八个字没什么突出的，好多企业都会用到其中的某个词，但是，大家认可，也乐意遵循，这就行。我分析，大概是这一核心价值观的包容性，让大家更容易接受。

首先，"厚德"传承了农信社的优良传统。农信社时期，农信社员工长期与农牧民打交道，老百姓"厚道""淳朴"的特质已经自觉不自觉地融入农信社的血脉当中。好多客户宁可接受比其他银行高的利息、宁可绕更远的路，也愿意和他们合作，就是觉得这群人好打交道，好相处。陈云翔董事长在一次讲话中也谈到，现在，社会上充斥着一种浮躁风气，有人甚至认为厚道成为一种"傻"，淳朴是一种"穷"，我们要抛弃这种肤浅观念，坚守自己的道德品格，用真心去看待这个世界，去对待身边的人。了解陈云翔董事长的人，都会说他是一个厚道的人、淳朴的人。在农商行的人才引进和干部聘用上，"德"永远是第一衡量标准。无德之人，能耐再大也不会用；在经营管理上，"德"又是第一行事准则，缺德的事，利再大也不会去做。

其次，"忠诚"融合了中华文化中的精神精华。忠诚本质上是一种感恩。从企业角度，要感恩祖国，感恩共产党；从个人角度，要感恩客户，感恩这个集体和集体里面的每个人。唯有怀有一颗感恩之心，才能看到世间的诸多美好；唯有抱有忠诚之情，才能在岗位上勤勉尽责，干事创业。在全市的一些公益性的活动上，在一些惠民工程项目上，都能够经常性地看到包头农商银行的影子，他们用自己的微薄之力，体现着一个企业公民的良心和责任。

再次，"审慎"充分体现了银行的本质属性。银行的本质是经营风险。没有这样的价值观作支撑，就会在决策上和经营过程中出现无法弥补的损失。这不仅对自身有害，而且可能损害存款人、股东的利益，还会影响社会稳定。包头农商银行揭牌之后所走的每一步路，开展的每一笔业务，签署的每一份合同，都有风险把控，这正是这种价值观的具体体现。

最后，"高效"凸显出企业生存和发展的不二法宝。效率，效率，还是效率，已经逐步成为包头农商银行行事风格。原地踏步是倒退，跑得慢了也是倒退，已经成为每一个人共同的思想认识。但是，在2016年的民主生活会上，效率还是被列为每一个班子成员自我对照检查的主要内容之一。在员工看来，现在的农商行工作效率比过去高多了，甚至有些员工都感觉跟不上节奏。但在陈云翔董事长看来，还差得很远，因为时不我待，没有高的效率就没有好的效益，没有好的效益就不会有好的未来。

**包头农商银行文化全息图**

这四个词，犹如国之四维，鼎足而立，用思想的力量撑起了包头农商银行的精神大厦。

按照包头农商银行的规划，成立之初，主要是对历史的归纳和在领导层面、员工中间，进行思想碰撞、问卷调查，梳理出包头农商银行企业文化的基因图谱。从2015年开始，分三年完成文化兴行战略的积淀和规范，并寻求逐步落地开花。为此，将2015年确立为企业文化建设夯实基础年，重点做好文化理念的梳理和提炼，并通过会议、活动等方式向全员传导，组织两到三次标志性、有影响力的活动，初步搭建起新的企业文化建设框架。将2016年确立为企业文化建设全面深化年。重点从制度体系、行为规范等层面渗透企业文化，努力达到让全体员工理解、执行企业文化精神，让广大客户认知、认可企业文化内涵，初步形成特色鲜明、影响广泛的企业形象。将2017年确立为企业文化建设有效提升年。重点做好企业文化的改进和提升，根据自身实际，结合新的环境，实现企业文化建设的层次提高。

经过不懈努力，包头农商银行的愿景、核心价值观以及由此衍生出来的企业精神等理念，逐步达到了内化于心、固化于制、外化于行的目的。

但是，决策者们对此保持着清醒的判断，包头农商银行的企业文化建设才刚刚起步，文化不同于业务经营，不能立竿见影，不能一蹴而就，这是个慢功夫，是个软实力，也是个更深层次的生产力和竞争力，要精心地培育，在细节上精雕细刻，在"育"中积淀，在积淀上升华，一旦成型，必将爆发出强大的能量，成为推动包头农商银行强力上升的核心力量。

# 母子品牌

"相信品牌的力量"是中央电视台广告部的王牌主题词。短短的7个字，却可谓是中国广告界影响力最大的广告。如果把银行比作是一枚硬币，那么，信用和品牌就是这枚硬币的两面，信用是一种动态的经济过程，而品牌是一种静态的形象识别。二者之间有区别，也有联系。越是市场竞争充分的地区，品牌的力量越大。

从2017年开始，包头农商银行在经营步入正轨、管理日趋规范和文化积淀充分的情况下，开始着手品牌的建设。实际上，从成立之初，包头农商银行就对品牌开始筹划，先是根据包头市花——小丽花演绎了LOGO。但受各方约束，没能成行，只是对原有LOGO做了适当优化，与同系统机构只在勾边颜色上略有区别。随着业务持续做大，客户不断增多，客户对品牌的疑惑问题越来越多，他行开展业务直接办理即可，包头农商银行首先却要介绍"我是谁"。

品牌的重建，不只是来源于消费者的需求，还迫于市场竞争的需要。彼时，包头城区有使用内蒙古农信统一VI的各类农村金融机构将近10家。包头农商银行在与30多家各类金融机构竞争时，品牌总是一块短板。由于VI体系的同质化，在业务拓展中，常常面临其他金融机构和客户将包头农商银行与其他农村金融机构视同一家的问题，导致社会形象和业务发展受到严重影响。更为严重的是，彼时包头地区的农村金融机构的风险负面舆论扩散面较大，多数客户"认为村镇银行不是正规银行"（监管机构原文）。在这样的背景下，一旦个别农村金融机构发生风险，极可能产生严重波及效应。出于未雨绸缪的需要，在这样的背景下，品牌建设显得尤为重要和急迫。

契机出现在监管要求。在包头广播电台开办的"行风热线"栏目上，当原包头银监分局上线的时候，群众反映许多农信系统机构之间无法区别，以及搞不懂与村镇银行的关系等方面的问题。监管机构随后正式发文，要求所辖农信农商机构，针对群众集中反映的农村信用社VI体系辨识度的问题进行规范和整改，明确提出多项监管意见，主要有："树立品牌意识，增强企业辨识度"，"要通过银行卡标识等服务载体差别化等方式，利用电视、广播、报纸等新闻媒体宣传平台，大力开展本行经营理念、服务宗旨及产品和服务宣传，避免消费者对不同银行金融机构产生混淆，特别是辖内农村金融机构应当对本行发行的产品和服务做进一步的明晰，充分保障消费者对购买不同金融机构产品、服务的选择权"。

但是，农信社"双手心币"的LOGO已经深入人心，怎样既能保持传承，又有所区别。这考验着包头农商银行决策者的智慧。包头农商银行领导班子先后召开多次领导班子会议专题研究，确定了延续品牌、适当创新、有效结合的基本原则，并最终议定实施母子品牌策略，即以自治区农信联社VI体系为母品牌，以包头农商银行VI体系为子品牌，总体按照深层次推广以母品牌为主，辨识度区分以子品牌为主的原则推动。由此，兼顾了传承与创新，可谓一大手笔。

品牌，也需要在继承中创新，在创新中发展

包头农商银行子品牌是以"包"字演绎的外圆内方造型，简单，大方，也美观，既有金融元素的基本体现，又融入传统文化元素，还有效体现了包头的地域特征。更为重要的是，以红色为主色调，体现包头农商银行"红色银行"的政治站位和历史传承。

母子品牌战略一经落地，全市农商银行网点焕然一新，员工还将新的LOGO贴在车上，不仅解决了之前的所有声誉困扰，还成为包头这座全国文明城市的一道亮丽的风景线。

# "他们的东西不一样"

包头农商银行这几年的品牌推广、企业文化建设，也引起了业界的广泛关注，甚至成为一种现象。好多同业谈及他们，大多会竖起大拇指，有一位资深的同业人员说"他们的东西不一样"，或许代表了外部广泛的声音。

不一样，首先体现在高度上。2015年，经济的低迷让地方决策者、银行业经营者和企业家们共同陷入了迷茫之中。包头农商银行在这个时候，与青山区委联合举办高端论坛，邀请经济学家李稻葵教授讲授、座谈和实地调研。时任内蒙古自治区党委常委、包头市委书记王中和全程倾听，并与李稻葵共论包头发展大计。市委、市政府及各委办局、各旗县区、大中型企业、金融机构的主要负责人都去聆听，一些专家学者、市民百姓也都纷纷前往，近两千张门票竟然一票难求。

2016年，包头举办全国图书博览会，包头农商银行主动承接邀请余秋雨教授的重任。余秋雨欣然前来，大概是谈得来，也比较认可包头农

一场文化与金融的美丽"邂逅"

商银行的相关安排，觉得这家银行是一家有素质的银行，主动提出要到农商行看一看。其间，包头农商银行趁此机会，邀请包头文化名人一并组织包头农商银行文化论坛，与董事长陈云翔、文化顾问陈姝仪共论包头地区文化发展的出路，以及银行在其中应当发挥的作用。余秋雨的影响力确实大，无论是讲座期间还是论坛期间，抑或是其他行程当中，听者众多，记者云集，包头农商银行借力使力，名气大增。

　　不一样，其次体现在深度上。包头农商银行无论是业务产品推出，还是品牌推广，都始终坚持"以我为主、有机结合"的基本原则。银行是搞金融的，不可能所有领域都精通，但是，必须紧贴农商行的具体实际，必须充分体现农商行的内涵，必须自己的人亲自参与其中。张海芳是《包头日报》的资深记者，曾荣获国家级荣誉，长期对接金融机构，她谈到包头农商银行时，最大的感触就是这家银行的底蕴很深，所有的新闻稿件全部自己起草，且常常可以直接拿来就用。其他一些媒体也都有这样的感受，而且感觉这家银行的员工真的是爱行如家，常常是个人"贴钱""跑腿"，争的是单位的利益。

不一样，还体现在这家银行的务实上。他们开展的每一项活动，都会紧密地与行里发展的诉求、业务推广紧密结合，让人不仅仅是知道这家银行，还要亲身体验。2016年，全国汽车越野拉力赛发车仪式落户包头，央视五套现场直播发车仪式盛况，各类媒体争相报道，发车前后5天时间还在现场举办汽车嘉年华。包头农商银行瞅准这个契机，鼎力赞助。现场到处都是包头农商银行的形象和产品宣传刀旗，每个工作人员身穿的都是包头农商银行提供的工作服，让人分不清是谁的主场。现场还搭建了唯一一家银行的服务台，提供现场办理业务和礼品回馈。通过这次活动，让老百姓将包头农商银行与越野精神连在了一起。这正是包头农商银行要的，正如他们的宣传口号：没有一次越野经历，人生注定遗憾；没有一点冒险精神，企业可能没有未来。

不一样，也体现在新颖度上。包头农商银行乐于接受新的事物，也善于利用新的事物。在做好做优《包头农商银行时报》《农金前沿》杂志、官网的同时，根据自媒体时代的特点，大幅度削减传统广告费用，大力度加强微信、DSP等新兴媒体的宣传，仅2016年上半年，就比上一年度节约费用100多万元，但产生的宣传效果超过以往任何一个年度。

不一样，就是不一样。在包头农商银行每年的行庆日，都会举办一次很有特点而又非常务实的活动。2015年，组织了包头农商银行发展论坛暨新产品推介会，邀请人民银行、监管、主管等部门领导和专家学者共叙发展大计。2016年行庆日组织的"麻利贷"产品发布会，让许多客户和记者记忆犹新。内蒙古电视台"新闻天天看"是全区收视率最高的一档栏目，广受社会各界关注，更是好多老百姓每日必看的节目。该栏目记者李海燕谈及她的感受，一连用了好几个"没想到"：方式的新颖，让她没想到；思路的清晰，让她没想到；内容的深刻，让她没想到；良好的氛围，让她没想到。她说，短短40分钟的发布会，体现出了这家银行的高效和精干，这是她见过的最精彩的发布会，让人终生难忘。发布会上的视频资料，也引来众人打听，特别是同业纷纷询问，这是谁设计的，哪儿制作的，花了多少钱，我们也要这样做。

有些东西，别人永远学不会，这种东西在看不见的地方。

# "五个一工程"

《周易·涣》："风行水上，涣。"百度百科释义，比喻自然流畅，不矫揉造作。包头农商银行的文化建设在不经意间，从企业家文化向品牌文化转化，没有故弄玄虚，没有矫揉造作，源于实践，深入思想，付诸行动，一切都顺其自然，水到渠成。

2018年，包头农商银行的文化建设迎来收获期，其标志就是包头农商银行"五个一工程"全部建成。"五个一工程"是中宣部推出的、针对好的戏剧作品、好的电视剧、好的电影、好的社科图书、好的社科理论文章而设立的奖项，后来又加入好的广播剧和好歌。包头农商银行的"五个一工程"因循了这种精神，却自有特色，主要包括一条老包头金融街、一个文史馆，一个红色精神传承馆、一套企业形象宣传片、一场顶级赛事。

**现代化技术演绎下的历史厚重**

　　下面，我们就随着包头农商银行的讲解员，到"老包头金融街"去看看。

　　包头，是一个多种文化交织的地方，历史底蕴非常深厚，地域范围非常广阔。特别是清代以来，包头逐步成为我国对外开放、民族交流的一个重要的节点。由此，商贸日益活跃，经济空前繁荣。这其中，金融业发挥了非常重要的作用。可以说，包头是一座因贸易和金融而兴起的城市。现在，就让我们一起回到过去，了解老包头的金融盛况。

　　大家眼前看到的，是"招财进宝"四个字的变形图案，我们将它做成了这项工程的照壁，大家可以合个影，或者摸一摸，图个吉利。这个门上面"老包头金融街"是包头市书法家协会副主席邢补生老师的题词。进了这个门，我们就步入了"时光隧道"。

　　首先，是一组老照片影视墙，记载了老包头百姓生活、商贸交流、标志建筑，还有老包头的城关详图。进入二道门，是老包头金融业的一些物品展示。可能很多朋友会问，为什么要做这么一件事情。老包头金融街是包头农商银行体现本土银行的社会责任、打造全市独具特色金融文化地标的一个具体呈现。该工程位于包头农商银行总部大楼顶层，合理地利用了空余空间，整体呈凹字形，占地面积约400平方米，旨在重现历史上的包头经济金融盛况，回味老包头市井生活的乐趣，进而激发我们完成好当下的金融使命。本项目邀请内蒙古科技大学历史专家张贵教授、包头市文史专家胡云晖先生指导。老包头金融街以北方中式风格为主，注重在细节上表现文化，力求每个物件都可以讲述一个耐人寻味的典故。重点包含迎宾展区、金融业展区、民俗展区和商业街展区四大展区，通过对有限空间的合理利用，形成丰富而良好的参观体验。鉴古而知今。回到历史，是为了更好地走向未来。包头农商银行建成老包头金融街，并着力传承这种精神，将在今后的发展道路上，不断创造新的传奇！

进入三道门，大家眼前看到的，是老包头外貌浮雕图，前面的雕塑，主要反映了当时作为贸易重要节点的包头的交通工具——拉骆驼。

包头地区，自古以来就是各民族文化交融荟萃的地方，远在春秋战国时期，土方、鬼方等北方游牧民族即在这里繁衍生息。赵武灵王逐土开疆，攘地至阴山下，兴修长城，胡服骑射，在中华文明变革史上留下了浓墨重彩的一笔。秦始皇为巩固边防，命蒙恬在阴山修紫塞，筑烽燧，绵延万里，那既是北击匈奴的雄关，也是中原文化与匈奴文化接触、碰撞的隆起；而一条湮山平谷的直道，更把帝都的文明信息源源不断地输送到了荒僻的大漠。西汉时期，包头地区与中原文明的接触尤为频繁，有时是战争的烽烟，有时则是和亲的笙鼓。

南北朝时期，包头地区是敕勒人游牧情怀的诗意家园，一曲《敕勒歌》，将大漠的苍凉与浩然，直唱到多少代诗人的心灵深处，影响深远。盛唐时代，巍巍阴山是边塞诗人反复吟唱的主题，受降城外的月光，洁白如雪，亘古如霜，还徜徉在包头的郊野夜色之中。迨至一代天骄成吉思汗统一蒙古各部落，居于今达尔罕茂明安的汪古部，在西拉木伦河畔开辟出了一条草原丝绸之路，成为东西方文明交汇的通道。元末明初，阿勒坦汗在土默川收揽汉族工匠及边民入境，开水田，筑板升，建立了大明金国，使蒙古族的草原文化和封闭于长城以内的中原文化得到了空前的融合，为其后轰轰烈烈的"走西口"运动奠定了良好的基础。

入清以后，清政府将土默特部分为左、右两旗，每旗分六甲。乾隆二年（1737年），晋陕"走西口"民众租押博托河西岸巴氏家族的"户口地"务农、经商，逐渐形成包头村。嘉庆十四年（1809年），包头村改置为包头镇。道光三十年（1850年）黄河改道，托克托河口镇官渡被淹废弃，南海子渡口取而代之。同治十二年（1873年），包头城垣建成，包头镇一跃而成为舟车辐辏之名衢和西北皮毛、粮食集散重镇，蒙汉人民携手并肩，在阴山南北、黄河两岸，既创造出了亘古未有的繁荣景象，又创造了独具特色的"西口文化"，而以金融业为龙头的包头商业，则见证了蒙汉民族不断交融的历史，谱写了民族团结的辉煌乐章。

在包头，有一句谚语"先有复盛公，后有包头城。"复盛公是一个票号，是包头金融业的先驱。门联是"千金日利岂因权衡铢两，一纸风行足可汇兑中西"，反映出复盛公"诚为本"的经营理念，以及乔家特别是乔致庸的"汇通天下"的志向。我们将当时票号办公场景做了复原，大家可以近距离地感受一下过去办理金融业务的感觉。

包头金融业兴起于清乾隆、嘉庆年间，时有山西祁县乔贵发与人合伙经营杂货店广盛公，盈利后增设银钱兑换和典当业务，成立包头历史上最早的钱庄和典当行"复盛公"。之后，随着经济发展，资金需求大增，内地票号纷纷到包头寄庄，承做借贷汇兑业务，包头当地许多商号，也转做钱庄生意。金融业的繁荣发展，为包头市商业城市的形成作出了极其重要的贡献。

光绪年间及京包铁路通车后，包头成为西北重要的水旱码头，皮毛、药材、粮食业等兴旺发达，金融业在当时的商业活动中居功至伟，十分活跃，钱庄、票号及银行的规模极为可观。继复盛公之后，复盛全、复盛西等分号陆续开业，形成了工商财贸多行业联营的强大阵容，统称为"复字号"。

辛亥革命后，西北各地商路畅通，在钱庄、银号、票号数量大增的同时，一些著名官办商办银行相继在包头设立分支机构，如中国银行、交通银行、平市官钱局、绥远省银行等，包头金融业空前繁荣。

频繁的战乱使包头金融业受到严重影响。1926年，国民军败退包头，粮饷军需均由当地商号摊派，包头各业损失3000多万元，元气大伤；1930年，晋钞贬值，包头商业又遭重创，金融业首当其害，18家钱庄相继倒闭。

日本侵略者入侵后，包头钱庄全被取缔，金融业遭受严重破坏，至抗战胜利后，包头的钱庄仅有四五家复业；银行只有"绥远省银行"开展业务，苟延残喘。直到"九一九"起义之后，包头金融业才获得新生，逐渐发展壮大起来。

出了"复盛公"，是复盛全当铺，上面的门联是"既来之则安之当之无愧，恒有急能救急遇急不愁"，"当之无愧"的"当"读作"dang"的四声，可不能读作一声，否则就产生歧义了。里面的柜台，我们做了复原，同时也是整个工程的音响、灯光指挥中心。紧接着是"兴盛号"钱庄，门联是"无币不收无账不取，积沙成塔积水成川"，里面展示的是一个清代的保险柜。

在我们的前方是德威镖局，上联是"金镖指路常骤通四海"，下联是"信义为怀一诺值千金"。至此，我们可以感觉到，在老包头，金融业是非常发达的，各种类型的金融服务都有，各种类型的机构也有，而且大多是成体系的，属于我们现在说的混业经营。

**老包头金融街一角**

现在来到的，是老包头的商贸街。当时包头有城区人口5万余人，商业非常繁华，最富有代表性的，就是"九行十六社"。比如这个商号——"福顺炉"，它的楹联：打遍天下无敌手 成全世间有缘人。这是一家现代人所称的"金店"。

生在清代的晋陕民众"走西口"运动，极大地改变了包头地区的经济面貌，商业和农业都得到了快速发展。随着汉族人口的急剧增加，清及民国年间，绥远地域实行"旗厅并治"和"旗县并治"，包头地区的蒙古族先后隶属归化城右翼都统、土默特总管署管辖，汉民隶属萨拉齐厅、包头县、市政府管辖。清政府起初曾在包头镇设文、武衙门，之后由于"地方渐渐兴旺，街市繁荣，因而设置公行"。"公行"下设"大行""园行"，由商家推选总领管理。1915年，"包镇公行"改称包头镇商会，下辖"九行十六社"，其中，皮毛行系包头工商业之龙头，俗称"皮毛一动，百业俱兴。""九行十六社"中著名的商号有钱当行复盛公，杂货行如月号，旅蒙行永合成、复义兴、忠厚和，甘草行西碾房，粮油行田油房、杨家"十大双"皮毛行广恒西、河路店复新和等。

眼前的这些雕塑，是当时市民生活场景复原，让人感受到老包头的生活。

据悉，该景观已被包头市确定为金融旅游研学示范基地。从老包头金融街出来，我们再一起回味一场被称为"包头市全新城市文化名片"的"七夕草原悦跑"，为了保证客观公正，我们摘录了某知名媒体的报道。

要改变人们对于包头的固有印象，包头不是仅仅有草原，也不只是有稀土和重工业，这里的旅游体验、城市规划也很棒。只有打响包头这张城市名片，才能更好地招商引资，吸引更多的人关注包头，小的宣传只能是星星点点，要想在全国叫得响，就要有自己城市特色的品牌节目、品牌赛事等做噱头，包头不缺资源和"硬件"，只是需要更广泛的宣传推广。包头农商银行2017"七夕草原悦跑"是包头市对此类赛事的首次尝试，在媒体应用上，充分展现出应有的"高度、宽度和深度"。

高度，体现在媒体平台选择的档次上，中央电视台五套进行报道，观众覆盖全国，借助比赛宣传，再一次将包头推向全国；省级层面，内蒙古广播电视台文体娱乐频道做了时长60分钟的"七夕草原悦跑"专题报道，并进行重播。高度还体现在全程直升机空中航拍，俯瞰包头，到处绿树成荫，尤其在全亚洲最大的城中草原——赛汗塔拉公园上空，在繁茂的绿植包围中蜿蜒延伸的道路上，身着红色T恤散落在路上的参赛选手，犹如一股红色澎湃的暖流，在夕阳和绿植的映衬下，沿着城中草原蜿蜒的柏油马路缓缓前进，快快慢慢奔跑的跑步爱好者在赛道上画出一条长长的红色，高空鸟瞰，万绿丛中一道红，红的出彩，红的亮丽，红的热情，美不堪言。

宽度，体现在媒体选择的广泛性、综合性和全面性，有传统的纸媒，如包头日报、包头晚报、内蒙古晨报、新报等纸媒；有视听类媒体，如包头电视台、包头广播电台、内蒙古电视台、楼宇LED电视传媒等；有社交类媒体，如微博、微信等，一个粉丝10万人的专业马拉松跑者转发的一条微博，就引来很多全国专业跑者的关注；有全国性马拉松专业类媒体，如跑步指南、芝华安方、约跑runmate等；有粉丝量较大的自媒体，如掌上内蒙古、自由发、吃喝玩乐在包头、包头生活君、跑步那些事儿等，以5万粉丝量的自媒体为例，每个自媒体发布一条信息，有一个人转发，就有可能被至少50个人看到。自媒体的网络传播速度远远超出人们的预估，就拿现场网络直播来说，26日比赛当天，网络直播关注人数超过14万人，两天后，网络直播通道关注人数超过320万人。各种媒体资源整合宣传，体现出全方位、立体化的宣传效果。保守估计，比赛受到1000万人次的关注，这是包头少有的传播效应。

深度，体现在报道的焦点上，通过对"七夕草原悦跑"马拉松的宣传，媒体更多地关注"赛汗塔拉"城中草原，关注"全民健身"。七夕与草原的完美结合，人们自然会想到敖包相会。"家庭组"的设计，让全市人民可以参与其中，就是要展现"全民健身""全民参与"。其实，对于包头而言，天生具有举办马拉松的人文与环境优势，人文方面，出过很多马拉松名人，像1992年全国马拉松锦标赛冠军获得者胡刚军，近些年的赵佰东等。环境优势毋庸置疑，全亚洲最大的城中草原——赛汗塔拉生态园具有得天独厚的"硬件"基础，优美的城市规划为马拉松创造了很好的条件，用本次马拉松参赛专业选手的话说，"包头的路况非常好，很适合跑马拉松"。

"七夕草原悦跑"还有许多亮点。在中央人民广播电台做了10多年主播的杨晨老师和号称"当代徐霞客"、穿越全中国所有无人区第一人的"土豆"老师（任军）现场领跑，引起了包头阅读界的关注和参与。来自肯尼亚的10位黑人马拉松跑者，成为本次比赛的最大看点，第一名

包头全新城市文化名片

以29分钟跑11公里的惊人成绩，再一次刷新人们对极具奔跑天赋黑人朋友的认识。参与比赛的彩绘模特，是本次比赛的最亮的看点，他们是比赛场上衣着最少色彩最丰的参与者，让很多跑友眼前一亮。穿插在跑团中的各类cosplay跑者，是本次比赛最有趣的看点，他们着装各异，可爱有趣，让整个比赛变得生动活泼。

过去，一说到马拉松，人们想到的往往是专业的跑步运动员，"七夕草原悦跑"打破常规，参赛选手不仅有来自外国的跑者、全国专业的马拉松跑团，还有业余的马拉松爱好者和热爱跑步的市民朋友，实现了专业性、趣味性和大众性的有机统一，赛事项目的设置上，别出心裁地增加了"情侣跑"、"家庭跑"，并将10公里和5公里的比赛专门设置成"11公里"和"5.20公里"，寓意"一心一意""我爱你"。赛道上七个花型拱门的设置也别有韵味，配套七个与七夕相关的爱情故事，如花千骨、凤求凰、三生三世十里桃花等，充分展现"悦"跑的趣味性。当专业跑者与全民健身爱好者同台，七夕与跑步融合，这个七夕自然变得与众不同，全民参与，一起为爱奔跑，展现出一个城市"包容"的文化形象。

作为本次"七夕草原悦跑"冠名单位，包头农商银行站在本土企业勇担社会责任的角度，以银行作为平台，集结小尾羊、恒大地产、中国移动、庞大汽车、奥体公园三号、璞悦酒店、美年大健康、骑士乳业、力德集团、金骆驼等一批有实力、有资源的企业，共同赞助本次比赛，积极推广包头市城市名片，就是要传递"共享"理念，"共享赢天下"，这正是包头农商银行追求的一种导向。

2017年的包头农商银行，文化盛事一桩接着一桩。12月25日，包头农村金融研究院在包头农商银行大厦正式揭牌成立。据悉，这是内蒙古自治区首个农村金融研究院，标志着包头市乃至我国少数民族地区金融理论和实践研究迈出可喜的一步，对促进地区农村金融事业发展具有重要意义。

整合各类资源，共促农村金融

　　包头农村金融研究院是由内蒙古科技大学、包头银行业协会和包头农商银行共同发起，13家涉农金融机构共同参与，经包头市民政部门登记核准的社会组织。研究院旨在搭建一个集合理论研究、业务合作、信息共享等功能的专业平台，促进包头地区农村金融市场有序竞争、良性合作，最大化地实现普惠金融目标，维护地区金融稳定。研究院的目标是围绕包头市的产融中心战略，把农村金融研究院建成金融思想库、信息库、产品库和人才库。同时，研究院将接受地方政府、金融机构及其他合作单位的委托，承担相关的金融领域课题研究、市场调查、决策咨询和产品研发等金融服务任务，加强与各地金融学术机构、行业组织的合作交流，组织区内外研究人员联合攻关，推动地区金融文化建设跨上新台阶。

　　揭牌仪式前，还举办了包头农商银行发展论坛，论坛邀请到全国政协委员、政协经济委员会委员、经济学家贾康教授作了专题讲座，贾康教授从十九大之后国家的宏观经济走向、经济改革变化以及包头本土银行应对举措等多方面进行了深入解析，并同与会人员进行了交流互动。

贾康教授讲解供给侧结构性改革主旨精神

银行做文化，不是图热闹，最终是要整合资源，促进业务发展。包头农商银行的每一场文化盛事，都会扩大品牌影响力，更会圈定客户、锁定客户。2018年末，高端客户答谢会在包头农商银行总部大楼连续举办8场活动，与会人员观览文化视频、图片和景观，深度了解农商行文化，现场落地存款近3000万元。随后，各支行不同客户走进农商行，感受农商行文化全面展开。

风行水上，风推水势，水助风力，必然掀起壮阔波澜。当文化与营销激情相遇，又会碰撞出什么样的火花，包头农商银行的探索，会给出惊喜的答案！

# 文化接力赛

在包头农商银行的自家文化熏陶下，员工不仅朴实，而且务实，不仅传承而且创新，特别是"80后"、"90后"，他们已经占到全行员工总数的70%左右，不仅是业务发展的生力军，而且成为文化的传承者。下面，选取两个代表性人员，以点带面作一展示。

大家好，我是金鹿，来自包头农商银行，感谢关注《朗读者》栏目，今天我为您朗读的作品题目为《算盘》。

自从姥姥去世后，我和妈妈隔段时间便会来老屋打扫一下，清理卫生时，墙角旮旯堆的老物件也就时常被翻腾出来，都是些过时的，用之不及弃之可惜，有时一横心便淡出了视线。

这不今天又翻出来一个算盘，满布灰尘，我端详了半天，这不是我小时候最喜欢的嘛，时间真快啊，已近二十年，睹物思情，欲罢不休。用一盆清水把它洗刷一遍，四周的木框也已经松动拔榫，小心翼翼，这可是我知识的启蒙，更是我人生的启蒙啊。

记得小时候，总是喜欢和姥姥黏在一起，姥姥是她那个年纪难得的读书人，持家、种田样样不落。那时候姥姥家里就有个木质算盘，用绳悬挂在墙上，姥姥有时候会拿下来，啪啪摇两下，所有的珠子齐上齐下，放在桌上，再用手指把上面的珠子一拨，噼里啪啦，就这样开始了。"一上一，一下五去四，一去九进一……"口诀熟烂于心，手指灵动准确，就如同今天我们操作电脑键盘一样，不必劳动双眼，绝无分厘差错。

那时候村子里也没有什么玩具，无聊时我也会不自觉地摆弄一下算盘，姥姥摸着我的头，对我说，你看这个算盘，长方形木框，一道横梁分成上下两个部分。上面窄，穿两个算珠，一个相当五；下面宽，穿五个算珠，一个相当一。每个珠子都有自己的位置，都有算法，不能乱了，在这个框子里就得遵守框子的规矩。规矩，又是规矩，记得姥姥总喜欢给我们立规矩：大人说话，小孩别插嘴，这是规矩；大人没动筷子，小孩子不许动，这是规矩，好像做什么事在姥姥眼里都是不对的，但是她说"在家吃亏，在外享福"。

记得姥姥还说过，这算盘，反说就是盘算，这过日子得盘算，精打细算；人这一生也得好好盘算，什么年龄干什么事，不能由着性子来，得算好自己的人生账。

今时今日，我再次抚摸这算盘，曾经的过往历历在目，姥姥的谆谆教诲更是深深烙印在心底。2010年通过公开招考，我成为农信社的一员，这7年来，我从基层做起，一步一个脚印，慢慢成为业务骨干，在农信社工作的每一天，懂规矩、守规矩、算好自己的人生账，就是姥姥曾经告诉我的这些话一直激励我要努力学习，要尽心工作，要好好生活。就像我单位要求的一样，做事要合规，发展要自强。这几年，农信社改革脚步加快，我所在的农信社已经改制为农商银行，硬件设备越来越完善，产品线也越来越丰富，社会认可度提高了，对我们的要求更加严格了，但我对这份工作却更有自信了，因为农商银行得给别人算好账，才能给自己算好账，才能给员工算好账。

记得姥姥当年让我猜一个谜语"一宅分两院，院院子孙多，多的倒比少的少，少的倒比多的多"，我一直猜不出来，直到见到了算盘，今日，我要把姥姥那把算盘交给我的孩子，让他也猜一猜……

以上是包头农商银行员工金鹿参加《中华合作时报》的一个栏目时

的朗诵稿，其中的亲情让人动情，其传承的算盘精神，也让人由衷敬佩。而刘博在一次经验分享会上的发言，题目为《我工作词典中的四个关键词》，能够让人感受到他在工作中的真实情况。

我参加工作时间不长，担任客户经理也就两年时间。在领导和同事的帮助下，逐步形成了自己的一些工作特点。在我的工作词典中，有四个关键词。

第一个词是"认真"。在我们农商行这个大家庭里，不论从事哪个岗位的工作，银行的服务属性决定了我们首先是一名客户的服务者。我所服务的是河东镇河北村和一些企业客户。当我向他们介绍我行各类产品的时候，当我深入村里、企业当中调查的时候，当我催收贷款、利息的时候，我始终认为，我不是"一个人在战斗"，而是代表着农商行。因此，我非常注重细节的把握，非常注意给客户留下的印象。小到站姿、表情、语气、举手投足，大到业务办理、资料审核，我都尽力做到精益求精，慎之又慎。人们常说，天下大事，必作于细。这话是有道理的。尤其是我们一线人员，一个会心的微笑，一句暖人的问候，一个真诚的举动，可能是再平凡不过的一件小事，却可能让客户感觉到农商行不陌生，没距离，如家人，好交往。慢慢地，良好的合作关系也就建立起来了。

第二个词是"负责"。客户经理当得好不好，我认为，关键是能不能把贷款当成是自家的钱去管理。我们是监控本行风险的第一道防线，按照规章制度办事是基本的要求，但我觉得，更主要的，是要保证贷款的真实性，是不是冒名贷款，用途是否准确，担保是否有效，每一个环节都考验着我们的责任心。特别是贷款发生了风险，是不是千方百计地去清收。经济整体不好的时候，贷款难以收回的情况时有发生，我们或许会碰到难堪的刁难、烦琐的推诿，甚至无情的不搭理。这时候，恰恰是考验我们忠诚度的时候。有一次，有个贷款客户失联了，电话一直处于无法接通状态，我把能找到他的地方都找遍了。那段时间，我第一次失眠了。到底是"功夫不负有心人",总算是把他找到了,并说服了他正面解决问题。我感觉像是中彩票一样欣喜,毫不夸张。我在信贷工作中,还常常会对"两种人"格外关注:对你特别热情的人和身边的亲朋好友。因为,当情感代替理智时,往往也是不良贷款"种子"种下之时,所以要从源头上消灭这种隐患。

第三个词是"吃苦"。晚上审查、整理资料,似乎已经成为一种习惯,各种需要处理协调的工作把白天的正常工作"横断"得支离破碎,只有把它交给宁静的夜。还有那些需紧急处理的文件资料,需起草的调查报告,需装订成册的客户资料,需要建立的监测台账,这些工作往往拖到了深夜甚至周末。从每个月贷款的发放与收回,我的弦儿基本上一直都是紧绷着的。客户经理,这个旁人看似光鲜亮丽的职位,其中的甘苦,只有我们自己清楚。不是在考察贷款,就是在清收贷款的路上,虽然工作辛苦,但我乐在其中,我享受看到通过我们的扶持,事业蒸蒸日上的客户的喜悦,我欣慰通过我们不离不弃的支持,那些走出困境的客户的重生。我觉得,我们的职业是一个高尚的职业。

第四个词是"奋斗"。我们是农商行的新一代,不用说,必须凡事冲在最前头。为了分担集体的存款任务,我几乎动用了身边所有的亲戚朋友的人脉关系,饭桌、酒桌、聚会、聚餐都不忘记发挥自己的余力。作为一名年轻人,绝不能以坐吃空饷的心态工作,我们每一个人都是农商行运转中不可或缺的一份子,所以,要以主人翁的意识热情投入自己为之奋斗的事业中去。有句诗写得好,既然选择远方,便不怕风雨兼程。我们选择了农商行,就应该为之付出、为之努力、为之奉献、为之奋斗。

"大行者,非有大楼之谓也,乃'大家'之谓也"。在包头农商银行,"大家"不是"大学问家",而是干部职工在一起,形成一个真正的大家庭,有情有义,共同向前,用文化的链接,把中国式企业的优势展示得淋漓尽致。

# 《倔强生长》

在第三个行庆日来临之前，一本带着油墨味的图书——《倔强生长》摆在每一个员工面前。该书以"以一部小微银行的倔强成长史、一曲荡气回肠的农商银行奋进歌、一群农商行人追求美好向往的集体素描"为定位，时间为经，工作为纬，描述了包头农商银行的发展历程图谱。该书的出版，在得到全体员工认可的同时，也受到了社会各界的广泛关注。《包头日报》社记者张海芳读后，连夜撰写了一篇《我们都需要倔强生长的勇气》，反映了多数读者的心声。

作为一名记者，第一次采访包头农村商业银行的前身包头郊区信用联社，还是在2007年9月。那一天，从市区开车很久来到九原区沙河街一幢不高的楼前，前面是营业厅，我从后院进来上到二楼。那一天的采访进行得十分顺利，结束时，我为联社的领导班子成员在一楼大厅里拍了一张合影。镜头中，我看到一张张朴实而真诚的面孔，阳光倾泻在他们背后的墙上。当时已是正午，一楼后面职工小食堂的饭香隐隐飘来，对于包头郊区联社的第一印象就这样立体化地定格在我的记忆中。

一晃十年过去，从包头郊区信用联社到包头市郊区农村信用联社股份有限公司，再到包头农商银行，这个小小的信用联社在我国金融业快速变化的十年中，不断求新求变、破旧立新，最终成功实现了从农村信用社到农村商业银行、从微银行向小银行的"三级跳"。

而这正是我从《倔强生长》一书中读到的一个片段，它让我了解了自己知感的表象背后，一段农村信用联社波澜壮阔的成长史，也让我在厚重的岁月中明白，无论是国与家、企业抑或个人，如果想不辜负使命与时光，都需要一种倔强生长的勇气。

在我看来，2017年《倔强生长》的出版可谓恰逢其时。从时代大背景看，2017年是内蒙古自治区成立70周年，各行业、各部门都在策划出书立志，以便为8月份即将到来的自治区70周年庆祝活动增添一点亮色。《倔强生长》作为反映包头市60多年农村信用社改革发展的一个写真实录，可以说填补了包头银行业在这方面的空白，起到了为时代发展鼓与呼的作用。

从企业小角度看，包头农村商业银行的前身已经服务地方经济66年，包头农村商业银行也走过了3年时光。"三岁看大，七岁看老"，三年也是一个重要节点，让人大约可以判断出未来的趋势和走向，因此，选择这一节点对来路进行回望与梳理，也显得十分珍贵与必要。

怀着这样"刚刚好"的心态，我通读了这本16.8万字的图书，也理解了《倔强生长》的真正内涵。

2014年5月9日，包头农商银行正式揭牌。可以说，这是一次迟到的变革，为了这一刻的到来，包头郊区联社人历经波折、几番努力，一路奔波了8年。

当他们终于将曾经可望而不可即的"银行"头衔加在自己的身上时才发现，时移世易，8年间他们已错过了太多。彼时在包头，周围大大小小的银行已经有近30多家，市场有限，对手如林，就连当年同出一脉的包商银行，也远远跑在了前面。前有标兵，后有追兵，旁边还有互联网金融的凶猛夹击，包头农商银行要想绝地反击、成功逆袭，必须要有倔强生长的勇气。

　　"倔强是一种执着的性格，生长是一种向上的力量。"靠着这样一种勇气，包头农商银行开始一路"蒙眼狂奔"，从革新理念、创新业务入手，招人马，扩版图，仅用了三年时间，就创造了包头一段新的金融传奇。

　　或许，三年中，外人眼中看到的只是新的办公大楼终于矗立于赛罕塔拉城中草原的北侧，昆区支行充满现代感的智慧银行进驻钢铁大街中心腹地，但他们所不知道的包头农商人苦苦求索、砥砺前行的每一个脚步，都在书中有着鲜活的描述，这本书也为大家了解农商银行提供了一个最为生动的读本。

　　对外行而言，看《倔强生长》感觉并不枯燥，它不仅仅局限于包头农商银行的企业发展史。从国外到国内，从全国到包头，这本书通过一个更开阔的视角，让人们了解了农村信用社发展的前世今生，并充满感情地去憧憬她更加壮阔的未来。

　　"企业家王石曾经说过，给自己留了后路，相当于是在劝自己不要全力以赴。"这是《倔强生长》第186页的一句话，也给我带来深深的触动。

　　还记得与包头郊区联社初遇的那一年，我还是一个入行5年的普通记者，半路出家进入报社工作，已是30多岁的年龄。由于单位不坐班，工作也相对自由，便优哉游哉地过着看似轻松的日子。

　　2008年的一天，我突然对自己有了一次深刻的反思：难道一辈子就这样在平淡中度过？当孩子一天天长大，作为一个母亲，我在他眼中又是一个怎样的形象？30多岁入行、半路出家，同样是在处于劣势的情况下，我开始有了逆境奔跑的勇气。从那一天起，我会在孩子学习的时候，选择和他坐在一个大桌子上写稿子，我把别人看手机、看电视的时间都用在写稿子上，这让我爆发出从未有过的潜力与能量。意外的惊喜也接踵而来，几年间，我收获了三届内蒙古新闻一等奖，并成为包头日报社建社以来唯一一个内蒙古十佳新闻工作者。

这样的一段人生经历，让我在阅读《倔强生长》时有了更多的共鸣。的确，在这个快速变化的时代，与其坐以待毙，不如主动迎战，破釜沉舟、全力以赴，人生更需要倔强生长的勇气。

在这本有着"一群农商行人追求美好向往的集体素描"的《倔强生长》里，我看到了我所认识的人们几年来的蜕变，感受到了他们节节向上、倔强成长的力量。

董事长陈云翔应该是给人感受最深的一位。2007年我第一次见到他时，第一感觉就是在"土味儿"十足的农村信用社里，怎么会有如此高大帅气的人。十年之间，在破旧立新之间，他蓄势待发已经成长为一个睿智的领军者。

面对变革，他选择了担当。在成立包头农商银行之时，他本着实事求是的原则，与各方推心置腹地交流，并带领全体员工率先完成相关准备工作，单独取得了农商银行这块来之不易的"牌子"，为包头郊区联社成功转型赢得了先机。

面对困惑，他选择了发展。在一片观望和怀疑的目光中，他带领全体职工成功实现了企业发展"三级跳"，用无可争辩的事实给出了"发展就是硬道理"的答案。

没有人真正走入他的内心，但他一定经历了刻骨铭心的历练与成长。因为对他而言，一切也都是新的，是在走着过去从未走过的路。

当朴实无华、积极肯干的他们一路走来，越来越好，我会真心感觉到这是一个充满正能量的集体，这里有着最好的成长环境。当然，挖掘其背后，他们之所以能实现人生的跨越，最重要的一点是，在面对变革时，他们同样选择了积极应对、倔强生长，而没有让抱怨和彷徨充斥于心。

每个人都有探寻来路的好奇。记得初一时，我常常拉开家里的书柜，拿出父亲年轻时的笔记本，反复读着他所经历和记录的年轻时的人与事，有些甚至是"文革"时期令人感到荒唐的陈年旧事，但透过那些琐碎的往事，我了解到父亲耿直的性格和奋斗的人生，并感谢父亲在吃不饱饭的日子里，仍然能静下心来记录下或惊喜或破败的岁月。

如今，66年过去，包头第一代农信人有的或许已经离世，二代农信人已经在这里上路。我想，这本《倔强生长》对他们来说，同样是一本珍贵的记录。

包头农商银行的文化建设，不仅感染了合作的记者，还延伸到了各类合作伙伴，甚至全市人民。2019年初，全民阅读包头阅读会的合集《挚爱阅读》即将付印，邀请包头农商银行董事长陈云翔作序，他以"此处有声胜无声"代序，或许可以看出一些端倪。

在《挚爱阅读》即将付梓之时，阅读会的朋友们约我写序，感觉甚是汗颜。但与全民阅读包头阅读会合作这几年，感触颇多，收获颇丰，写几句心里话，聊作序言。

一是阅读让我们实现了"双语服务"。包头农商银行从农村信用社改制而来，经过发展，城区业务已经成为主体，但过去好多习惯和思维都自然地沿袭过来。比如语言交流，过去大家讲的大多是方言，我们称之为"此地话"，在普通话为主的环境里，因为语言而导致的服务体验感是较差的。在与包头阅读会合作的过程中，大家不仅会讲普通话了，而且会用诗一般的语言和客户交流，客户对我们也刮目相看了，我们戏称是"双语服务"，此地话和普通话并用，同时满足不同客户的需求，进而对业务的发展很有帮助。

二是阅读让我们从田间地头到了高楼大厦。比语言更有效果的，是思维的改进。我们应该是包头阅读会的第一个分会。分会授牌的时候恰逢感恩节，我们组织了感恩诗会，员工们从感恩父母，到感恩身边的人，再到感恩社会，感恩国家，思想的格局一下子扩大了。更可喜的是，在阅读的同时，大家感受到了"实用"的魅力，将精神与实际融会贯通，从小富即安的精神状态转变为积极进取，全员的整体素养焕然一新。

三是阅读让我们从专注业务到了文化兴行。银行是比较重利益的，我们一直专注于业务经营与管理，注重看得见的，忽视看不见的。我们不间断地与包头阅读会合作开展活动，员工个人素养提升的同时，行内氛围更加优化，整体凝聚力自然强化。企业文化迸发出的魅力，让人叹为观止。我们可以用命令的方式，让一个人加班，却无法得到他的热情；我们也可以用奖罚的手段，让一个人完成任务，却得不到他的主动，更得不到他的奉献。而这些，在阅读赋能下的文化里，我们取得了意想不到的效果。

有句话叫做"此处无声胜有声"。对于我们来说，却是"此处有声胜无声"。阅读，不仅让我们得到了素质的提升、精神的提升和文化的提升，而且由此促进了业务的提升。

"每天一小时，这个城市在读书"。我们做了第一个合作者，其他合作者纷至沓来，算是一点点小贡献。希望在今后的合作中，能够取得新的成果，更祝愿包头阅读会越来越好，让包头这座全国文明城市"满城尽是读书声"。

**文化的力量，直击人心**

包头农商银行的企业文化，不仅感动了自己，凝聚了团队，还感染了别人，影响了城市，这是他们自己没有想到的。或许，更多没有想到的，还在后头。

# 第八章

## 微可足道

国内某知名企业家曾经有一段关于企业社会责任的叙述：一个企业能走多远，取决于这个企业的社会责任感。应该说，这话是有道理的，尤其适合农商银行这类企业。他们立足一方，风雨兼程，与这方百姓水乳交融，休戚相关。改制为农商银行是为了更好发展，而发展是为了更好地回馈社会。虽然回馈不是惊天动地，只是点点滴滴，但汇流成河，聚沙成塔，于微小之中见伟大，于寻常之中见不同。这就是包头农商银行的答案。

# 《安居》里的农商行

　　2016年，中央电视台一套黄金时间播出热播剧《安居》，这部剧是以包头北梁棚户区改造为题材编排的民生剧，并斩获了第31届电视剧"飞天奖"。在第23集的一场机场送别戏中，背景中出现了包头农商银行的大屏广告画面，好多人以为是有意为之，花了不少钱。其实，这是无心插柳，更是因承担社会责任而厚积薄发效应的印证。

　　北梁棚户区改造，是包头一项重大的民生工程，也是李克强总理心里牵挂的一个惠民工程。那年，《新闻联播》中出现的"光屁股小孩"意外走红，却真实地反映出北梁居民生存状况。包头农商银行曾经有三个支行长期服务于这片居民，对于他们的生存状况更能感同身受。北梁棚改，他们和这里的居民一样，有着更多的期许。

　　这项工程的资金来源以财政为主，但金融支持也是必不可少的。包头农商银行从立项伊始就积极对接，在动土、拆迁、安置、入住等每个环节、每个场景，都主动投入，全力支持。无论是建设方，还是这里的老百姓，都切实感受到，包头农商银行是真正为老百姓服务的银行，"包头老百姓自家的银行"，这句响遍大街小巷的宣传语实至名归。承接这项工程的建设方是包头市北梁棚户区改造建设有限责任公司，成立于2010年4月30日，股东是包头市东河区财政局。从2014年3月包头农商银行首次与该公司合作至今，已经累计向其发放数亿元信

**无心插柳源于厚积薄发**

贷资金。用这家公司财务人员的话说，包头农商银行为北梁棚改帮了大忙。

由此看来，拍摄《安居》选择包头农商银行作为背景，是听了更多老百姓的呼声而作出的选择，也应该有建设方提出的建议。此举，包头农商银行并不知情，但民心所向，无法阻挡。

# 王四顺村的扶贫故事

王四顺村是包头市土右旗一个边远的农村，土地贫瘠、水患不断，老百姓生活艰难，被列为国家级贫困村。2016年中秋前夕，村里的人又看到了他们熟悉的老朋友——包头农商银行的人。这次与他们结伴而来的，还有食药监局的工作人员，他们是来送药和义诊的。

老村长王称心带着大家满村子"转悠"。在一排排新建的房屋前，他激动地说，"安居房都已经建好了，天冷前就能入住"。陈云翔董事长问道，"老乡们还有什么需要吗"？"没了，没了，搬上铺盖卷儿就能住了"。在鹿业养殖基地，老村长眉飞色舞地给大家介绍基地进展情况，"基地建成了，种鹿也到了，村民的贷款资料准备得差不多了"。一旁的行长高峻岭说，"加快一下进度，资料一齐，贷款就下来了"。老村长连连说好。走在庄稼地里，眼前是丰收在望的万亩高粱地。大家纷纷拍照留影，老村长说，"今年是个丰收年，已经有三个酒厂来谈了"。陈云翔董事长高兴地说，"红高粱红的壮观，老乡们的日子也一定会红红火火"。看看时间，已经过了中午，陈云翔董事长招呼大家，"老乡们下地回来了，孩子也放学了，走，送月饼、送书包去"。

扶贫从娃娃的书包抓起

这是包头农商银行按照习近平总书记精准扶贫的指示，深入推动扶贫工作的一些画面剪辑。在这背后，还有着一整套完善的扶贫支持计划。

首先是治标救急。总行确定重点帮扶对象，持续扶持，尤其是无劳动能力人群、年迈老人、困难家庭和留守儿童。各支行则主动收集辖内困难群众情况，自行开展捐赠活动。仅2015年，各类捐赠就有40万元。

其次是联合扶贫。动员合作的单位、企业一起参与扶贫大计。与联通公司共同推动，让村里的夜晚和城里一样有了路灯；与大圣鹿业合作，让老百姓有了新的生财之道。还联合其他大中型企业，以"资金+技术+互联网"的帮扶合作模式，推动合作社的种植、养殖等扶贫项目的有效落地。

最主要的，还是发挥自身特点和优势，加大信贷扶贫力度，激活农民创业致富的激情，找到永久脱贫的内在动力和恰当路径。一方面以"富民一卡通"为载体，通过联保或担保的方式，按照每户5万元的授信标准，对困难农牧民进行放贷帮扶；另一方面重点支持一批帮助村民脱贫致富的专业合作社、农牧业龙头企业、政府扶持项目及新兴产业，带动产业上下游贫困户增收致富，通过调整农牧民产业结构和生产方式帮助农民脱贫创收。

在新一届党中央的"四个全面"战略布局中，全面建成小康社会是惠及每一个老百姓的事业，也需要每一个单位和人在其中发挥应有的作用。贫困人口是制约这一战略实现的主要短板。包头农商银行用实际行动在为弥补这一短板增砖添瓦，辖内贫困人口全部建档并定期走访，且已全部脱贫，获得各方的认可，连续多年被包头市委、市政府评为扶贫先进单位。这在银行体系并不多见。

# 绿色责任

银行业是一个特殊的行业，不仅为社会大众提供服务，还承担着通过经营信用、传导政策、配置资源等方式，促进诚信建设、环境优化等方面的职能。包头农商银行在经济效益和社会责任的选择题中，选择了后者。

在共和国初创的岁月里，包头因钢铁、稀土等产业，成为重要战略基地，为国家建设发挥了作用。但重工业项目大多伴随着一个"孪生体"——污染。尤其是大气和水，更成了这座曾经获得"联合国人居奖"、全国文明城市的两块"伤疤"。在国家产业政策调整的大背景下，包头的担子不轻，责任重大。近年来，包头农商银行结合"三去一降一补"大政方针和《绿色信贷指引》等监管要求，坚持"3313"原则，即"三个支持"：对国家重点的节能减排项目、财政税收支持的节能减排项目、节能减排显著地区的企业和项目在同等条件下给予支持，"三个不支持"：对国家产业政策限制和淘汰类的新建项目，对高耗能、污染问题突出且整改不力的企业和项目，对列为落后产能的项目不予支持；"一个创新"：对开展节能减排创新项目给予增加授信；"三个重点领域"：重点支持绿色经济、低碳经济和循环经济三个领域。以此推动地方产业调整和经济转型。

包头农商银行董事会制定和出台了《包头农商银行绿色信贷发展战

略》，经营层专门成立了绿色信贷领导小组，明确执行此项战略的分管领导、执行部门、分工职责和有关考核要求。在具体实施过程中，对于缺少环评手续的贷款申请一律不予受理，并在贷款投向上，由过去的传统行业转向现代化农业、消费、产业升级、绿色环保等重点领域和薄弱环节，全面限制"两高一剩"行业；在贷款集中度上，全面压缩大额贷款，重点推广中小额贷款，使更多的客户金融需求得到满足；同时，积极践行绿色信贷标准，将绿色信贷理念、标准、方法贯穿信贷工作的全过程，努力通过信贷资金的撬动作用，带动国家及地方有关政策落到实处，引导有关企业转型升级。

到目前，包头农商银行新增和续贷类的贷款企业，全部符合绿色信贷要求，成为绿色信贷的有力推动者和践行者。

# 千万光彩计划

在包头，活跃着一个叫做向阳花的公益组织，参与者大多是"80后"、"90后"的年轻人，他们中，有警察、护士、教师，还有很多包头农商银行的员工。他们捐资助学，爱老敬老，广施善行，受到当地媒体的重点关注并多次予以报道。

发起人是一个"80后"的小伙子，叫刘阳。在他英俊潇洒的外表下面，还有一颗火热的爱心。他常年关注和帮助自闭症儿童，在这个领域已经成了标杆性的"人物"。有一天，电视台的记者到包头农商银行的支行采访他，人们才知道，这个小伙子不仅工作做得好，原来还在业余时间做了那么多的大好事，也才知道还有那么多年轻的员工，在默默地为这个社会传递着爱的力量。

意外的事情其实在意料之中。刘阳及这个组织诞生的"沃土"，是被内蒙古自治区党委宣传部和内蒙古红十字会等单位联合授予"最具爱心单位"、荣获包头首届"最佳慈善先进单位"荣誉称号的包头农商银行。

被向阳花公益组织收藏的福利院孩子作品

多年来，包头农商银行在大力发展业务的同时，没有间断践行回馈社会的企业责任。在组织体系上，由党员捐款发起设立了包头农商银行慈善基金会，由工会发起设立了爱心基金；从资金保障上，每年将各项善款列入经费预算，每年都在50万元上下；从活动组织上，每年组织"爱心一日捐""送温暖工程"等固定活动，同时，积极参与各类政府、社会发起的公益活动。各家支行积极响应总行的倡导，为环卫工人提供休息场所，为过往行人提供WiFi环境，深入农村、社区开展各类公益活动，如钢铁大街支行的自闭症儿童关爱、古城湾支行的定期老人院活动，都已经成为公益领域的"标杆"，带动全行形成了热心公益、参与公益的良好氛围。

2017年8月18日，由包头市委统战部主办，包头市光彩事业促进会、包头市工商联、包头农商银行共同发起的"千万光彩计划"正式启动。包头农商银行与包头市光彩事业促进会共同签订了合作意向书，正式开启了包头农商银行"千万光彩计划"。从2017年起，包头农商银行每年至少拿出100万元用于光彩事业，持续10年，总计不低于1000万元。包头农商银行"千万光彩计划"以"守望相助、合力帮扶"为理念，旨在以共同发展为目标，促进包头市光彩事业的发展，唤起人们对光彩公益事业的关注，使光彩理念深入人心。

做公益，包头农商银行是认真的

在启动仪式上，包头农商银行向"读书圆梦看世界　爱来爱往光彩行"活动捐款10万元；向全市环卫工人捐赠工作服装3000套，价值30万元；向全市精准扶贫工程捐款10万元；向四川省九寨沟地震灾区捐款

10万元；向新疆维吾尔自治区精河县地震灾区捐款5万元。包头农商银行累计捐款捐物65万元。

由此，包头农商银行的公益活动走上规范化管理的轨道，无论是之后与红十字会共同签署和落实的困难矿工定向帮扶协议，还是日常零星的各类帮扶，都成为一种常态化的工作。

套用一句流行语，做公益，包头农商银行是认真的。

# 永远的"大白"

魏巍曾说，"青春是美丽的，一个人的青春可以平庸无奇，也可以释放出美丽的火花；可以因虚度而懊悔，也可以用结结实实的步子，创造辉煌的人生。"2017年9月21日，包头农商银行一个还未满31岁的生命戛然而止在扶贫归来的途中。她叫温宁，是包头农商银行一名普通的"80后"。正是在这样平凡的岗位上，在短短6年的工作经历中，温宁用结结实实的步子，用最踏实的奋斗，谱写出一曲短暂却耀眼的青春之歌。

匆匆，疾步匆匆。每天，温宁给所有的人印象都是疾步向前；干练，缜密高效。每天，温宁让所有人都看到了她不断历练后的成长……而这一切，就在一个猝不及防的瞬间定格在了记忆里。"9月20日，土右旗扶贫慰问，一切准备就绪。"工作日志的最后一段，记录了温宁离世前的最后一项工作。

**奋斗的青春最美丽**

说起年轻的温宁，双龙镇驻村第一书记李文军不住地摇头叹气，他声音哽咽地说："直到现在，我还是不相信车祸真的发生了，不相信小温真的走了。心里老是幻想着，没准儿啥时候，温宁帮贫困户推销胡油的微信又发过来了……"

"农村"、"帮扶"。2015年，当这两个词走进温宁的视野时，那种深切的触动长久地蓄积在她的心底。在农村长大的温宁深知农民生活的不易，特别是那些渴望走出贫困却略感无奈的眼神，深深地印刻在她的脑海里。"当年我努力学习，就是为了改变身为农村人的命运。现在有机会参与对口帮扶的工作中，我要把所有的能量都用在帮扶土右旗双龙镇太平庄村建档立卡的86户贫困户身上。"温宁这句朴实的话语，让李文军一直记在心里。

作为对口扶贫单位的主要联系人，李文军与温宁第一次接触，温宁就给他留下了深刻的印象。"这孩子第一次来，就和我走访了30多家贫困户，每家的情况她都详细作了记录。回去之后，她多次打电话和我沟通。得知村民们急于销售自己产的鸡、蛋、粮食和胡油后，她就开始发动身边人购买，有时候还专门让她爱人开车过来把销售出去的东西拉回城里。"李文军回忆，两年中，温宁通过微信转给他销售土特产的红包多达数十个，只要有机会下乡，她总会惦记着给最困难的贫困户带些慰问品。

"作为一个对口帮扶单位的联系人，温宁绝不仅仅是为了完成单位的任务而工作，从农村走出来的她，仍旧保持着农村人的淳朴真挚，她是把村民的事当成了自家的事。我们扶贫工作中，如果多几个像温宁这样的人，那么给予村民的就不仅仅是脱贫，而是一条致富的道路。"李文军感慨地说。

在2017年中秋、国庆到来之前，为了让村里最后5户村民尽快脱贫，包头农商银行和包头市食药监局工作人员一同走进太平庄村开展扶贫慰问，并启动了便民超市电商平台。为了使这项工作顺利完成，活动开展的前一个星期，温宁就开始和李文军对接，她细致地将工作流程一次次发给李文军确认，很多细节她都想在前面，并做好了准备。那天来到村里后，温宁成了最忙的人。她身兼数职，不仅要对接整个活动、带领导入户慰问，还要承担活动报道采写及摄影任务。中午所有人都被安排到食堂用餐，她确认好下午返程的车辆后，才匆匆吃了一口饭。不料，在返回途中意外遭遇车祸。

扶贫路上，一个年仅31岁的女性、一个4岁孩子的年轻母亲献出了鲜活的生命。当天晚上，当村里的贫困户和那些她帮助过的三道河中心小学的留守儿童得知温宁出事的消息时，大家都心痛不已，贫困户赵大妈不住地念叨："多好的女娃娃啊，我们大家都想念她！"

"做什么事不干则已，要干就要干到最好！"这是"80后"温宁做事的基本原则。

2011年6月，温宁来到包头农商银行九原支行营业部做一名实习大堂经理，她开始琢磨怎么把这个岗位的职能发挥出来，经过一段时间，她通过仔细观察、用心揣摩，总结出对待开朗型、严肃型等各类顾客的不同方法。

刚担任大堂经理时，温宁对有些客户的脾性不太了解，七十多岁的崔大爷曾发过一次脾气。后来得知大爷以前一直担任领导职务，比较爱面子，她就把平时的称呼"请问您办理什么业务"改成了"领导有什么需要，请指示！"如此一来，崔大爷的严肃劲儿全没了，也不再挑理，变成一个和颜悦色的"铁杆"储户。

一次，一位丢了存折的大娘跑了好几个地方都因手续不全无法办理，当温宁得知大娘指望着存折上的几百块钱照顾瘫痪在床的儿子后，放下手头的工作，打车把大娘送到青山农信社办理存折挂失。得知一个星期后才能取到新存折后，大娘突然哭了："我就等着这钱买药呢！"温宁拿出身上仅有的300元塞给老人，回程打车钱只能让同事帮忙付了。

2013年温宁怀孕四个月的时候，参加了包头银行业优秀大堂经理的选拔，当时她的妊娠反应严重，每天呕吐不止，但她非常珍惜这次学习机会，坚持参加比赛。包头赛区，她毫无悬念一路过关斩将，被推选参加全国银行业优秀大堂经理的角逐。肚子微微隆起，温宁是全国上百个参赛选手中最特别的一个。就是这样一个"特别"的选手，最终获得"全国优秀大堂经理"的称号。

经过这次比赛，温宁对工作有了更多的思考。一次经理赵志红和她聊天，温宁认真地说："这次比赛我看到了自己的差距，也看到了包头农商银行的差距，我们只有把最基层的工作做好，企业才有竞争力。"第二天一早，温宁给赵志红发去了一份5000字的比赛心得，整篇文章认真、细致、客观地分析了自己岗位存在的问题以及包头农商银行遇到的发展难题，内容深刻而令人深思。赵志红说："一个从业仅两年多的员工，为什么会有这么多的想法，后来仔细观察我才发现，这一切都源自她对工作和企业的热爱，以及自身所拥有的一种奋斗精神。"

来到党政事务部工作后，温宁接手了网站、微信和内部报刊的编发工作。为了能在这方面有所突破，温宁一个人跑到北京学习，和技术部门的同志从网站模板一点点改起。精心的设计和内容上的改变，使网站和微信的点击量和关注度成倍提升。在内部报刊的采编上，她更是精益求精，力求"做到最好"。为了逼迫自己成为更专业的"写手"，她一有空就抓紧时间看书学习，不断提高写作水平，她策划采写的《那一天，这三年》等都是长达三四千字的大稿，这让很多人对她超强的学习能力钦佩不已。

9月20日，就在离世的前一天，她完成最后一期报刊的校对工作，当天晚上9点钟，她把需要修改的内容通过微信发给报社排版人员。包头日报印刷厂职工薛祥梅说，"我们接触的做内部报刊的单位有几十家，像小温这样认真的人实在太少见，那天，她还把我们专业校对都没有发现的一个错字找出来了。"

在温宁的遗物中，有一个她每天都不离手的工作笔记，200多页的笔记本扉页上写着"工作笔记第四本，2017年3月启用"两行字。打开笔记本，进入眼帘的是红黑两色中性笔写成的一行行密密麻麻的工作安排，其中工作安排全部用黑色笔记录，每一项都按重要性标有序号；每一项工作的完成情况则用红笔标注，需要延续和后续跟踪的再一一加以注解。4月13日的一份清单上，黑红分明的两行字清晰地记录着每件事的进度，即便是陌生人看到都能顺利地继续下面的工作。而8月18日这一天，温宁为自己确定的工作安排有21项。

"每天来单位食堂吃饭的人有100多号，员工中我认温宁认得最准。"说起温宁，食堂的赵阿姨眼圈发红。"每天12点半，人们都快吃完了，她才一个人疾步赶来。菜盆里剩下的底子菜她从来不挑剔，每次看她急匆匆地吃，我都劝她慢点，她总是笑着说'还有点活儿，着急呢！'"

白天的工作被各种琐碎的事情占满，一些重要的策划、工作报告、宣传稿件一般都需要晚上一个人静下心来后才能完成。包头农商银行蓝色玻璃幕墙的10楼靠近南窗的位置，入夜台灯常常照射出光亮，那里正是温宁办公的地方。

温宁的对桌张书宁说，温姐走路总是急匆匆的，但再多的工作她都能井井有条地完成。她常说的一句话是"要知足，要珍惜！"办公室的"80后"听了都笑她，可是她总拿自己的现在和大学毕业后那段艰苦的打工经历比较，"来到这个单位就像有了家，心里踏实，忙点也觉得很幸福！"

"最对不起的就是孩子！"除了工作，温宁说得最多的就是这句话。儿子四岁才上幼儿园，因为工作忙，她只去接过一次。单位承办"七夕"草原悦跑大型活动时，因为参与人数多、活动内容千头万绪，温宁经常加班到深夜，第二天一早又坐公交赶到单位，20多天的时间里，她没有机会和儿子做太多交流，这让温宁感到十分愧疚。她的丈夫看出了她的心思，之后每天早早就把儿子叫醒，在送温宁的车上，让她和孩子可以有20多分钟的交流时间。

温宁每年有5天年假，可是因为工作忙很少休息。去年她决定利用年假陪儿子几天，可是周五来到单位后，看到部室的工作十分紧张，就立即给楼下等她的丈夫打电话，让他们别等她，准备周六日出门的计划也因此泡汤。

丈夫说，做大堂经理的时候，温宁每天脚疼得连高跟鞋都穿不住，但她从来没和人说过。调到党政事务部后，刚开始压力大睡不好、吃不下，每天早晨都出现头晕的情况，可一走进办公室，她就变得精神饱满。

一次在加完班深夜回家的路上，温宁和好友张馨月在微信中聊天，温宁的一句话深深触动了张馨月。温宁说，包头农商银行各部门有无数的"专才"，在人才汇聚的队伍中，她感觉到了从未有过的压力，但也拥有了从未有过的兴奋和干劲。正因为如此，她才如此珍爱工作，用自己的方式演绎着一个"80后"爱岗敬业的优秀品格。

在这样一个不断变幻中的大时代，温宁是平凡的，但她更是不平凡的，她用诺言践行青春。她的青春正如她所说：因奋斗而更有价值，因奉献而绽放出美丽的火花！

在温宁的追悼会上，哀乐中传来员工集体朗诵的《惦念你》，如歌如泣地表达了大家对她的不舍和惦念。

你走了，
走得那么纯粹，
乱七八糟的现场，
掩盖不了你完好的气质。

你走了，
走得那么安详，
没有留下一句话语，
却仿佛有许多话要说。

你走了，
一定是恋恋不舍地走的，
刚入园的孩子，
相濡以沫的老公，
还有患病的双亲，
哪一个是你能割舍得下的。

你走了，
肯定是依依不舍地走的，
小挎包还在你的胸前挂着，
电脑屏还没有合上，
还有你未竟的事业，
都等着你去忙呢！

你走了，
把我们的心也带走了，
痛苦、惋惜、感慨，
每一个人的脸上都写满低沉，
还有人在暗暗地抽泣，
你灿烂的笑脸，谁都不会忘记。

你走了，
留给这世间无尽的遗憾，
呼喊、空乏、假设，
每一个举动都是那么弱智，
却不由得我们要去做，

你忙碌的身影，谁又能忘记。

你走了，
下夜的大爷不用再半夜去给你开门了，
食堂的阿姨不用再给你留饭到最后了，
我们的"女汉子"不见了踪影，
你一定是在和我们捉迷藏，
躲在了某个角落，
看着我们。

你没走，
这里也是你的家，
你曾经是那么地爱着它，
一砖一瓦，一草一木，
爱如眼睛，刻在心中。

你没走，
这里还有你的家人，
你曾经与他们结伴同行，
忙，并快乐着，
一直是你和大家共同的精神。

你没走，
还有许多事需要你去完成，
你曾经是我们的工作标兵，
夜以继日，马不停蹄，

未来的路上怎能少了你的身影。

你没走，
不要忘了美好的憧憬，
还有我们曾经的约定，
天妒英才，造化弄人，
抹不去的，是你华美的背影和高贵的灵魂。

你走吧，
唯愿那边没有车来车往，
不会惊扰你安然的睡眠。

你走吧，
祈愿那边没有繁杂事务，
可以让你静静地安息。

你走吧，
亲人们一切安好，
也都在为你默默祈祷。

你走吧，
你钟爱的事业会越来越好，
因为你的精神定会传承下去，弘扬开来。

你走吧，
在下一个轮回中，

你一定还是那朵铿锵的玫瑰，
不悲不喜，不卑不亢，
用善良、勤奋和顽强，
在天堂的百花园里一枝独秀。

你走吧，
抛开那种种的不舍，
你其实也很累了，
往前去吧，不要回头，
用坚定、执着和果决，
去领略另一个世界的种种美好。

人的一生，真的就是一段旅程，
有的人先下车了，
因为已经到了要去的地方。
有的人晚下一些，
但终归还是要走到一起，
因为大家的目的地是一个方向。

人的一生，其实就是一场修行，
有的人早早地圆满了，
去往了另一个极乐世界。
有的人还在苦苦地探索，
但终有觉悟的时候，
因为万物慈悲，终有归属。

愿逝者安息，生者坚强，

纵是阴阳两隔，

却也宇宙一体。

逝者莫不舍，生者莫悲伤，

只要心中有大爱，

下一个路口，还会遇见你！

　　在员工自发悼念温宁的同时，总行党委发出《关于号召全行员工向温宁同志学习的决定》，学习她爱行如家的厚道品质，学习她认真负责的严谨态度，学习她加班加点的奉献情怀，学习她精益求精的工匠精神，并将学习温宁同志工作与"两学一做"紧密结合起来，与面临的工作实际结合起来，用温宁同志的先进事迹教育全行员工，用温宁同志的工作精神感召全行员工，进一步推动全行转型发展和企业文化建设。

　　生前，温宁的微信头像设置的是"大白"。大白是一部电影中的虚拟人物，因呆萌的外表和善良的本质获得大家的喜爱，被称为"萌神"。温宁不仅受到大家的喜爱，也得到上级党委的关怀。2017年，经包头市委批准，追认温宁同志为"爱岗敬业"标兵。

# 第九章

## 康庄大道

招商银行前董事长马蔚华曾经说过：不做公司业务，今天没饭吃；不做零售业务，明天没饭吃。这句话被业内奉为圭臬。确实，银行发展有多条路可供选择，但各有利弊，难有圆满之道。包头农商银行在探索的路上，也曾激情飞扬，也曾陷入迷茫。小银行没有社会公信力，需要做大。而做大就要冒大的风险，小银行怎能承受得起。但一味地按部就班，沿袭旧路，就会永远地跟在别人后面，且差距会越来越大。包头农商银行在充分结合自身实际和借鉴他行经验的基础上，选择了一条包头农商银行特色之路。没想到，却是一条康庄大道。

# 不打无准备之仗

一头是更好地支农支小，一头是解决自身发展的问题，包头农商银行于矛盾之中，选择了同步推进。既要坚持支农支小这条"大道"；还要加快发展公司业务、金融市场业务，用这两个板块解决当下吃饭问题，完成原始积累，为更好地支农支小创造更大空间。这就是道和术的关系。

同步推进就需要额外的付出。

2015年，包头农商银行设立大客户部，2017年，设立比较规范的公司金融事业部。包头农商银行的公司业务犹如一把匕首，在竞争激烈的市场中，有目标、有选择地撕开了一条生路，为全行扩规模、保效益起到了尖兵的作用。

这一成绩，源于包头农商银行壮士断腕式的战略转型。

彼时，包头地区中小型企业野蛮生长，多是粗放式的扩张。包头农商银行的决策者们清醒地意识到，这种方式不可持续，毅然选择了弃掉中间，确保两头的"一大一小"信贷投放策略，即舍掉钢贸、煤贸等资源类粗放式经营的企业，重点做微利型的政府民生项目和支农支小业务，将贷款结构从橄榄形调整为哑铃形，同步将担保公司担保贷款大幅压缩。这种做法，让行内行外人员一度非常费解。放着那么高的利息、那么容易挣的钱不挣，咋想的？

后来的实际结果证明，他们的决策是正确的，转型是及时的，效果也是很好的。

2018年，总行给公司金融条线下达新的命令：增效提质，向产业银行方向发展，铸造新的市场名片。"增效"主要是继续给公司部门压担子，提升对全行的贡献度。要求优中选优，坚持"五大客户"导向，一是全区范围内的龙头企业，涉农涉牧的为主；二是优质上市公司，或准备提交上市的公司；三是国企、央企等实力强、运行好、其他银行"抢"的企业；四是政府类的重点项目，棚改、扶贫等合规项目；五是创新型、高科技、有前景、有影响力的企业或者项目。这让公司金融部负责人郭炜龙皱起了眉头。所谓初生牛犊不怕虎，1988年出生的他，一个劲儿地摇头，这哪是农商银行的打法！可是，更重的担子是"提质"，在市场定位、营销方式等方面从质的方面提升。由"点金融"向"链金融"转变；由以单一企业为主要服务对象的分散型营销，向以产业为主要服务对象的金融服务体系营销转变；由单纯的资金融通，向全面参与产业和企业的生产经营、技术开发、管理等转变；由按照客户规模定位，向按照产业需求定位转变；由财务分析式的表层接触，向参与企业管理诊断式的专家研究转变。

通过一年的运作，公司金融确实改天换地。而这只是一种尝试，包头农商银行公司金融业务的未来是要打造产业银行。虽然规模等方面还是很受制约，但他们的举措务实，善于借力打力，善于部门协同，善于发挥小法人灵活的优势，善于发挥人缘地缘的特色，推动客户资源整合和拓展，顺藤摸瓜，一抓一串。决策层的眼睛不是只盯在利息上，而是算大账，算长远账。

公司金融渐入佳境，金融市场团队更成为全区农村金融机构的一支主力军。如果抛开开办较晚、规模较小的因素，从基础积淀、队伍质量等角度看，包头农商银行已经成为全区农村金融机构的金融市场领头羊。

在国家不断加强金融市场业务监管力度的背景下，决策者们意识到，金融市场从"江湖时代"进入"丛林时代"，由过去的粗放式、短期性发展过渡到内涵式、长远性发展阶段。在这种局面下，金融市场业务没有被淘汰本身就是一种成功，要加速给力，再上台阶，作出相应的转型，重点体现"四化"：一是精细化，要向管理要效益，切实提高利润率。二是专业化，继续有选择性地引入更加专业的人才，强化和带动全行相关领域的金融市场业务专业化水平，推动全行由劳动密集型向智力密集型转变。三是差异化，按照"人无我有、敢为人先"的原则，选择大行因决策周期较长而无暇顾及、小行因能力不足而无法跟进的新兴产业，寻找资产端业务的"蓝海"，并在全区农信系统牵头做好理财代销等业务，在产品端做好"领跑者"。四是特色化，在产品体系上形成自己鲜明的特色，在市场内确立自身的地位，打造一块崭新的招牌。

金融市场这个团队也确实是蛮拼的，他们不仅成为全行增收的主要抓手，而且兑现了自己的诺言，开始对外输出，确立了全系统金融市场领头羊的地位，实至名归。

一个业务脉络渐渐地清晰，那就是在新的时期，包头农商银行比以往任何时候更加重视资产负债管理，并逐步向资产资金管理方向发展。这种势头，看来势不可当。

# 回归、转型，抑或升级

从农村信用社走来，包头农商银行一路栉风沐雨，跋山涉水，寄情山水，指点江山的时候有过，披星戴月，风餐露宿的时候也有过。虽不易，却风雨兼程，终有所成。这一路的坚持，只为一个目标，就是心中的那个大道，就是要更好地服务这方百姓。

当时间走到2018年，当各项基础已经夯实，包头农商银行的决策者们决定，把"三驾马车、并驾齐驱"的战略，调整为"一体两翼、零售为体"。

零售金融是个"工程"。首先是一个长期的工程，不是一年两年就能见效的。其次是一个系统的工程，考验一家银行的整体能力，需要各方面协同配合，任何一个方面出了问题，都可能影响工程质量。最后是一个"烧钱"的工程，许多银行做零售，要拿出收入的七成去培育。但是，包头农商银行党委将其列为"一号工程"，决策者们拿出了功成不必在我的决心和担当，决定在零售金融上有所建树。

事实上，农村信用社是一个天然的零售银行，因为过去服务的主要是农牧民，改革开放后，增加了乡镇企业。但是，对于地处城镇化率高达83%的区域，且城镇化导致农区大幅减少，不足以支撑发展的包头农商银行而言，主做零售金融，是需要很大的勇气的。

方向定了，剩下的就是路径的问题。摆在包头农商银行面前，有三条路可选。一是回归，放弃主城区业务，回到农村，回归传统。二是转型，放弃公司金融、金融市场业务，主做零售。三是升级，维持公司金融、金融市场业务的同时，重点做零售，并在过去传统的基础上，结合新的实际，进行升级。

包头农商银行选择了第三条道路：零售升级，全力建设乡村社区银行。

零售升级，突出体现在三个方面。首先是客户，实施"增量扩面"工程，重点从存量激活和增量扩大两个方面发力，将服务客户做到100万以上，占到全市人口的三分之一以上。这正是陈云翔董事长规划的"八百工程"中的最后一项。其次是科技，用线上线下相结合的产品，实现客户体验性好、获得感高的目的，他们戏称为"性感银行"。最后是营销，传承老农信人背包下乡、走村入户的精神，变"坐商"为"行商"，全面开展电话营销、外拓营销和厅堂营销，逐步由前期的全员营销，向将来的专业营销转变。

而乡村社区银行目标的提出，让大家眼前一亮，为之一振。决策者们的想法是，将过去农信社与乡村的服务合作模式复制到城区，借助金融科技的力量，配合传统的登门入户到人等手段，建立完整的本土客户档案，建立新的人缘地缘情缘优势，切实落实国家政策导向，在本土城乡把根扎得再深一些。决策者们清楚地知道，与零售升级的要求相比，自身的短板还有许多，因此将2018年确定为零售金融"夯实基础年"，重点夯实组织架构基础，实行总裁制；夯实人力资源基础，充实零售条线人员；夯实客户基础，提升客户活跃度。

2018年，或许是包头农商银行需要记住的一个重要年份。因为，这一年可以说是包头农商银行真正意义上的零售金融元年。

# 天罗地网计划

业界有种说法"得零售者得天下"，包头农商银行将其制作成了牌匾，悬挂在零售金融部门的办公室，时刻提醒大家肩上的责任。同时，进一步演化为"得数据者得零售"，要在数据上做文章。零售的基础是渠道。不管是实物零售，还是金融零售。包头农商银行在全面完善网点、自助机具、电子银行渠道等传统渠道的同时，还加强了与美团等异业渠道的合作。但核心还在于自身的渠道，于是，推出了一项"天罗地网计划"，主要的取向，就是解决零售渠道优化升级的问题。

先说"天罗"，主要是指线上。金融业务线上化是一个大的趋势，谁也无法阻挡。包头农商银行主动适应形势发展需要，拥抱互联网、大数据，力求在这方面有所成就，更好地满足不同客户群体的需要。但是，也不能唯"线上"马首是瞻，线上化只是一种技术手段，一种方法，不是最终目的。将来的趋势还是线上线下结合。不管线上线下，基础是客户。包头农商银行将客户拓展数列为重点考核内容之一，下大力气推进客户建档工作。在农区，要求把服务的所有行政村100%的农户建档，谁的地盘、谁的客户被其他机构抢占了，拿谁是问。同步启动整村授信工作，把阵地彻底巩固好。同时，城区机构按照总行下达的网格化地图和客户数量拓展任务，重点在近郊地区、城中村，加强与村委会联络，加快客户建档工作，强化激励，上不封顶。

与此同时，一项"秘密"的工作也在夜以继日、马不停蹄地推进当中。终于到2018年下半年，包头老百姓有了"包头市民网"，这背后的"推手"是包头农商银行。老百姓只需要打开手机微信，搜索"包头市民网"，就可以在"实用生活"板块享受各类生活缴费带来的便利。同时，在"金融生活"板块，可以选择包头农商银行的存款、理财和贷款线上预约服务。

"预约"，相比于互联网金融纯线上服务，效率和体验感都有所降低。但包头农商银行的目标是"客户只到银行一次"，并出台两项配套机制，有效弥补了这方面的"遗憾"。一是推出了"市民贷"，扩大普惠范围，力求达到"每个市民都能贷"的目的，且利率远低于互联网金融的利率；二是推行上门服务，购入两台移动服务车流动作业，为有需求的客户主动服务、上门服务、流动服务。

**整村授信全面推开**

"地网"，主要是线下。在农区，包头农商银行在乡镇一级开设网点的基础上，在行政村一级建立金融服务站，在每个金融服务站还要聘请农金员，将服务的触角不仅延伸到"金融服务的最后一公里"，还要入村入户。不仅要搞好金融服务，还要做好非金融服务，重点是帮助农民把农产品卖出去，卖个好价钱，帮着村里办些实实在在的事情，把农村产业做起来。在包头农商银行的决策者看来，只有农民兄弟好了，自己才能好。有一个设立了金融服务站的村的支部书记说，包头农商银行这样的服务与合作，其他银行想进来，门儿都没有。这或许是连包头农商银行自己也没有想到的收获。

在城区，包头农商银行积极走进社区设立金融服务站，聘请社区或者物业负责人担任站长，将金融功能加入社区服务当中，让这些同志兼职当包头农商银行"营销员"，让包头农商银行的金融业务走进每家每户。

在包头农商银行决策者们的思维里，客户才是一切。客户带来了最大的收益，包括政治收益、社会收益，也包括经济收益。同时也带来了最大的风险，在城镇化导致农区人口日益减少的大背景下，社区是新的目标。这不仅是农商银行支农支小这个"大道"在新时期的延续，也是自身发展的一条新路。可见，这一计划，不仅温情脉脉，也雄心勃勃。

# 动起来

比"天罗"落地更快的，是"地网"。全市网格化地图一出，各家支行就积极行动起来。目标明确，责任到人，激励到位，全员营销势头异乎迅猛。

首季开门红，次季万户商户拓展，三季G端客户重点突破，末季客户大储备，一季连着一季，一波胜过一波。

内勤电话营销，外勤外拓营销，机关基层总动员。白天搞营销，晚上做资料；工作日做营销，周六不休息，做总结，热火朝天。

"坐商"变"行商"，"行商"变"跑商"。大家从一开始的走出去，到后来，不仅走出去，还带回了客户，带回了业务，而且是优质业务。

"规定动作"保质保量完成，"创新动作"层出不穷，各类动作组合，打出的，是业绩节节攀升的"组合拳"。

从2018年初开始，零售存款稳步提高，画出一道完美的上升图画。到年末，包头农商银行零售存款突破百亿元大关，"八百工程"又下一城，在下跌三日后又强力反弹，一路上涨，20天后又与上一年末水平持平。这是银行业机构年末"冲"存款、半年"补窟窿"惯例的例外，显示了零售金融的稳健特性，更彰显出包头农商银行零售升级的初步成效。开门红一个半月，就完成了全年既定目标，实现了开门红红一年的效果。

与存款数据同步增加的，是客户数量的激增。全行的网点，从过去的门可罗雀、少人问津，变成了门庭若市，热闹非凡。柜面业务量平均翻了一倍多，有的翻了三四倍。过去，行长愁网点没人，现在愁人多了，业务办不过来。有时，干脆"赤膊上阵"，充当起大堂经理。但忙并快乐着，因为有人气，才有未来。

各家支行互相PK也在暗流涌动。古城湾支行一个腊八节活动，当场签约连心存产品意向650万元、后期实际购买连心存产品430万元。石拐支行的幸运大抽奖与书法"送福"活动，创下单日最高业务笔数纪录。滨河中心支行推出了"免费理发"、送花过年活动，九原支行联姻地产借势营销，东河支行举办"小小银行家"活动，等等，各支行使出浑身解数，忙得不可开交。咨询公司的老师们一时成了"香饽饽"，厅堂、下乡、外拓，规定的课堂一拖再拖，还要变换"课堂地点"。老师一边"抱怨"，"我们没有这个内容呀"，一边又欣然前往。

让决策者们更关注的，是全员的精神状态焕然一新，晨夕"两会"的实质性内容更多了，通报的是业绩，交流的是成果，谈论的是经验。内营外拓实效性也更好了。厅堂变成了"磁场"，市场变成了"战场"，单户贷款变成了整村授信。大家在一起，说的不再是东家长李家短，不再是农村"小喇叭"，取而代之的是，你增加了多少存款，我营销了几个客户，俨然成了职业经理人。

外拓营销，厅堂沙龙，各类活动层出不穷

　　关于全员营销与专业营销，曾经在内部有一次激烈的辩论。专业营销肯定好，但包头农商银行选择了全员营销。这既是基于自身实际的抉择，也是面向客户的表态。存款利率肯定是客户最敏感的，但利率没有最高，只有更高，同时还受其他因素的影响。大家不仅善于给客户介绍高利率产品，也开始善于抓活期存款。不仅善于单户营销，也开始批量获客。全员营销变成了全员专业营销。

天道酬勤，幸福总是不期而遇。

# 普惠金融"5+"模式

时间跨入2018年，农商银行如何在金融业内外部环境不确定因素增多的情况下，稳定健康发展、有力服务"乡村振兴"这一宏伟战略，关系自身转型发展的成败，更牵涉"三农"大局和"两个一百年"国家战略的实施。

2018年8月10日至11日，由中华合作时报社、中国农金商学院主办，包头农商银行承办的"中国农金商学院深度探访系列活动（包头站）"在内蒙古包头市成功举办，100多家全国同行业云集于此，共论发展大势。论坛知行合一，不骛虚声，以"倔强生长：农商银行新竞争策略"为主题，从"经营""管理"两个层面深入交流，以卓有成效的先行者为标杆，以经受市场考验的新探索为样本，从实践中来，为奋发者用，有力推动全系统从困境中突围、从迷茫中勃发新生机。

《中华合作时报·农村金融》主编刘小萃在致辞中指出，"倔强生长"是一种向上的力量，面对当前严峻的发展形势，我们比以往任何时候，都更需要这样一种力量。在包头农商银行的发展过程中，这一精神体现得淋漓尽致。自2014年5月9日改制以来，包头农商银行通过战略、机制、科技、产品、服务、文化等全方位的转型，探索出一条从农村走向城市，逐个区域占领市场的转型创新之路，实现了从"倔强生长"到"铿锵绽放"。在转型的道路上，包头农商银行正本清源，倾力打造包头人自己的银行；创新驱动，让各项业务驶入快车道；义以生利，将社会责任融入发展血脉。

会前，与会人员观摩了包头农商银行的金融服务站、场景银行等业务亮点，对包头农商银行强力推行普惠金融的"5+"模式大加赞赏。会后，多家银行来电来函来人跟进学习。一时，成为系统内的热点。

说到普惠金融，可能是当下金融领域最火的一个词。在国家的大力倡导和政策的推动下，各类银行都一窝蜂地涌向了这个领域。国有银行设立了专门的事业部，大型股份制银行也相应设立了此类机构或者强化了这块职能。各类中小银行也都通过设立分行、发起村镇银行等方式，扩大这一业务的势力范围。包头农商银行的决策者们在思考，为什么过去无人问津、置之不理的贷款对象成了大家热捧的对象？自己的奶酪被人动了，该怎么办？在这种"运动式"的普惠金融局面下，包头农商银行的定位是什么？该做些什么？

农商银行鹿城"论剑"

普惠金融的本质是给金融弱势群体以金融支持。银行都是算账的，难道全都是因为"高度的政治意识"和"满满的情怀"，而不计代价地搞普惠金融吗？这不符合客观规律。根本的原因在于三个方面：一是在国家去杠杆、去产能等改革的强力推行下，公司类业务全面萎缩，或者说风险日益凸显。二是按照麦肯锡的判断，消费金融是银行发展的"新风口"。三是国家在存准、再贷款、税收等方面的红利刺激。

包头农商银行的判断是，国家层面的经济政策趋势，在中美贸易摩擦的背景下，一定会有一个政策调整，因为中国的消费经济还撑不起一片天。除去住房按揭，消费金融对于中大型银行还不具备成为主体业务的条件。因此，对于包头农商银行这些小微银行来说，宏观上讲，竞争形势并没有想象的那么糟糕，用中国直销银行联盟年度报告的话说，这是最后一个"大零售黄金发展窗口期"。形势没那么糟，但是已经非常紧迫了。

自己的奶酪被人动了，该怎么办？这些年，农商银行一贯立足的农村金融市场确实有竞争者进入，但这只是表象。这源于他们做过的深度调研。以包头农商银行服务过的一个村委为例，共有7家金融机构在"服务"。这些"服务"可以归纳为"四不""四找"。"四不"：不设点，不定期，不了解情况，不计代价；"四找"：找村委，找大户，找联保，找代理。监管部门寄希望以充分的竞争促进农村金融需求得到充分满足，但是在实施过程中有些金融机构一味追求利益最大化，导致农村金融市场"乱象丛生"。钱多了不一定是一件好事，特别是不具备掌控这种财富能力的人，给的钱多了，有时会害了人。

前两个问题，自然就导致了第三个问题，农商银行的定位是什么？该做些什么？包头农商银行的答案是"5+"模式。

这一模式的主体思路是"四个互动"，一是农商互动，农信社改制农商行的初心，是通过释放机制红利，增强银行的实力，更好地反哺"三农"，以金融的力量化解过去二元结构下的差距。二是城区农区互动，包头农商银行服务城区、郊区和农区不同的区域，这就决定了必须多条腿走路。这是生存的现状，也是竞争优势之一。多条腿走路，协同好了，可以很快；协同不好，容易摔跤。三是线上线下互动，这是一项战略规划，也是应对竞争的一种举措。四是金融功能与非金融功能互动，银行的竞争已经从过去的产品竞争转化为客户竞争。金融仅仅是客户生活中的一小部分，非金融才是客户生活中的大部分。因此要注重金融与非金融工具并用，特别是要用非金融的方式实现金融的目的。

这一模式的内容是：党建+金融+生活+文化+扶贫。

"党建+金融+生活+文化+扶贫"的普惠模式，很接地气

党建，主要的目的是政治引领，把握方向。从营销的角度看，就是找准突破口。包头农商银行的主要落地抓手，是各家一级支行党总支、党支部与网格化营销地图划定的行政村委、社区居委会成立联合党支部，一般由村委、居委会的书记担任联合党支部的书记，一级支行的党支部书记或者行长担任联合党支部的副书记，双方的支委成员分别担任联合党支部的委员，并定期召开组织生活会，就双方合作，重点是管片客户的金融需求

作出规划和制定保障措施。党建的作用主要有两个，一是保障客户的建档立卡工作的畅通无阻，二是对服务领域的信息适时掌握。

金融，主要的目的是深度切入，全面合作。从营销的角度看，就是扩充营销阵地和人手。这方面的主要抓手，是在每个居委会、村委会建立"包头农商银行金融服务站"，由居委会、村委会免费提供场地，以轻资产方式扩张服务地域，厚植服务根基。每个服务站设站长一名，由居委会或者村委会推荐，银行把关，选任有影响力、信息灵通的人员担任站长，履行服务站全部职能。银行给站长配发薪酬，薪酬由基本服务费用和按照存贷款等业绩计发的业务手续费构成。这就相当于给每个网点的客户经理增加了协助工作人员，有效解决了人员不足、信息不畅的问题，初步形成一个总行、14个一级支行、52个二级支行/分理处、若干个服务站的组织架构。

金融服务站主要有八项职能：一是便民服务，主要依托助农机具、云POS等，为客户提供取款、消费、转账支付、查询、信用卡还款、贷款查询、贷款还款、水电缴费、社保查询、手机充值等基础金融服务，真正解决"金融服务最后一公里"问题。二是金融业务办理服务。主要是收集客户存贷款需求信息，协助客户经理开展贷款调查，指导授信申请人准备贷款材料，提供基础信贷知识咨询。三是金融知识普及。组织村民参与金融法律法规、金融政策、识别金融诈骗、反假货币知识等金融宣传活动，同时介绍金融产品。这一工作一般都是通过"农商大讲堂"的方式，利用当地的风俗"赶交流"的机会，或者利用其他一些集中性活动组织村民参与。四是综合整治高利贷。农信社创立之初，国家的初衷之一就是整治高利贷，这一条不能忘记。五是便民信息传播服务。针对客户实际需求，义务提供农业信息、农业政策、银行优惠政策、本地资讯等惠民利民举措。这项职能的支撑点是在各个支行分别建立"资信平台"，由各支行根据本地实际，通过网点LED大屏、微信群定期发送。包头农商银行的农区支行行长不好当。农区支行行长的聘任，要考试，考的就是拟聘任地区的农业资讯类内容。六是电商交易服务。利用银行平台整合能力对接网购平台，增强客户对接和使用电商交易功能。在农区，重点是提供网上代购商品、线上订单支付等基础网上服务，培养农户线上购物的意识和能力。条件许可的地方，对接互联网网购平台，将农产品代销至电子商务平台，推动农产品线上售卖。七是农产品增值创收服务。在城区切入消费场景，银行做中间人，达成异业联合，将农区田间地头的产品卖到小区门口。八是物流中转服务。以金融服务站为支点，为客户提供物流代收代发，线下商品代放代发等延伸服务。城区的金融服务站有些不同，主要是非金融的内容，包括老年人的健康检查设备、孩子们的玩具、年轻人的健身器械等，只布置一台打卡电脑和存取款一体机，其他全部是老百姓生活中用得上的东西。就是希望通过增加黏性，通过人性化的服务，逐个社区赢得服务阵地。

生活，主要是指场景。包头农商银行希望通过客户日常生活的"衣、食、住、行、游、购、娱、医"等场景，从B端锁定商户，增强客户活跃度。这方面，在超市做了积极探索，并初步取得成功，帮着农民把田间地头的农产品摆进超市，也让市民百姓在家门口买上了新鲜菜、放心粮和特色产品。

与此同时，还与二十一世纪不动产联合，推动一二手房、住房装修业务，与美团联合，在饭店的前后两端提供业务合作，与中介公司开展一二手车金融服务，等等。主要的思路，就是充分利用大数据，优化客户评价机制，用互联网的思维和技术，做传统的业务。

文化，主要的目的是提升服务客群的精神层次和金融素养。乡村客户的文化生活是一个空白地带。好的东西不去占领，坏的东西就会乘虚而入。农村地区的赌博成风，有的地方还有个别吸毒人员。包头农商银行也想在农村文化建设方面做些事情，定期在全辖范围内开展"乌兰牧骑颂金融"等活动。乌兰牧骑是草原文艺工作队蒙语名。他们每年都有下乡演出的任务，与包头农商银行一拍即合，通力合作，给乡亲们送去文化"食粮"。其他文化活动也很多，比如送电影等。丰富业余生活是第一诉求，同步安排了贵金属营销，举办"农商大讲堂"普及金融知识。

扶贫，主要的目的是承担本土银行的社会责任，弥补服务客群的短板部分。主要的支撑点是"千万光彩计划"，在切实帮扶困难群众、履行社会责任的同时，也给一线员工在当地协调相关事宜提供一个抓手。在授之以鱼的同时，也通过金融的手段努力"授之以渔"，推出了扶贫贷、紧急救灾的"家园贷"、大学生创业的"创客贷"等，在把控风险的同时，力求给这部分群体一些金融助力。

普惠金融"5+"模式，是包头农商银行拿出的乡村振兴的金融答案。"党建"做引领，"金融"夯实经济基础，"生活"解决日常生产、生活场景问题，"文化"提升精神层次，"扶贫"弥补短板，形成一个比较完整的全生活的普惠金融体系，构建起良好的区域小生态。

# 试水场景银行

金融服务是基于实体经济而存在的，任何脱离实体的金融，都是投机的，是泡沫的，是不会长远的。过去，中国金融经历了一段野蛮生长的时代。在监管部门的大力整顿下，正在回归本源，服务实体经济。尤其是"现金贷"被整顿后，基于实际场景的金融开始迎来爆发期。

在这样的背景下，包头农商银行开始试水场景银行，选中的切入口是超市。之所以选择超市，主要原因有三个，一是超市人流量大，投入相对少；二是其他金融机构，包括互联网巨头，还没来得及布局；三是顺应新零售时代的大局势。

零售在我国大致经历了三个阶段：人找货的大型超市时期，货找人的网购时期、仓库找人的新时期。包头农商银行将第三阶段与本土实际相结合，将超市比作日用品的仓库。给每一家超市免费安装一套收银系统，包括双面显示屏，扫码枪、电子秤。这样做的好处在于，一是有宣传效应。广告关键在"聚焦"，人们的目光往哪里投、关注点在哪里，广告就要做到哪里。收银系统的面向客户屏，有银行形象的固定广告位，显示屏的动态广告有产品广告。大家去超市，结账是关注的一个点，包头农商银行就把广告放在这上面。二是能带来低成本的活期存款。每一个布设收银系统的超市，要求配套办理一张包头农商银行的银行卡，扫码的收入全部进到这个账户，差不多一半滞留时间在一周以上。三是可以获取支付手续费。四是可以营销贷款。根据市场调研，超市经营者有两个痛点：房租和过年过节时的备货资金。包头农商银行专门设计了支付贷，满足超市其租金和年节时候的备货用款需求。贷款基于超市收银数据，通过贷款模型确定授信评分和授信额度。

最大的变化，在于数据的运用。一是贷前调查。过去贷前调查很难做到量化，只是填写传统的调查表，不深入，不细致，也不科学。有了这个系统，可以非常清晰地掌握每家超市的真实经营情况。二是贷后管理。由于量大人少，过去零售贷款的一个主要问题就是贷后管理跟不上。有了这个系统，就基本上不用人来做贷后管理了，因为系统设置了报警功能，经营异常的，会自动显示，提示有关人员及时跟进。

比看得见的更重要的，是看不见的。除了这些直接的收益，包头农商银行还有两个更为重要的目标。一是客户引流。只要是到超市买东西扫码的顾客，一般都会在手机上自动关注一个公众号：包头市民网，它的背后是包头农商银行。之所以没有关注自己名称的公众号，一个主要的想法就是增强本土客户的关注度、黏合度和滞留度。在这个公众号上，设置了实用生活和金融生活两个板块。实用生活主要是线上场景，逐步让包头市民通过这个公众号便捷地办理各种业务。金融生活主要是包头农商银行的金融服务引流渠道。主要包括存款、贷款和理财的客户引流。客户可以选择当前所在位置、家庭住址、工作地点三个维度，以便就近推荐客户经理、理财经理，并能电话跟进营销。还有一个主要的功能是网上商城。主要的作用是作为客户回馈、客户转介绍积分兑换的平台。同时，打通与电信、百货等积分平台的自由兑换，增强积分的价值。包头农商银行的英文缩写是BTB，在包头这个小生态里，就真的成了"比特币"。二是将超市作为帮着农牧民卖产品的阵地，推动实现城乡互动、农商互动。

**超市场景关系民生福祉，也获得同行关注**

超市场景的试水成功，让包头农商银行的信心大增，更主要的是，得到广大客户的认可和赞许。相信，立足本地深耕细作的他们，会作出更多的"花儿"来，我们充满期待。

# 微贷新军

小微企业难贷款、贷款难是一个老大难问题，在银行业务领域，属于脏活儿、累活儿，容易留下"尾巴"的活儿。许多银行唯恐避之不及，有的由此起家后也断然停办。

包头农商银行也曾经在小微企业上"折戟沉沙"，产生许多不良贷款。一端是客户真实而迫切的需求，一端是不良的风险，以及由此可能导致的责任追究。包头农商银行选择了前者，但充分借鉴了之前的经验教训，不仅要做，还要做好。

微贷业务是一个技术活儿，要请专业人员来操刀。决策者的视野里，看到了一个叫蔡鑫的年轻人。此人一介布衣，打小不服"中国式教育"，母亲为此放弃事业专心看护，仍免不得翻墙越校，打游戏，踢足球，还陆续欠下"外债"。但成绩尚可，就读名校。毕业后于某银行就职，接受欧罗巴之IPC培训，小微工作有所建树。后从事咨询工作于首都，常奔波于各地而不能归家。丈母娘帮着女儿在前途、利益和家庭之间，选择了家庭，愣是把他"闹"回包头。因此，包头农商银行需要感谢这位英明的丈母娘。

IPC是由德国IPC公司为金融领域提供的一体化的信贷咨询服务和解决方案。蔡鑫不仅把它看作一种微贷技术，更认为它是一种信贷文化，一种信贷理念，一种管理理念。微贷业务的核心产品就是个体工商户、小微企业主的保证类贷款，而这类贷款给农商行带来了大量的不良贷款，这种模式可行吗？人们打问号。

蔡鑫坚持不要老信贷员，要求信贷员全部为"90后"，甚至刚从大学毕业的要优先考虑，而且坚持劳务派遣模式，坚持保证团队的流动性，不合适的，要及时淘汰。这样一群"娃娃兵"能做成什么样，能有什么结果，是否会对信贷业务带来灾难，人们又打一个问号。

微贷业务还是一个"良心"活儿，但良心是不好衡量的，最好的办法是用机制来保证。

微贷的"短频快急"的特点，决定了信贷流程必须简单且标准化，要尽可能简化程序和要求客户提供的资料。但仅以借款人负债偿还能力为重，且要在尽可能短的时间内判断客户负债偿还能力，还必须通过现场调查直接获得第一手资料。确实不容易。总行直接授权给负责人100万元审批权限，但又不是独立审批，而是与风险管理条线派驻审批官共同进行贷款审批，审批官有一票否决权。

同时，要求切实加大贷后回访力度。还款进程要持续监测，客户经理要与客户建立伙伴关系，但"不吃客户一顿饭"，请客户可以。团队要在一定期限内，对客户经理进行征信查询、家访等，时时关注客户经理动态。这也算是一大特色。

2017年12月23日成立普惠支行，成为全市首家小微专营支行，从成立伊始质疑的声音就不断。不设现金柜台，专做小微，全是年轻人，IPC水土不服还要用，等等，内外部的质疑声一浪高过一浪。

他们用数据做了回应。一年的时间，十几个人的小团队，共计授信1281笔，29107万元，用信23939.67万元，用信率82.25%。

还有人质问，不良呢？不良当然有。农商银行服务的客群本质上就是"高危行业"、"弱势群体"，无不良，那是掩耳盗铃，自欺欺人。但他们都成功化解了。个中的奥妙并不高明，只是更勤快罢了。

举个例子吧。一个贷款客户意外身亡，家属以此为由，拒不结息，更不还本。客户经理了解情况后，就不断登门看望，微信安慰，更多的是关心和交朋友，适当时候说说贷款的事情。愣是用真心感动了对方。

从2018年下半年开始，包头农商银行开始筹备扩充微贷"兵力"，一下子增加了四个微贷团队，除了团队主管，还是清一色的"娃娃兵"。

"自古英雄出少年"。包头农商银行就是要从娃娃抓起，打造一支英雄之师。

"自古英雄出少年"

# 自家银行

自改制以来，包头农商银行就确立了"包头人自家的银行"的定位。升级零售以后，以自家文化为底蕴，衍生出了My family bank的零售金融"五合"文化。

产品组合。包头农商银行把产品列为第一执行战略。每一个产品的推出，都要做深入的市场调研，都要班子集体决策。因为产品才是客户感知包头农商银行的全部。无论是普惠性质的"惠农贷""市民贷"，还是重点推动的"亲情贷""支付贷"，都是基于时代变迁背景下老百姓生活实际需要而推出的产品。目前，仅贷款产品就有49种，覆盖不同群体的不同情况。但对于广大客户来说，他们只需要提出需求，后端的组合全部由包头农商银行完成，基本实现了"总有一款适合你"。

异业联合。金融不是生活的全部，却是非常重要的一部分。包头农商银行在努力做好金融服务的同时，还在非金融方面积极探索，联合物业等服务百姓的行业，互相赋能，互相支持，一起满足"人民对美好生活的向往"。

场景整合。金融一定要基于实际场景，才能起作用。包头农商银行的零售金融，深度渗透老百姓"吃、穿、住、行、游、购、娱、医"等生活场景，用"按揭""分期"等手段，让客户少花钱、多得到，让客户早享受、晚支付，助推客户提升生活质量。

咱包头人自家的银行

　　线上线下融合。利用互联网技术，加上生活场景的情感，包头农商银行的零售金融不仅让老百姓用得上，还用得好，既与时俱进，又实事求是，通过不同的服务渠道，让老百姓的选择更多，体验感更好。

　　跨界撮合。银行不仅是一个社会组织，而且是一个关联各界和千家万户的组织，包头农商银行"跳出银行做银行"，发挥这种特质，推动各种业态相互交织、相互发展，实现"多赢"局面，让老百姓最终受益。

　　银行服务的每一个客户背后，都是一个家庭或者多个家庭，银行的服务质量关联着他们的幸福指数。包头农商银行长期服务这方热土，自然而然地从服务客户向服务家庭转型，或是一种厚积薄发、水到渠成的选择。需要特别指出的是，不仅用银行的业务提升服务，还整合各类资源，带着"伙伴"一起服务，这又或是一种"心"的选择，新的方向。

　　共生、共长、共赢、共享，这是包头农商银行的客户理念，有其自身特点，也代表了一大批农商银行的特性。相信，凭着这种特质和韧性，借助国家政策的东风，它们一定会乘风破浪，扬帆远航！

# 梦想起航

　　在不到5年的时间里，包头农商银行通过多方发力，不断探索，努力拼搏，成立之初确定的"八百工程"目标竟然成功实现了六个：资产过百亿、存款过百亿；资产过200亿、贷款余额过百亿；资产过300亿、个人存款过百亿。2018年末受监管约束，有计划地降低了增存的速度，否则，"各项存款过200亿"的目标，也已经实现。而"服务客户过百万"的目标也近在眼前，胜利在望。

这让决策者信心倍增，开始酝酿和规划新的目标。

走进包头农商银行办公大楼，一眼就会看见醒目的几个大字：倾力打造千亿级上市银行控股集团。决策者起初的想法是"努力"，随后改成了"倾力"。努力是一种态度，留有余地。倾力是一直执着，不留余地，用尽一切力量。一字之变，体现出包头农商银行坚定不移的决心。

农商银行也可以有"春天"

按照规划，他们要重启新的三年规划，用2019年、2020年、2021年三年的时间来打基础，以2021年的年末数据提出上市申请，2025年前实现千亿级控股银行集团的目标。

这一规划，对于身处边疆城市的包头农商银行来说，不可谓不超前；在监管趋严的政策背景下，也可以说是逆势而为。但包头农商银行这么做显然是有所准备。

信心首先来源于积淀的基础。这些年，与业务同步提升的，是包头农商银行各项管理基础的不断夯实，人力资源更加合理，运营保证更加有效，风险防控更加得法，业务转型更加成熟。同时，各项布局也在积极进行，控股两家联社，参股1家农商银行、1家联社。"万事俱备，只欠东风"。包头农商银行已经跃升为排名全市第三的银行，受到地方政府的高度重视，2019年度工作报告中首次出现了"扶持包头农商银行总部金融企业做大规模"的表述。

信心也来源于这支可信赖的队伍。实践证明，包头农商银行的这支干部员工队伍是招之即来、来之能战、战之能胜的队伍。包头农商银行有一个由营销人员组成的"黄埔群"，每日营销活动不断。一位国内知名的培训师曾经断言，这种群活跃度一般不会超过三个月。但是，他后来承认了自己的误判，这支干部员工队伍是他见过最活跃、最有执行力的群体。

信心还来源于业务发展中凝聚起的精神和展现出的良好发展势头。包头农商银行的干部员工干大事视野开阔，不输同行；干杂事任劳任怨，不计代价。在2019年开门红期间，决策者与全体员工任务同部署，指标同考核，营销齐上阵，榜单同公布，一个半月就完成全年零售存款日均任务。展现出的精神，让决策者们也感到惊讶，这就是精神的力量。在社会各界铸就了良好的口碑，对包头农商银行的认识不再是"听说过""见到过"，而是"办理过""挺好的"。更有许多人士四处打听，"你们那里还招不招人""怎么能入你们一点股份"。这种势头就好比风起云涌，风行水上，无法阻挡。

上市是包头农商银行的一个梦想。在走过了农信社时期的崎岖坎坷，经历了改制初期的凤凰涅槃，包头农商银行更加自信，更加从容，在共圆伟大中国梦的征途上，努力实现自己的农商梦，矢志创造属于这个新时代的辉煌！

让我们一起祝福和见证。

# 第十章

## 任重道远

　　农商银行从本世纪初"亮相"中国金融舞台，一路探索，百花齐放。方式是多样的，成果是丰硕的，但质疑甚至批评的声音也是一路相伴，此起彼伏。认真梳理一番，你会发现一个规律，但凡坚守初心，坚持支农支小定位的农商银行，基本没有大的问题；但凡抛弃根本，脱离主业的，大多得不偿失，还会"授人以柄"。这源于农商银行的性质：天然的零售银行。从历史和实践两个维度可以看出，农商银行的未来在乡村和社区，而这，还任重而道远。

# 开弓没有回头箭

关于农村信用社改制成为农商银行，从决策之初，到落地实施，还是备受争议的。直到现在，还有许多学者建议农商银行应当回归农信社，回归合作制。

合作金融需要合作经济基础，也需要各种外部环境。处于社会主义初级阶段的国情，决定了我们还需要"强身健体"，打好经济基础。

合作金融需要参与者的自觉自愿，不能依靠行政命令。笔者不反对合作金融，但反对强制性合作金融。中国小额信贷联盟理事长杜晓山曾经提出，欧债危机期间，合作金融的表现明显好于商业金融，原因在于服务者即是所有者等五点原因，对此，我非常赞同。但这种合作，一定是基于参与者的自愿，而非拉郎配。无土栽培的技术不适合大田种植。

有一个现象，非常值得我们研究。目前的各类合作社成功的少，失败的多，而新世纪国家倡导的合作金融，也少见落地案例。这或是上述观点的一个印证。

此刻，我们尤感世纪之交南京会议的可贵。朱镕基同志以实事求是的精神，以面向未来的担当，铺就了农信社改革基石，奠定了农商银行出世的基础。

改制为农商银行，农村的资金不仅没有外流，普遍还形成了资金倒虹吸式的现象。农民不是贷不上款，而是农民都老了，年青的都进城了。不是金融不支持农村，是政策的条条框框束缚着农商银行。不是农商银行不愿触碰农业，这是一个国家至今都没能彻底解决的问题，遑论小小的农商银行。一句话，自己传统的优势项目不做，农商银行做啥？有钱不赚，农商银行是不是傻？

"三农"问题是一个系统性问题，不是单纯的金融问题，更非农商银行可以单独解决。将许多问题归咎于农商银行改革，是本末倒置的。

事实上，农商银行作为一类草根银行，不享受农信社时期的政策护佑，也无真正商业银行体制机制的自由，却能在夹缝中生存，犹如小草一般，倔强生长，顽强不屈，用将近二十年的时间和实践，形成了一个庞大的金融体系，"瓜分"金融机构三分之一的版图。同时，他们不仅没有忘记自己的初心，传承着雪中送炭、扶危济困的精神，将金融服务送到最基层、最需要的地方和群体，可以说是"距离大地最近的银行"，还积极探索，在发展战略、业务模式等方面，作出了银行体系最丰富的实践。目前，三分之一多的省份已经全部完成农信社改制为农商行，一些农商银行，如省级统筹的重庆农商银行、地市级统筹的江南农商银行、广州农商银行等，资产规模和业务模式已经走在许多银行的前列。

总体来说，20世纪几十年不同方式的探索后，农信社改革没有取得实质性进展，而新世纪取向农商银行的改革，不仅成果丰硕，而且切实增强了服务"三农"的能力和效果，改制并未改向。实践证明，这是一条正确的路，我们不能用僵化的思维，而是要用与时俱进的眼光去推动农商银行的发展。

# 农商互动是必由之路

"三农"问题是一个长期性问题,也是一个系统性问题。农民不富、农村不振、农业不强,原因多种多样,农产品卖不出去、卖不上好价钱是一个关键的因素。从金融的角度看,农商银行应当重点在"农商"两个字上做文章,充分发挥兼顾农商的自身优势,回归银行"中介"本质,一端整合农村资源,一端整合商业资源,实现农商互动,以商促农。这既是新时期农商银行解决"三农"问题的一个好的方法,也是自身发挥比较优势,实现异军突起的一条好的路径。

乡村振兴是个大机遇。毋庸置疑,乡村振兴是一项基本国策,将在未来的若干年持续加力。这是农商银行的千年机遇,也是英雄用武之地。同时,此项战略涵盖了经济、政治、生态、文明等多个领域,农商银行不仅可以享受政策、发展业务,还能得到相应的保证,最大可能地避免粗放式发展和不良贷款产生。

城镇化是个大命题。城镇化是新世纪以来中国最大的"移民工程",这给农商银行带来的最大影响是客户减少。在这种背景下,许多传统思维和做法面临着考验。比如,如何定义农民,不种地,甚至没有地是不是农民;不聚居,分散各地,这类农民如何跟进服务;等等。农商银行需要转变观念,创新做法,重新定义传统业务模式。

产业化是个大方向。在国家大力推进"三权分置"的政策下，土地流转是一个大大的利好。新中国成立以来，农村土地一直实行"国有公用"。改革开放后，土地承包制使其转变成为"国有民用"。此轮政策下，极有可能进一步转变为"国有民享"。农民终于可以像城里人一样，让自己持有资产的部分权利"变现"，农民的土地将和城里人的房子一样，有了金融元素，体现出应有的价值。土地流转，必然带来农村产业化，这个方向确定无疑。如何在服务好单体客户的基础上，通过支持产业化推动"三农"问题解决，对于农商银行来说，既是机遇，也是挑战。

总体来看，农商银行处于重要的历史机遇期，国家对"三农"问题更加重视，各项配套政策越来越多。农商银行要顺应大势，把握机遇，提前布局，弥补短板，通过资源互动、资金价格互动和渠道互动，重点在农与商两端发力，机遇必然会垂青有准备的农商银行。

# 科技赋能刻不容缓

银行发展到今天，科技的作用已经从过去的"支撑"转变成"引领"。虽然在历次技术变革中，银行总能引领风气之先，但在此轮信息技术革命中，却被狠狠地"拍在沙滩上"。除了账户，银行的职能"战略要地"几乎全部被各类互联网金融公司"侵蚀"，存款、理财、贷款、信用卡、支付，无一例外。

　　个中缘由，不必细究，也似乎意义不大。还是要着眼于当下，想想出路。农商银行要迎接信息科技浪潮，拥抱互联网，这是一个共识。但如何去做，各地情况不同，做法不同，效果也不同。总体来看，除了一些省级和区域性农商银行有所突破，县域农商银行基本上都处于初级阶段。

　　本世纪初，各省份分别组建了省级联社。省级联社的一大功绩，就是建立了全省统一的核心业务系统，农信社、农商行从手工作业步入计算机时代。但这也留下一个问题，就是核心业务系统由各家联社、农商行集资建设，由省级联社管理。各家地域情况不同，业务诉求也不同，省级联社难以全面统筹。省级联社又没有经营职能，不能实时响应市场反馈。加之当初建设的核心系统并不强大，导致后来的科技开发与应用不能充分、适时满足业务发展需要。在互联网大潮的冲击下，拥有强大核心和开发能力的"大行"，都无法应对，更何况农信社、农商行。一些勇于探索的农商银行，并不认命，更不束手就擒，在这些方面积极尝试。于是，出现了一个有趣的现象：把先进的技术改成不先进的，以便适应核心业务系统。还有一些农商行，干脆"绕过"核心业务系统，直接对接互联网金融巨头，于是，又出现了联合贷、助贷等业务模式。

　　除了核心业务系统，银行做互联网金融，还有一个关键因素，就是bin号，这是各家银行的识别号，相当于各家银行在银联的"身份证"。上一轮农信社技术建设，由于按省统筹建设核心业务系统，银联识别只对到省级联社，也就是多家农信社、农商行共用一个"身份证"。

　　一端是绕不开的核心业务系统，以及无法独立的bin号，一端是必须去做的科技，在这种背景下，笔者认为，最优的方式是省级联社能够在核心业务系统开接口，并为一些走在前面的农商银行配置独立的账号号段。在实践成熟的情况下，向全域推行。

但在实践当中，"接口"问题成为一个焦点，bin号也少有成果。主因之一是，如此的话，农商银行可能"独立"。这其实是一种大大的误解。省级联社管理农商银行，方式和手段是多样的，核心在于高级管理人员，科技只是技术手段，不能本末倒置。但担心风险、成本等因素，倒是必要的，只是上一轮的技术建设经验和教训已经证明统一建设是存在问题的。开放式银行，无论是政策导向，还是市场需求，一定是省级联社的方向。务必做到"两个开放"，即：对外开放，对互联网场景端开放；对内开放，对各成员单位开放。

监管部门的政策导向是，要求农商银行立足当地，下沉重心，继续做好普惠金融。在互联网经济时代，做普惠金融，光靠人海战术，成本高，效果也差，科技赋能是唯一出路。在笔者看来，科技赋能这条路上至少要翻过"三座大山"。一是基础建设。农商银行的科技赋能，必须要有科技系统、互金系统、智能系统三个系统作为支撑，目前只有半个科技系统，其他全部是空白。二是时间窗口。前几年，互联网金融公司做的业务以C端个人客户为主，直接到人，农商银行还有B端商户可以依赖。在严监管下，又转向B端，且由此辐射C端。由此，失去客户，再丢掉场景、渠道，农商银行就算满怀情怀，想做好普惠金融，恐怕也没了机会。三是运用能力。银行相比于互联网金融公司，优势还是很大的，尤其是在当地范围内的线下优势，特别是农商银行有海量的客户数据。但如何从"数据大"转变成为"大数据"，考验着农商银行的科技能力。除此之外，针对农商银行的监管理念和方式，以及农商银行自身的经营理念、风控逻辑、业务流程等传统思维和模式，也是制约农商银行科技发展的因素。

不管怎么说，互联网金融已是大势所趋，线上线下融合是农商银行的不二选择。科技赋能不仅必须有所作为，而且刻不容缓。

# 乡村社区大有可为

可以预见，未来农村的一番新的景象，人口集中化带来居住集镇化，产业机械化导致更多农民商业化。在这种景象里，农商银行接地气、兼顾农商的优势将得到更好的彰显。同时，农民进城已然成为现实景象，未来只会强化，不会减弱。农商银行只有"业务随人走"，才是实事求是精神的真正体现，才是与时俱进要求的现实选择。

在城区，消费金融领域总体是一片"红海"，各家银行和各类互联网金融激战正酣。但在农商互动领域还是一片"蓝海"。虽然好多巨头提出了所谓的"千村万户计划"等噱头十足的规划，却在落地环节难见"水花"。原因就在于农村分散、农情复杂、投入较多等。做"三农"事情，既需要长期坚持，也需要饱含深情，仅仅出于利益考量，恐怕不会长久。

市场环境如此，优秀案例也是层出不穷。以美国的富国银行为例，其起家就是依靠社区银行和交叉营销。如此之大的银行都深耕社区，以多款产品"捆绑"客户，农商银行以底层业务起家，又有什么理由不做得更好。再看国内，许多做得好的农商银行，大多是在做小做散方面长期坚守，有的在当地市场份额占据三分之一以上，甚至"半壁江山"。银行的本质是中介服务机构，服务的核心是情感共鸣，而情感需要实际业务做支撑。这就需要农商银行将自身的网点多、人员多等成本劣势转变为"人海战术"的优势，在乡村和社区，用近距离的"亲密接触"，用接地气、用得上的产品，培育情感方面的比较优势。

**用牛的精神去做农商银行事业，未来一定牛**

深耕乡村社区，并不是不让农商银行做大做强，相反，这是农商银行做大做强的主要可行路径。这种厚积薄发的成长，更加厚重，更加稳健。在这个方向上，包头农商银行的做法可资借鉴。主体思想是主义不变、形式不拘，重点做好三个方面的统筹。一是各项业务的统筹。既要做好金融市场、公司金融等业务，解决"活在当下"的问题，更要用其他业务"反哺"零售业务，为深耕乡村社区赢得时间，打好基础。二是统筹好全员营销和专业营销。专业营销是方向，全员营销是现实。大多数农商银行的营销意识相对较弱，能力相对较差，专业人员较少，首先要解决增强营销意识和能力的起点问题，实现全员动员，全面"撒网"，在此基础上，选择和培育"种子选手"，让专业的人从事大堂经理、客户经理、理财经理"三条线"的工作，形成点、线、面、体结合的营销局面。三是统筹科技建设和人海战术。技术短板是农商银行应对各类竞争和满足客户需求方面的主要掣肘因素，而大多数农商银行核心系统不能自主开发，技术创新存在局限，难以适应时代的发展。省级联社大一统的技术管控，加之省级联社没有经营职责，导致技术支撑不同地域的平均化，且难以快速有效反映市场变化。而技术是业务的基础，在互联网时代，科技的作用尤为突出。这就需要农商银行两手抓，既要重视在科技方面发力，走"捷径"，也要利用人多的优势，让每个人动起来，用"笨办法"。

乡村社区既是农商银行的"菜"，能做得了，做得好，也是农商银行的优势所在。农商银行的初心决定了必走此路，但在方式上可以灵活多样。选择比努力更重要，这句话同样适用于农商银行。

# 好男儿志在四方

除了自身的努力外，还需要各个方面为农商银行发展保驾护航。打个比喻，农商银行好比农信社系统长大成人的孩子。孩子大了，有独立的思想，想有自己的事业，这是很正常的事情。要解决农商银行发展中存在的问题，需要处理好以下三个方面的关系。

第一，要处理好加强党的领导与股东所有的关系。农商银行没有国有股份，但农商银行的出生与发展，始终受到国家政策的庇佑，农商银行的经营也以国家信用为背书，必须始终坚持党的领导。而按照依法治国的总要求，以及法律的要求，农商银行的股份全部来自民间资本，股东大会的权利也必须保证。办法就在于加强党的领导，将党的领导和股东大会下的董事会决策有机结合。

党的领导与股东大会和董事会在方向上是一致的，都是为了农商银行更好地发展。党的领导是把控方向的，掌握关键的。农商银行至少要在以下五个节点上实现有机结合：一是将党的决策与董事会的决策有机结合。现在，党委决策前置董事会的要求，大多写入各家农商银行的章程，但在事项、权责上，还需要界定和厘清。二是将党的组织工作与董事会、监事会高管、经营层管理者及审计、财务部门负责人提名、任用结合起来，要将两个流程有效衔接。三是将党的宣传工作与农商银行的品牌建设结合起来。农商银行的品牌建设是一个艰难而漫长的过程，要用党的舆论高地为其"赋能"。同时，党的宣传也需要具体业务作为支撑。四是将党的纪检监察工作与农商银行的内部监督结合起来，共同整顿作风，杜绝不当行为。五是将党的统战工作与农商银行金融生态营造结合起来，与所在地各个方面维护好关系，争取各方力量关注和支持农商银行发展。

第二，要处理好做大做强与做小做散的关系。银行是典型的规模经济，只有规模足够大，社会公信力才足够高。农商银行本质上是一家商业银行，做大做强是天然的取向，而农商银行的初心在基层，做小做散又是"必需的"，这也是一种"冲突"。

监管部门要求农商银行回归主业，回归县域，或许这是一片良苦用心。其实，做大做强是目标，做小做散是路径。存在的问题是，或者说备受争议的是，农商银行改制后，个别银行丢了本业，贪大求全，希望快速上量。这确实值得商榷。一是做大做强本没有问题，希冀"多条腿走路"，也不存在问题，问题在于不能丢掉本业，忘记支农支小的使命。二是靠做小做散来实现做大做强，时间可能长一点，但步子会更加稳健一些。一句话，只要能做好本业，其他业务不是不可以开展，做大做强也不是不让实现，但不能抛弃初心。

第三，要处理好省级管理、监管要求与自身经营的关系。省级联社的成立，让农商银行有了"娘家人"。大平台、小法人的格局是很科学的设计，问题出在了执行环节。按照国家对省级联社的定位，省级联社承担管理、指导、协调和服务四项职能。在实际操作层面，各省理解不同，做法也不同。有的侧重前两者，有的侧重后两者。一个有意思的现象是，越是经济发达的地区，省级联社越是"放手"，越是侧重后两者作用的发挥；越是经济欠发达的地区，越是"抓得紧"，越是侧重前两者作用的发挥。

从监管角度看，农商银行是最受人民银行基层行和银保监会派出机构关注的对象。一来农商银行业务相对激进；二来寄予希望相对较大；三来农商银行是独立小法人，相对好"管"。农商银行的出发点在于"进"，其起点低，希望有所作为，必然有些做法要超越常规。而监管部门的着眼点在于"稳"，不能出事。就好比开车，一个在不断踩油门，一个要在适当的时候踩刹车。

无论是省级联社还是监管机构，其作用的正向发挥，对农商银行的发展有重要的积极作用。关键要将"用权"思想转变为"用心服务"，为农商银行的发展创造良好的环境。

实践出真知。包头农商银行的实践证明，任何事情关键在于谁来做。独立法人是最大优势，也是最大劣势。优势在于自主性强，劣势在于谁都可以管。需要农商银行的领路人在处理"三大冲突"上，出于公心，胆识超群，成为中国版的"实践家"。

农商银行发展到今天，已经将近二十年。其间，中国的经济发生了翻天覆地的变化，成为世界第二大经济体。经济的业态发生了日新月异的变化，互联网经济更是走在全世界的前列。城镇化的推动，客户群体以及这些群体获得金融服务的方式，也都在发生变化，过去那种依靠行政划分的管理模式，已经渐渐跟不上时代的步伐。同时，农商银行在与互联网金融和同行业的竞争中，能力不足，风险积聚，已然成为一个现象级问题。在这种背景下，区域性整合或是一种可能。这样一来，一则可以增强自身实力，做过去许多想做而无法做到或者没能力做的事情。二则可以抵御金融风险，减少单体金融风险源。实践已经证明了这种模式的优越性。先期组建的江南农商银行等以及后来跟进的武汉农商银行等都用实践证明，区域性农商银行不仅没有丢掉本业，还增强了实力，发展得很好。因此，城镇化程度较高的地区，完全可以考虑对农商银行进行区域化整合。

好男儿志在四方。农商梦也是中国梦的重要组成部分。已经长大成人的农商银行群体，只要顺应政策导向，整合各类资源，秉持农商大道，把双脚深深地踏在大地上，做最好的自己，就可以像星星点灯一样，照亮中国经济的星空。

# 参考文献

［1］蒋定之. 探寻农村信用社改革发展之路［J］. 中国金融，2008（19）.

［2］刘锡良. 中国转型期农村金融体系研究［M］. 北京：中国金融出版社，2006.

［3］穆争社. 农村信用社法人治理与管理体制改革研究［M］. 北京：中国金融出版社，2011.

［4］穆争社. 农村信用社改革政策设计理念［M］. 北京：中国金融出版社，2006.

［5］王曙光. 乡土重建——农村金融与农民合作［M］. 北京：中国发展出版社，2009.

［6］都本伟. 金融的取向——农村金融改革问题研究［M］. 北京：中国金融出版社，2010.

［7］肖四如. 历史的空间——农村信用社改革发展探索［M］. 北京：经济科学出版社，2008.

［8］张杰. 中国金融制度的结构与变迁［M］. 北京：中国人民大学出版社，2011.

［9］郎咸平，杨瑞辉．资本主义精神和社会主义改革［M］．北京：东方出版社，2012．

［10］新望．改革30年：经济学文选［M］．北京：生活·读书·新知三联书店，2008．

［11］脱明忠，李熙燕．再造信用社——农村信用社改革报告［M］．北京：法律出版社，2009．

［12］郭家万．中国农村合作金融［M］．北京：中国金融出版社，2006．

［13］谢玉梅．农村金融深化：政策与路径［M］．上海：格致出版社，上海人民出版社，2007．

［14］徐琳然．新商业时代［M］．杭州：浙江大学出版社，2016．

［15］肖兰华．我国中小商业银行经营模式转型研究［M］．武汉：武汉大学出版社，2012．

［16］丹·斯科特．颠覆银行［M］．北京：中信出版社，2016．

［17］中国银行业协会农村合作金融工作委员会．全国农村合作金融机构行业发展报告2017［M］．北京：中国金融出版社，2018．

# 后 记

　　农村信用社经历了半个多世纪的生长，到农商银行时期，就像一棵老树，生出了新芽。用金融的力量"拯救"杨白劳们，这是初心。用金融的力量，让老百姓对美好生活的向往更加贴近，这是前行。正如我在序言中写道的，"变的是产权制度，不变的是职责定位；变的是发展方式，不变的是发展方向；变的是手段，不变的是内涵；变的是外表，不变的是初心"。

　　回想来时路。在新中国的建设史上，农商银行这个群体，包括包头农商银行的生长与发展，始终有一根主线，贯穿其中，那就是"道"，用金融为人民服务的"道"。

　　遥望未来途。在一起追梦的路上，农商银行这个群体，包括包头农商银行的奔跑与冲刺，还是会沿着这个"道"。所不同的是，会更加努力，更加给力。最终的目标，就是用金融的力量，推动早日实现中华民族的伟大复兴！

　　行文至此，感慨满怀。感恩伟大的党，只有以人民为中心的思想，才可能诞生农村信用社和农商银行；感恩伟大的国家，只有在这样文化的国度里，才会有这样的大道之行；感恩这个伟大的时代，让农信社升级成为农商银行，焕发出"第二春"；感恩伟大的农商银行及其实践者，是他们的坚守和奋进，才书写了新时代的金融赞歌；感恩伟大的客户群体，与农商银行不离不弃，合作共赢；也感恩中国金融出版社和张铁老师等同志，能够给予农商银行表达心声的平台；感恩王松奇教授为本书作序，特别是对农商银行的谆谆教诲；感恩各位写作推荐语的朋友们，谢谢你们对本书的认可和推荐；特别要感恩包头农商银行和陈云翔董事长以及他的团队，是他们的精彩实践，为本书提供了真实的案例。

"道可道，非常道。"由于本人知识、阅历等方面的局限，难以将农商银行的大道说清讲透，甚至会有一些片面的观点说辞，敬请谅解。

段治龙

2019年3月31日